프리지아

카네사

킬리키아

다소

알레포

신히타이트(힛족)
도시국가들

아라두스

팔미라

아람

비블로스

지중해

페니키아

시돈

다마스쿠스

두로

게네사렛 호수

블레셋인들은 소위 바다민족에 속했을 것이고,
아마도 그리스 혈통이었을 것이다. 성서에는
이들의 다섯 도시 이름이 등장한다.

이스라엘

사마리아

암몬

"블레셋 진에서 가드 사람 골리앗이라는
장수가 싸움을 걸려고 나섰다."
(사무엘기상 17:4)

블레셋인들의
도시들

아스돗

에그론

아스글론

사해

가사

가드

헤브론

베르세바

유다

타니스

모압

나일강

에돔

멤피스

예루살렘 기원전 587년과 586년,
신바빌로니아제국의 왕 느부갓네살 군대가
유다를 점령한다. 솔로몬의 신전은 파괴되고,
많은 이스라엘인들이 추방되었다.
(바빌로니아 유배)

이집트

다양한 성서 본문들이 이스라엘과 나일강을
끼고 있는 거대 권력과의 만남을 자세하게
묘사한다. 그러나 이스라엘의 이집트 정착이나
엑소더스 이야기, 즉 **이집트에서의 탈출**을
설명해주는 성서 밖 증거는 아직 없다.

시내 산 모세는 이곳에서 **십계명이 적힌 판을**
받았다. 성서의 시내 산이 오늘날 시내 산을
가리키는지는 논란이 많다.

홍해

구약성서의 세계
기원전 800년경의 잘 알려진 장소와 제국들

"너는 그것을 내일 아침까지 준비해서, 아침에
일찍 시내 산으로 올라와서, 이 산 꼭대기에서 나를
기다리고 서 있거라."
(출애굽기 34:2)

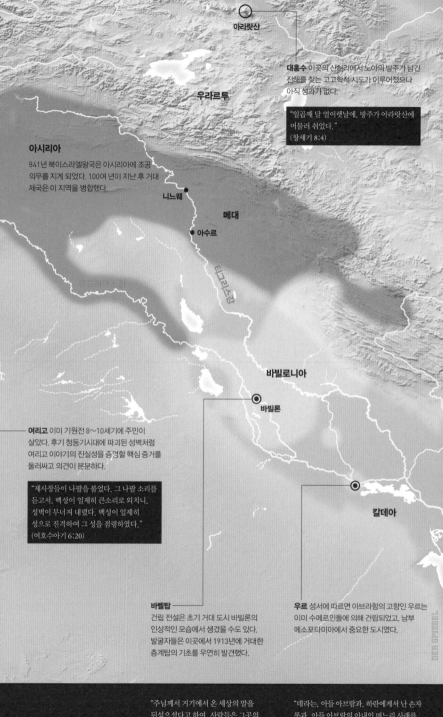

아라랏산

대홍수 이곳의 산허리에서 노아의 방주가 남긴 잔해를 찾는 고고학적 시도가 이루어졌으나 아직 성과가 없다.

"일곱째 달 열이렛날에, 방주가 아라랏산에 머물러 쉬었다."
(창세기 8:4)

우라르투

아시리아
841년 북이스라엘왕국은 아시리아에 조공 의무를 지게 되었다. 100여 년이 지난 후 거대 제국은 이 지역을 병합했다.

니느웨

메대

아수르

바빌로니아

바빌론

여리고 이미 기원전 8~10세기에 주민이 살았다. 후기 청동기시대에 파괴된 성벽처럼 여리고 이야기의 진실성을 증명할 핵심 증거를 둘러싸고 의견이 분분하다.

"제사장들이 나팔을 불었다. 그 나팔 소리를 듣고서, 백성이 일제히 큰소리로 외치니, 성벽이 무너져 내렸다. 백성이 일제히 성으로 진격하여 그 성을 점령하였다."
(여호수아기 6:20)

칼데아

바벨탑
건립 전설은 초기 거대 도시 바빌론의 인상적인 모습에서 생겼을 수도 있다. 발굴자들은 이곳에서 1913년에 거대한 층계탑의 기초를 우연히 발견했다.

우르 성서에 따르면 아브라함의 고향인 우르는 이미 수메르인들에 의해 건립되었고, 남부 메소포타미아에서 중요한 도시였다.

"주님께서 거기에서 온 세상의 말을 뒤섞으셨다고 하여, 사람들은 그곳의 이름을 바벨이라고 한다. 주님께서 거기에서 사람들을 온 땅에 흩으셨다."
(창세기 11:9)

"데라는, 아들 아브람과, 하란에게서 난 손자 롯과, 아들 아브람의 아내인 며느리 사래를 데리고, 가나안 땅으로 오려고 바빌로니아의 우르를 떠나서, 하란에 이르렀다. 그는 거기에다가 자리를 잡고 살았다."
(창세기 11:31)

성서, 인류의 영원한 고전

일러두기

1. 인용한 성서 구절 일체는 대한성서공회의 새번역을 따랐으나, 독일어 원서와 번역에 큰 차이가 있을
경우 원서 또는 공동번역, 가톨릭 성경 등을 참고하거나 번역했다.
2. 지명 및 인명 등의 표기는 국립국어원 외래어표기법과 새번역이 상이할 경우, 새번역을 따랐다.
3. 모든 각주는 역자주다.

DIE BIBEL

성서, 인류의 영원한 고전

고고학으로 파헤친 성서의 역사

21세기북스

서문

대단한 책이다! 완고하게 신앙을 의심했던 니체Friedrich Wilhelm Nietzsche 조차도 경의를 담아 존경을 고백했다. "놀라움과 경외심을 느끼며 과거 인간이 남겨놓은 어마어마한 유산 앞에 서게 된다." 1886년에 철학자 니체는 구약성서에 대해 이렇게 서술했다. "구약성서에 들어 있는 인류, 사물, 이야기 들의 양식은 너무 위대하여, 그리스와 인도의 문학은 거기에 나란히 설 수가 없다."

니체는 "심오하고 궁극적인 의미가 담긴" 성서를 계속해서 존중하는 것만으로도 유럽인의 "훈육과 교화"에 충분하다고 생각했다. 그리고 그것은 단지 "접촉해서는 안 되는 게 있고", 인간이 "신발을 벗고 더러운 손을 멀리 해야 하는 거룩한 경험"이 존재한다는 것을 배우는, 훈련된 태도 덕분이라고 한다.

성서에 다가가면 영원한 베스트셀러, 인류 역사의 유일무이한 문서 모음집, 유일신 신앙 개념들의 매우 복잡한 저장소와 같은 과장과 극찬에 곧 압도되어 버린다. 그러나 이는 단지 성서의 몇몇 측면일 뿐이다. 성서 읽기는 이미 하나의 도전이다. 극소수의 사람만이 이 빽빽하게 인쇄된 두꺼운 책을 완전히 읽는 데 성공한다.

그리고 호기심과 의심이 들어 되묻는 자들은 곧 정신적 덤불 속에 빠지고 만다. 하나님의 세계 창조와 하나님의 민족인 이스라엘, 그리고 다윗David과 솔로몬Solomon 등의 옛이야기와 예수의 기적과 그의 사도들, 부활과 최후의 심판 이야기 가운데 실제 사실과 맞는 것이 무엇인지 질문하게 되면, 신학적 논쟁과 고고학적 탐구, 그리고 의미를 둘러싼 무수히 많은 이념적 논쟁 속에서 다시 헤매게 된다는 뜻이다.

이런 혼란은 성서의 원래 계획이 아니었다. 오히려 반대였다. 후기 고대 이후 '비블리카Biblica(그리스어로 '책들')'라는 약어로 불렸던 이 문서 모음집은 원래 방향을 제시하려고 했다. 이 책은 적절한 규모의 평범한 종교 공동체에게 자기 확신을 주려고 했다. 때로는 교과서의 언어로, 때로는 이성적인 글들로, 그리고 종종 매력적인 시적 표현으로 이를 제공하려고 했다.

처음에는 이 모든 양식들이 공존하면서, 그다음에는 격동의 유대교 역사 속에서 글 모음이 확대되면서, 마지막으로 이 책이 그리스도교 신앙의 기본으로 확장되고 확정되면서, 어떤 확신이 생겨나게 되었다. 그렇게 분명하게 하나님의 영감을 받았다고 주장한다면, 내부 또한 모순 없이 조화롭게 잘 맞아야 한다. 이런 일관성에 대한 확신이 무수히 많은, 종종 오늘날까지도 끊이지 않는 올바른 해석에 대한 논쟁들을 낳았다.

현대의 전문가들은 이런 요구들을 편안하게 다루려고 노력한다. 베른대학교에서 구약성서사와 성서의 환경을 가르치는 에른스트 악셀 크나우프Ernst Axel Knauf 교수는 이렇게 말한다. "성서 저자들은 사실을 전달하려고 하지 않았다." 많은 것들이 더는 해명되지 못하지만, 역사적 관점은 여전히 도움을 준다. 유대인들, 그리고 나중에 그리스도교인들이 이 모음집에서 책들의 책이 되는 성스러운 문헌들을 경전으로 걸러낼 때까지, 이야기들은 문서들 안에 층층이 쌓여 전승되었고, 대단히 다양한 집단과 시대의 정치적, 종교적 이해가 언제나 새로운 문서들 안에 스며들었다.

인간 정신과 신앙적 열정이 펼치는 이 흥미진진한 모험 여행에서 몇몇 주요 역에만 정차하는 것은 이 짧은 책에서는 피할 수 없는 일이다. 마찬가지로 질문이 생기는 많은 지점들이 충분히 다루어지지도 않았다. 이 의문에 대해서는 그리스도교 내부에서뿐만 아니라 다른 종교로부터도 크게 대립되는 대답이 나올 수 있다.

이렇게 우리는 이 책이 거의 3000년에 걸쳐 있는 성서 생성과 영향의 역사를 그려보는 한 사례로서, 성서의 매력에 가능한 풍성하고 다양하게 접근하는 한 시도가 될 수 있고, 되기를 원한다. 우리의 정신적 전승의 깊은 곳으로 떠나는 이 탐험이 우리의 희망대로 몇몇 통찰의 기쁨을 제공하면 좋겠다. 즐거운 독서가 되기를 기원한다!

2015년 가을, 함부르크에서
아네테 그로스본가르트, 요하네스 잘츠베델

목차

03 그리스도인들의 신앙서

01

책들의
책

성서, 모두의 기록

"집어라, 그리고 읽어라!"

2000여 년 동안 성서는 인류의 생각에 큰 영향을 미쳤다. 고대 유대교에서 고대 후기 시대까지의 문서들을 담고 있는 성서의 이 특별한 다양성은 오늘날까지도 여전히 해석을 요구한다.

이 책은 담뱃갑보다도 작다. 독일성서공회에서 펴내는 가장 작은 성서를 세우면, 높이 12.2센티미터, 폭 8.2센티미터, 그리고 두께 2.5센티미터다. 그 작은 크기에도 '겨자씨 성서'에는 구약성서와 신약성서가 모두 들어 있다. 아주 얇은 종이에 글자가 무섭도록 빽빽하게 박혀 1856쪽에 이르고, 제목과 굵게 인쇄된 표제어 몇 개가, 2단 구성에 빽빽하게 박힌 글자들 사이에 약간의 여백을 만들어준다.

이 조그맣고 두꺼운 책을 넘기며 들추어 보는 사람은 보통 자신이 읽을 내용이 어디쯤 있는지 안다. 초심자를 위해 간략한 목차도 들어있는데, 이 목차에는 헷갈리게도 종종 '책들'이라고 불리는 각 권의 이름이 순서대로 나열되어 있다. 각 책의 내용은 장 번호와 '절'이라고 부르는 짧은 문단 앞에 붙은 작은 숫자들로 구성된다. 절 앞에 붙은 작은 숫자는 특정한 구절을 다른 판본이나 언어본에서 다시 찾으려고 할 때 유용하다.

성서는 전 세계에서 존중받고 연구되는 그리스도교 신앙의 기본 경전이며, 가장 빈번하게 여러 판본을 서로 비교하면서 읽는 책이다. 일상적인 기도를 할 때 개신교 성직자들만 마르틴 루터 Martin Luther 번역 성서를 다른 판본들과 비교하는 것이 아니다. 전 세계 가톨릭 신자는 로마교황청에 의해 공식적으로 관리되는 '불가타Vulgata'라는 신성한 라틴어로 통일된다.

번역 분야에서 성서는 상당한 격차를 두고 세계기록을 보유하고 있다. 성서 전문은 500개가 넘는 언어로 번역되어 있고, 심지어 신약성서는 1800개가 넘는 언어로 번역되어 있다. 여기에는 그린란드어, 저지독일어, 우르두어, 에스페란토어 번역본도 포함된다. 스마트폰과 게임기에서도 이 성스러운 문서를 오래전부터 찾을 수 있다. 퀴즈 게임으로, 혹은 '성서를 위한 지오캐싱북'에서도 만날 수 있다.

성서는 또한 2등과 상당한 격차를 두고 가장 널리 보급되기도 했다. 구텐베르크Johannes Gutenberg의 위대한 업적인 도서 인쇄가 1452년에 시작된 이후 수십억 권의 성서가 인쇄되었다고 한다. 다수의 그리스도교 신자들도 성서를 다 읽지는 않았다고 인정할 것이다. 그러나 확신에 찬 무신론자도 성서에 나오는 관용구를 하나도 쓰지 않기는 매우 힘들 것이다. 그리스도교적 상투

어와 묘사어 들이 세속 세계의 집단 기억 속에 너무 오랫동안 깊숙이 자리 잡았기 때문이다.

거의 '소금기둥'으로 굳어버릴 만큼 너무 놀라 '털이 곤두선' 사람은 이미 성서에 나오는 구절을 사용했다. 마찬가지로 '성실과 믿음'에 따라 운영되지 않고 '더러운 맘몬'만 섬기는 금융시장을 '몰록Moloch'이라고 설명하는 사람, '그렛Krethi과 블렛Plethi'¹에 떠밀려 거리로 들어가야 하는 일을 '눈엣가시'로 여기는 사람, '빛이 비추어' '표징과 기적'을 깨달은 사람은 모두 성서의 문구를 사용한 것이다. 한편 '늙어 백발이 되고alt und grau' '국부Landesvater' '날씨 변하듯이 변덕스러운wetterwendisch' '양심의 가책Gewissensbisse' '강물을 거슬러 헤엄치다gegen den Strom' 같은 그렇게 눈에 띄지 않는 독일어 표현들도 루터의 번역 덕분에 여전히 꾸준한 영향을 미친다.

잘 알려진 많은 관용적 표현들, 예를 들면 '땅에 머물고 성실하게 생계를 꾸려라' '돼지에게 진주를 주다' 혹은 '제가 판 구덩이에 빠진다' 같은 표현들의 기원도 당연히 성서다. 원래 무게나 통화 단위로 생각되는 전문용어 '달란트talent'나 〈요한계시록〉에서 '하나님의 어린 양'에 의해 개봉되는 불길하고 신비스러운 '일곱 봉인의 책'은 두말할 것도 없다.

---

1 그렛과 블렛은 다윗 왕의 호위를 맡은 용병 이방 민족을 뜻한다(사무엘기하 8:18). 독일어에서는 평범한 다수의 사람을 낮추어 부르는 관용어로도 쓰인다.

그러나 성서의 영향은 더 깊은 곳까지 미쳤다. 아담Adam과 이브Eva의 낙원 이야기, 동생 아벨Abel을 죽인 가인Cain, 노아Noah의 홍수, 골리앗Goliath을 이긴 다윗, 사자굴 속의 다니엘Daniel을 비롯하여 베들레헴 마구간에서의 예수 탄생, 예수의 치유 기적, 십자가 처형, 부활과 승천을 다룬 성서의 이야기가 없었다면 서구 문화는 무엇이 되었을까? 유다Judas의 운명적 입맞춤을 들어보지 못했거나, 욥Job의 소식과 같은 슬픈 소식을 받은 적이 없는 사람, 혹은 손 씻는 로마의 총독 본디오 빌라도Pontius Pilatus처럼 결백을 주장해보지 않은 사람은 또 어디 있겠는가? 그리스도교 신앙인이 아니었던 베르톨트 브레히트Bertolt Brecht조차도 1928년에 가장 감명받은 책이 무엇이냐는 질문에 "당신은 웃을지도 모르겠습니다만 성서입니다"라고 대답했다.

다만 안타깝게도, 유대교와 그리스도교의 전승이 담긴 이 보물 창고가 배경지식 없이 읽혀 기껏해야 혼란만 주었다. 성서에는 교훈적이고 재미있는 사건들도 있지만, 낡고 지루한 행동 규칙들이나 왕의 목록, 이해를 방해하는 서사의 단절들, 그리고 반복되는 잔혹한 악행과 폭력도 있으며, 무수히 많은 불합리, 설명하기 힘든 변환들 역시 두말할 필요가 없다.

그러나 그렇지 않을 다른 방법이 있었겠는가? 성서는 그렇게 1000년이 넘는 기간 동안 서로 다른 목적과 다양한 역사적 상황에서 나온 문서들로 구성되어 있다. 성서 읽기는 멀리 떨어져 있는 정신-종교 세계로 가는 탐험과 비슷하며, 그 세계의 원래 표현들은 후기의 수정을 통해 식별할 수 없는 상태로 바뀌었을 수도 있다.

당연히 전문가들은 사도 바울Paul이 고린도인들에게 보낸 첫 번째 편지에서 이미 한 말을 인정한다.

우리가 아는 것은 불완전합니다. (고린도전서 13:9)

그리고 부끄럽게도 여전히 많은 수수께끼들이 풀리지 않은 채 남아 있다. 예를 들어 이스라엘인들이 어려운 문제를 결정하는 뽑기에서 사용했던 '우림과 둠밈'은 무엇이었을까? 검은 돌과 흰 돌이었을까? 아무도 정확히 모른다. 그리고 유대법에서 부정한 짐승으로 설명하는 "네 발로 걷는 날개 달린 벌레"(레위기 11:20)은 도대체 무엇인가? 생물학자들은 이 비슷한 어떤 것도 알지 못한다.

이렇게 오래된 문서에서 나타나는 오늘날 지식과의 몇 가지 편차는 분명히 양해할 만하다. 그러나 성서 속의 모순은 어떻게 해야 할까? 성서 비평가들은 구약성서에서 매우 강력하게 선포되었지만 실현되지 않은 많은 예언들을 추적하여 찾아냈다. 어떤 구절에서는 다윗 왕이 분노한 하나님으로부터 인구를 조사하라는 명령을 받지만(사무엘기하 24:1), 다른 구절에서는 사탄이 이를 부추긴다(역대지상 21:1). 여러 곳에서 나열되는 이스라엘 열두지파 이름은 한 번도 일치하지 않는다(창세기 49, 신명기 33, 요한계시록 7).

신학자와 철학자 들은 이런 종류의 모순을, 예를 들면 다양한 문서 층을 구분함으로써 큰 어려움 없이 처리한다. 이스라엘의 소위 전능하신 하나님이 초창기에는 다른 신들과 비교하여 더 약한 자리에 있었다는 것이 그들에게는 아주 평범한 일이다. 구약성서뿐 아니라 신약성서에도 사악한 마귀 이야기가 자주 등장하지만, 당시 통상적인 일이었던 노예 거래를 단죄하지 않은 일도 학자들은 역사적 상황으로 설명할 수 있다.

예수가 세례를 베풀지 않았다는 이야기(요한복음서 4:2)도, 그리스어 신약성서에는 십자가 대신 그냥 '나무'라고 표현되어 있는 것도 그들을 괴롭히지 않는다. 그리고 그들은 〈요한복음서〉 서두에 나오는, 상징으로 충만하여 속삭이는 문장의 모든 새로운 의미를 끈질기게 모으고 저장한다.

그 말씀은 육신이 되어 우리 가운데 사셨다. (요한복음서 1:14)

공식적인 신앙을 수호하는 사람들은 이렇게 완전히 자유로울 수는 없다. 신앙을 설교해야 하는 사람들은 자신들의 전통을 따라야 하고, 모든 성서 주석을 용인해서는 안 된다. 이런 상황에서 대단히 자의적이고 과감한 주석들이 위험한 환상을 낳기도 한다. 예를 들면 성서의 가장 앞부분에는 세계와 인간 창조 이야기 두 개가 나란히 등장한다. 고대 유대교의 사변을 계승한 신학적 사색가들은 이 이야기에서 두 단계 우주론을 만들었는데, 특별히 독일에서는 괴를리츠의 구두 수선공이자 심오한 신비주의자였던 야코프 뵈메Jakob Böhme가 대표적인 인물이다(『일출의 서광Die Morgenröte im Aufgang』, 1612년).

이 두 단계 우주론 사이에 여성의 창조가 일어나는 아담의 잠 이야기와 타락한 천사가 사탄 루시퍼로 추락하는 사건이 있다. 이 우주론에 따르면, 원래 하나님은 인간을 자신의 형상에 따라 완전하고 늙지 않는 육체로, 그리고 성별이 없는 존재로 창조하였다. 남녀라는 두 개의 성이 가져오는 욕망과 부담, 그리고 노화와 질병은 두 번째, 즉 시간적-육체적 창조 때 처음으로 생겨났다.

이런 종류의 특별한 의견은 그리스도교 역사의 오랜 전통 안에서 의심받았고 특정 종파의 해석으로 설명되었으며, 최악의 경우에는 이단으로 간주되었다. 그러나 바로 그렇기 때문에 이성적인 사람들에게는 종종 혼돈을 불러오는, 오래되고 특이한 문서들을 둘러싼 계속되는 싸움들이 하나님이 태초에 천지를 창조했을 때처럼 진정한 '혼돈과 공허(창세기 1:2)'를 쌓고 있는 것이 아닐까?

신앙에 비판적인 이들은 즐겨 비꼬듯이 이 점을 지적한다.

책을 많이 만들어내는 일에는 끝이 없고 공부를 많이 하는 것은
몸을 고달프게 한다. (전도서 12:12)

이와 반대로 유대교와 그리스도교 문헌학자들은 성서 전승의
거대한 복잡성에서 어떤 특별한 도전을 본다. 그 이전 어디에서
도 성서처럼 전체 세계의 도덕과 희망, 사고방식 그리고 종교 의
례의 규칙에 이처럼 집중한 책은 없었고, 이렇게 혼란스럽게 표
현된 적도 없었다.

끝없는 부계 족보에서 대단히 관능적인 사랑 노래까지, 구약성
서에는 당시 생각할 수 있는 거의 모든 종류의 글이 들어 있다.

엘르아살은 비느하스를 낳고, 비느하스는 아비수아를 낳았다. 아
비수아는 북기를 낳고, 북기는 웃시를 낳고, (역대지상 6:4~5)

그대의 엉덩이는 예술가가 다듬어놓은 듯 보석처럼 둥글고, 너의
배꼽은, 섞은 술이 고여 있는 둥근 잔 같구나 (…) 너의 가슴은 한
쌍 사슴 같고 쌍둥이 노루 같구나. (아가 7:2~3)

한편 성서 곳곳에서는 상호 참조가 발견된다. 그렇게 신약성서
의 복음서, 서신, 계시록은 유대교가 구원을 기대하면서 모았던
내용의 결과이자 실현으로 등장한다.

수백 년 동안 끊임없이 자신들의 문헌을 점검 및 보완하며, 수정했던 유대교 지식인 편집자들뿐만 아니라, 나중에 등장하는 그들의 그리스도교 동료들도 사람들이 중요하게 여겨야 하는 것들을 매우 조심스럽게 선택했다. 그리고 구약성서라는 공식 경전 외에도 성스러운 계시로 여기는 문서들이 많이 있어서, 그 분량이 전체 성서를 쉽게 채울 만큼 많다. 그 가운데 흥미로운 책들로는 아담의 유언, 모세Moses의 승천, 그리고 저승과 종말 환상이 있다.

그리스도인들도 가르침을 독점하지 못했다. 그리스어 권역에서는 언제나 하나님(혹은 적어도 어떤 신)의 아들이라고 주장하는 사람이 있었고, 또한 정결례, 식사 의식, 그리고 세례와 만찬 같은 의식들은 많은 문화권에서 실행되고 있었다. 성스러운 진리를 갈망했던 사람은 이 다양한 영적 생활의 가능성 때문에 오늘날 영적 박람회에 들어선 초보자처럼 혼란스러울 수도 있었다.

그래서 기원후 200년경에 신약성서라는 경전을 확정 지었던 성직자들은 특별히 문헌을 엄격하게 선택해야 했다. 당시에는 어린 예수가 행하는 기적에 대한 감동적인 복음들과 구원자의 지옥행에 대한 섬뜩할 만큼 상세한 이야기, 사도들의 성공적인 역사, 비유적 장면들로 가득 찬 미래 계시들이 유통되고 있었다. 145년에 로마에서 처음 등장한 '헤르마스의 목자'라는 이름의 회개 호소문, 그리고 로마 철학자 세네카Lucius Annaeus Seneca와 바울이 주고받았다는, 영리하게 위조된 서신문도 이런 문서에 속한다.

지금은 단지 파편처럼 일부만 남아 있는 이 모든 작품들은 근동에서 로마까지 걸쳐 있었던 정신적 - 종교적 용광로에서 나왔다. 지중해 주변의 많은 지역에서 사람들은 여전히 제우스Zeus 혹은 주피터Jupiter 신에게 희생제를 드렸고, 이집트의 저승관에도 관심이 많았다. 페르시아에서 온 빛의 종교 추종자, 혹은 비밀스러운 신비주의 전문가부터 세상을 사악한 악령의 창조물이라고 가치 절하했던 영지주의자까지도 이웃집에 이미 살고 있을 수도 있었다. 그밖에도 명상적 고양과 극단적 물질주의 사이에 있는 몇몇 철학적 교육 체계가 융성했다.

교부 아우구스티누스Aurelius Augustinus는 자신의 자서전과 같은 『고백록Confessiones』에서 자신이 여러 세계관의 혼란에서 벗어나 마침내 성서의 도움을 받아 그리스도교에 정착하는 여정을 묘사했다. 당황과 의심 속에서 그는 386년 8월 15일, 밀라노에 있는 한 정원에서 어떤 목소리를 들었다. 그 목소리는 이렇게 외쳤다. "집어라, 그리고 읽어라Tolle, lege!" 그가 펼친 부분은 바울의 서간이었고, 다음 내용이 들어 있었다.

낮에 행동하듯이, 단정하게 행합시다. 호사한 연회와 술 취함, 음행과 방탕, 싸움과 시기에 빠지지 맙시다. 주 예수 그리스도로 옷을 입으십시오. 정욕을 채우려고 육신의 일을 꾀하지 마십시오.

(로마서 13:13~14)

이 문자 신탁으로 충분했다. 아우구스티누스는 그리스도인이 되었다.

후기 로마제국 시대에 고등교육을 받은 한 청년이 하필 금욕주의적 부름에 확신을 얻게 되는 데는 여러 가지 이유가 있다. 황제 테오도시우스 1세Theodosius I가 그리스도교 의례에 계속해서 특권을 주고 있었다는 외면적 원인뿐 아니라, 일련의 부지런한 해석자들 덕분에 성서가 지식인들 사이에서 호응을 얻고 있었기 때문이기도 하다.

예수가 살아 있을 때 이미 유대교 사상가 필론Philon은 헬레니즘 지식인들이 토라, 즉 모세오경에 흥미를 느끼게 만드는 작업을 시작했다. 필론은 성서를 지혜로운 사상 이야기의 모음으로 해석하여 흥미를 일으켰다. 예를 들면 필론은 이렇게 썼다. "실제로 사무엘Samuel이라는 이름의 남자가 있었다. 그러나 우리는 책 속에서 사무엘을 영혼과 정신이 있는 생명체가 아닌 하나님을 섬기고 그를 숭배하는 일에 기뻐하는 영혼으로서만 본다." 이렇게 성서는 잘 다듬어진 교훈시로 여겨졌고, 성서 곳곳에 정교하고 아름답게 암호화된 상징들이 있다고 여겨졌다.

바울의 서간들과 복음서들이 그리스도교 정체성의 중심으로 이동한 지 거의 100여 년이 지났을 때, 이집트 알렉산드리아의 영적 지도자 티투스 플라비우스 클레멘스Titus Flavius Clemens는 여기서 한 걸음 더 나갔다. 클레멘스는 성서를 진지하게 생각하는 사람은 문학적으로 대담한 성서의 언어를 통해 건조한 철학보다 더 좋은 진리에 더 빠르게 도달한다고 했다. 클레멘스의 제자로 추정되는 오리게네스Origenes는 구약성서과 신약성서가 얼마나 자주 서로 '상징적'으로 놀랍도록 잘 들어맞는지를 강조했다. 그가 제시하는 전형적인 한 사례는 최후의 만찬이다. 빵과 포도주의 만찬은 족장 아브라함Abraham도 이미 구약성서의 제사장 멜기세덱Melchizedek(창세기 14)으로부터 받았다는 것이다.

오리게네스는 신앙의 동료들에게 외쳤다. "너희들의 심장을 성서를 위한 방주 혹은 책장으로 만들어라!" 문자로 된 하나님의 말씀을 이해하려고 오리게네스는 설교와 주석 작업에 많은 노력을 기울였다. 최적의 본문을 찾기 위해 오리게네스는 심지어 히브리어 성서와 다섯 가지 그리스어 번역본을 서로 나란히 비교했다. 이 놀라운 『헥사플라Hexapla』의 몇몇 단편들이 여전히 남아 있다. 동시에 지식인들은 불멸하는 영혼과 같은 그리스 철학의 존경할 만한 가르침을 그리스도교 교의와 결합시키는 작업을 했다.

386년 아우구스티누스가 회심을 경험하던 시기에 그리스도인들이 존중해야 할 성서의 책들이 거의 확정되었다. '언약Testament'이라는 표현뿐 아니라 구약성서와 신약성서의 구분도 보편화되었다. 회심 이후 아우구스티누스는 북아프리카에 있는 자기 고향의 주교로 활동하면서 구약성서가 순수주의자들에 의해 배제되지 않고, 계시록처럼 논란이 있는 책들이 신약성서에서 자리를 지킬 수 있도록 많은 도움을 주었다.

아우구스티누스의 설명에 따르면, 세계와 인간에 대한 이 위대한 파노라마인 성서를 연구하기 위해서는 교육을 받아야 한다. 마치 라틴어 학교에서 로마 건국 서사시인 베르길리우스Publius Vergilius Maro의 『아이네이스Aeneis』 읽기 연습을 하는 것처럼 말이다. 아우구스티누스 자신이 바로 그 사례다.

한편 아우구스티누스는 창조 이야기에 대해 여러 번 반복해서 주석 작업을 했다. (말하자면 아우구스티누스 자신이 오랫동안 신봉했던 페르시아의 영적 지도자 마니Mani의 추종자들과는 반대로) 첨예한 논쟁 속에서 신학적 – 철학적 근본 질문에 많은 노력을 기울였다. 아담의 잠이 갖는 의미에서부터, 단순한 경건함과 기도에 이르는 다양한 주제들까지 다루었다.

수많은 성직자들이 그 이후 중세를 관통하는 1000년 동안 숭고적 명상이라는 이 길을 따랐고, 수도원의 독서와 강독 때도 단순히 이 방법을 따랐다. 이와 반대로 대다수 평범한 그리스도인들에게 값비싼 필사본으로만 이용 가능했던 이 거대한 책 꾸러미는 그저 신탁에 머물렀고, 그 신탁에 질문하고 의미를 찾기 위해서는 전문가가 필요했다.

그래도 몇몇 구절들, 예를 들어 주기도문이나 최후의 만찬은 이미 미사를 통해 잘 알려져 있었다. 그밖에도 학생들은 〈시편〉

으로 쓰기를 배웠다. 언어학자들은 '피벨Fibel'[2] 이라는 단어가 '비벨Bibel'의 유아기 발음에서 기원한다고 본다. 언어적 표현 자체는 대단히 부족했을 수 있지만, 모든 중세 그리스도인들은 성서의 일화들을 알고 있었는데, 이 이야기들이 교회 벽에, 나중에는 유리창에도 그려졌기 때문이다.

물론 성서의 경쟁자도 있었다. 사람들은 다른 종교의 경전들을 알고 있었다. 유대교 경전이 있었고, 중세 초기에 등장한 코란도 있었다. 코란에는 모세도 자주 등장하고, 예수는 예언자로 나오며, 마리아Maria는 코란의 한 장을 구성하며 종종 존경의 대상이 된다. 서서히 발견되는 고대의 과학 및 철학의 성과들도 진리를 담고 있다고 주장했다. 그러나 중세에는 전문가들만이 이 다양한 주장들의 화해 가능성과 방법을 다루었다. 그리고 성서에 나와 있는 것은 유효하다는 원칙에 머물러 있었다. 마침내 종교개혁과 계몽주의가 이 권위를 결정적으로 흔들었다.

평신도의 개인적 형성과 같은, 예컨대 루터가 〈로마서〉에서 가져온 주제(로마서 3:28), 지상에서의 선행 없이 천상에서의 구원, 즉 '솔라 피데Sola fide (오직 믿음만으로)'가 가능한가와 같은 주제를 둘러싼 신학자들의 격렬한 논쟁과 함께 빠른 인용과 비교에 대한 욕구가 생겨났다. 1527년에는 절 구분이 있는 첫 번째 라틴어 성

---

2 독일 아이들이 처음 글과 말을 배우는 책으로, 독일어로 성서를 뜻하는 '비벨'과 발음상 유사하다.

서가 출판되었다. 1551년에는 각 장별로 절을 세기 시작했다.

당연히 성서의 이런 외면의 변화를 기록 탐구자들과 어떤 일에 진득하게 시간을 보내는 사람들이 반겼다. 그들은 성서에서 가장 짧은 장(시편 117)이나 긴 장(시편 119)과 같은 단순한 질문에서부터 본문을 추적하여 '성서의 암호'를 풀고 비밀 메시지를 밝히려는 시도까지 감행했다. 성서에 나오는 책들의 형식과 양식은 무수히 패러디되고 모방되었다. 1827년에 발견되어 1830년에 처음 인쇄, 출판되었다는 15권짜리 '몰몬경'이 이 모방의 고전적인 사례다. 이 몰몬경은 성서와 함께 몰몬교인들의 경전이 되었다.

그리고 낡고 무거운 글을 가볍고 읽기 쉽게 만들고, 시대에 맞게 만들며, 역사를 모르는 사람들도 불편하지 않게 만들려는 무수한 시도 또한 당연히 있었다. 최근의 사례로는 개신교인들이 주도하여 많은 이들이 참여하였던 정치적으로 올바른 '정의로운 언어로 된 성서Bibel in gerechter Sprache' 운동이 있다. 이 성서는 이미 인터넷에서 접할 수 있다.

그러나 늦어도 계몽주의 이후에는 더는 침묵시키지 못하는 질문들, 예를 들어 성서는 진정 올바른가, 성서 어디에 올바름이 있는가, 또는 성서에서 무엇을 배울 수 있나 같은 질문들에 대한 대답이 개정판을 통해서 나오지는 않는다. 이 아주 오래된 문헌의 실타래를 계속해서 풀려고 시도하는 다양한 분야의 학자들도 마지못해 여기에 매달려 있는지도 모른다.

끈질긴 회의론자들은 기회가 있을 때마다 계속해서 소란을 피운다. 1888년 니체처럼 말이다. "사제들은 자신들의 문서를 우리에게 성서의 좋은 부분으로 전해줌으로써 조작의 기적을 성취했다." 그러나 도대체 조작이란 무엇인가? 목사의 아들이자 문헌학자였던 니체는 거의 해명되지 못하는 성서의 형성 과정과 그 문헌을 해석하는 노고를 대다수 당시 사람들보다 더 잘 알고 있었다. 특히 성직자들이 여전히 '고집스럽게' 성서의 단어로 도덕적 권위를 요구하는 데 그는 분노했다.

한때 거의 공권력과 다를 바 없었던 이 압력에 오늘날에는 대부분 세계에서 누구도 더는 몸을 숙일 필요가 없다. 이와 반대로 작가 아르노 슈미트Arno Schmidt의 풍자적 표현 "5만 가지 종류의 글들이 들어 있는 무질서한 책"처럼 그저 성서에 한번 빠져 들면 얻게 되는 풍부함을 많은 중부 유럽인들은 알지 못한다.

1810년 괴테Johann Wolfgang von Goethe의 지적처럼 "세계사의 관점에서 모든 책 가운데 가장 위험한 책"을 다시 발견하든지, 또는 인간의 "독립성, 놀라운 독창성, 다양성, 전체성, 즉 무한성(다시 한번 괴테다)"에 대해 경탄과 숙고 속에 빠져 있든지 상관없이, 유대-그리스도교 세계의 정신 및 문화 전통과 성서만큼 촘촘한 관계를 맺고 있는 것은 없다. 이 작고 두꺼운 책은 이 예외적인 지위를 계속 유지하게 될 것이다.

글 요하네스 잘츠베델

성서에는 무엇이 들어있나? – 외경 제외 공동번역

> **구약성서**

- **모세오경(토라)**

〈**창세기**〉 창조, 낙원, 원죄, 대홍수, 족장들

〈**출애굽기**〉 이스라엘 민족의 이집트 탈출, 시내 산의 모세

〈**레위기**〉 의례 규정들

〈**민수기**〉 이스라엘의 족보

〈**신명기**〉 모세의 마지막 당부와 죽음

〈**여호수아기**〉 축복받은 땅을 위한 전투

〈**사사기**〉 가나안에서의 삶, 원주민들과의 싸움

〈**룻기**〉 한 강인한 여성의 이야기: 믿음은 보상을 받는다

〈**사무엘기상**〉〈**사무엘기하**〉 사울 왕국, 다윗의 부상

〈**열왕기상**〉〈**열왕기하**〉 솔로몬과 성전 건축, 이스라엘과 유다왕국

〈**역대지상**〉〈**역대지하**〉 다윗 왕조의 역사

〈**에스라기**〉, 〈**느헤미야기**〉 유배에서 돌아옴, 제2성전 건축과 완성

〈**에스더기**〉 페르시아 왕의 폭정에서 유대 민족 구하기

〈**욥기**〉 지상에서 겪는 고통의 의미에 대한 명상

〈**시편**〉 종교적 시가

〈잠언〉, 〈전도서〉(솔로몬의 설교) 유대교 지혜 모음집

〈아가〉 사랑 노래

• 예언서

〈이사야서〉 불충한 민족에 대한 하나님의 고발

〈예레미야서〉, 〈예레미야 애가〉 하나님의 심판

〈에스겔서〉 주님의 영광을 보다

〈다니엘서〉 바빌론으로 끌려간 유대인 포로들을 격려(루터 성서에서는 예언서들 사이에 위치)

〈호세아서〉, 〈요엘서〉, 〈아모스서〉, 〈오바댜서〉, 〈요나서〉, 〈미가서〉, 〈나훔서〉, 〈하박국서〉, 〈스바냐서〉, 〈학개서〉, 〈스가랴서〉, 〈말라기서〉
열두 명의 '소'예언자들

신약성서

• 복음서

〈마태복음서〉 신앙의 핵심으로서의 예수의 말씀과 행적

〈마가복음서〉 유대인의 메시아로서의 예수

〈누가복음서〉 상세한 전기로 꾸며진 예수의 생애

〈요한복음서〉 세상의 구원자가 된 예수

〈사도행전〉(누가의 〈사도행전〉) 그리스도교 선교의 시작

• 서신

〈로마서〉, 〈고린도전서〉〈고린도후서〉, 〈갈라디아서〉, 〈에베소서〉, 〈빌립보서〉, 〈골로새서〉, 〈데살로니가전서〉〈데살로니가후서〉, 〈디모데전서〉〈디모데후서〉, 〈디도서〉, 〈빌레몬서〉 바울의 서신 13편. 로마, 고린도, 갈라디아, 에베소, 빌립보, 골로새, 데살로니가 지역 교회에 보낸 편지와 디모데, 디도, 빌레몬에게 보낸 편지

〈히브리서〉 히브리인들에게 보낸 편지

〈야고보서〉 야고보가 쓴 편지

〈베드로전서〉〈베드로후서〉 베드로가 쓴 편지

〈요한1서〉〈요한2서〉〈요한3서〉 요한이 쓴 편지

〈유다서〉 유다가 쓴 편지

〈요한계시록〉 세상의 종말과 최후의 심판

"역사적 핵심에 창작된 이야기가 덧붙다"

성서의 형성, 편저자의 문학적 기교 그리고 신약성서의 새로운 점에 대한 성서학자 에른스트 악셀 크나우프와의 인터뷰다.

 슈피겔 크나우프 교수님, 교수님은 언제 처음 성서를 읽었습니까?

크나우프 신학생 때 처음으로 성서를 완독했습니다. 그것도 히브리어로요. 그렇게 저는 히브리어를 배우게 되었습니다. 부모님의 책장에 셰익스피어William Shakespeare와 괴테의 책은 있었지만, 성서는 없었습니다. 물론 그전에도 종교 수업이나 문학을 통해 성서에 담긴 많은 이야기를 알고 있기는 했습니다. 그렇지만 우리의 문화가 성서의 영향을 얼마나 깊이 받고 있는지는 나중에서야 알게 되었습니다.

슈피겔 성서에 대해 우리가 말할 수 있는 게 있을까요?

크나우프 성서를 하나님 말씀으로 봤을 때는, 그 개념에 나름의 의미가 있었습니다. 그러나 실제로는 도서관과 관련이 있습니다. 그리스어로 비블리아biblia가 바로 '책들'이라는 뜻이거든요.

슈피겔 그런데 얼마나 많은 성서가 있나요?

크나우프 아주 대강 보더라도 최소한 4개의 성서는 구분해야 합니다. 모든 것의 시작인 히브리어 성서, 신약성서가 추가된 그리스어 성서, 구약성서를 히브리어 원전에서 다시 옮긴 교부 히에로니무스Eusebius Hieronymus의 라틴어 '불가타'본, 그리고 마지막으로 종교개혁가들의 성서가 있습니다. 이 새로운 성서들이 생길 때마다 큰 변화가 있었습니다.

슈피겔 지금 우리는 계속 추가되고 재구성되었던 1400쪽이 넘는 책들의 모음집에 대해 이야기하고 있습니다. 이 변화의 과정을 얼마 정도로 상상해야 할까요? 1000년 이상 걸렸다고 봐야 할까요?

크나우프 당연합니다. 〈사사기〉 5장에 나오는 드보라Deborah의 승전가가 가장 오래된 본문인데, 기원전 9세기에 작성된 문서에서 나왔습니다. 트로이 전쟁에 대한 호메로스Homeros의 서사시 『일리아스Ilias』처럼 이런 시가는 오랫동안 잘 구전될 수 있었죠. 이두 시가가 기록된 시기도 서로 비슷합니다. 책이라 부를 수 있는긴 문서는 기원전 7~8세기에 처음 집필되었습니다. 그리고 신약성서 본문 가운데 가장 최근에 집필된 책은 2세기 중반에 나왔습니다.

슈피겔 그럼 가장 오래된 성서 구절은 어떻게, 그리고 어떤 목적으로 생겨났습니까? 고대 근동, 메소포타미아 또는 이집트에는아주 오래전부터 문자가 있지 않았나요?

크나우프 그렇습니다. 기원전 제3천년기 말(기원전 2000년경)부터거룩한 땅에 사는 사람들도 이미 문자를 알았습니다. 그러나 많은 시간이 흐른 후에야 국가는 많은 관리와 사제가 필요하게 되었고, 그래서 이들을 교육하기 위해 학교, 최소한 왕실 학교와 성전 학교가 유용해졌습니다. 북이스라엘왕국에서는 기원전 850년경에, 남유다왕국에서는 그보다 약 100년 늦게 학교 교육이 시작되었습니다. 이처럼 고대 근동의 문학 전체는 학교 문학에서 생겨났습니다.

슈피겔 그렇다면 종교 문서들은 언제부터 기록이 되기 시작했을까요?

크나우프 기록 시기는 명확하지 않습니다. 내용들이 오랫동안 구전만 되고 있었던 건 틀림없습니다. 예를 하나 들어보죠. 나일강 삼각주 동쪽에 엘레판티네Elefantine 라는 섬이 있습니다. 기원전 400년 직전에 이 섬에 군사기지의 신전 자료 보관소가 있었다는 사실을 우리는 알고 있습니다. 당시에 그곳에서 유대인들이 페르시아 대제국에 봉사하며 살았습니다. 그러나 남아 있는 파피루스에서 성서의 어떤 책도 발견되지 않았습니다. 〈시편〉도, 어떤 의례도 전혀 발견되지 않았죠. 남아 있는 방대한 목록들과 문서들 속에 아람어로 된 두 권의 교과서만 발견되었습니다. 〈토비트서〉[3]에 일부가 삽입되어 있는 기원전 7세기의 〈아히칼의 서〉[4], 그리고 페르시아 왕 다리우스 1세Darius I가 기원전 500년경에 일으킨 자신의 군사 반란을 정당화했던 '베히스툰Behistun 비문'의 번역문이 그것입니다.

슈피겔 그러니까 그때까지만 해도 아직 성서는 없었다는 말인가요?

---

3 구약성서에 속하는 유대 문학의 책으로, 총 14장으로 구성되어 있으며 가톨릭에서만 정경으로 인정한다.
4 아히칼의 이야기, 아히칼의 말씀으로도 불리는 이 문헌은 기원전 7세기에 출현하여 고대 근동 지역에 다양한 언어로 전해졌던 지혜서다. 아시리아의 왕 산헤립의 신하 아히칼이 알려주는 지혜와 격언이 담겨 있다. 토비트서에 내용 일부가 들어와 있고, 이솝 우화에도 영향을 주었다.

크나우프　네, 맞습니다. 엘레판티네 유대인들의 조상은 기원전 582년 이후 베냐민에서 흩어질 때, 어떤 책도 가지고 나오지 않았습니다. 책들, 도서관, 문서 저장소는 성전과 총독의 궁전에 있었고, 다른 곳에는 없었습니다.

슈피겔　과거에 구전으로 전승될 때 얼마나 많은 성서 내용이 이미 알려져 있었을까요? 그리고 어디서 어떻게 이 이야기들이 설명되었다고 생각해야 할까요?

크나우프　상대적으로 구전된 내용은 적었습니다. 예를 들어 우리는 "주님이 이스라엘을 이집트에서 인도하여 내셨다"(출애굽기 18:1)는 문장을 알고 있습니다. 이 문장은 성서에 들어오기까지 기원전 12세기부터 전승되어야 했습니다. 많은 경우 이미 어떤 구전 전승이 숨어 있지만, 성서 편집자들의 창조성을 과소평가해서는 안 됩니다. 성서의 모든 것이 문학적으로 매우 탁월합니다.

슈피겔　예를 하나 든다면요?

크나우프　예컨대, 아브라함의 이야기가 있습니다. 마므레 숲에서 하나님이 세 명의 방문자 모습으로 아브라함에게 후손을 약속했습니다. 후기 청동기 이후 근동의 신화 중에 자식 복을 기원하는 나무여신의 숲 이야기가 있습니다. 597년 첫 번째 유배 이후 유다왕국의 이주민들 때문에 예루살렘 인구가 급증할 때 이 이야기는 처음으로, 예를 들면 헤브론Hebron에 있는 아브라함의 무덤과 같은 지리 정보가 첨가되어 기록되었습니다.

슈피겔 지금 교수님은 성서를 역사로 설명하고 계신 건가요? 아니면, 해석된 이야기로 설명하고 계신 건가요?

크나우프 저의 이야기입니다. 또는 많은 동료들과 내가 그럴 가능성이 높다고 여기는 것을 설명하고 있습니다. 우리는 알고 있는 사실이 별로 없습니다. 단지 우리는 간접 정황과 유사성만 갖고 성서 본문이라는 신학적이고 문학적인 구성물에서 역사 지리적 세부 사항을 증명하려고 시도할 수 있을 뿐입니다.

슈피겔 구약성서 안에 있는 책들의 형식은 매우 다양합니다. 그 중에는 법률, 연대기, 역사 기록, 그리고 시가도 있습니다. 이 문서들이 어떻게 서서히 수집되었는지 그 순서를 정할 수 있을까요?

크나우프 역사 기록이라는 단어는 매우 조심스럽네요. 어찌 됐든, 그 순서는 먼저 토라, 즉 율법이 들어 있는 모세오경이 기원전

6세기에 바빌론과 사마리아, 그리고 유다왕국에서 편찬되었습니다. 그리고 기원전 398년 율법학자 에스라Ezra가 놀랍게도 바빌론에서 전체 토라를 가져왔다고 알려져 있습니다. 그러나 저는 이런 이해가 대단히 순진하다고 생각합니다.

슈피겔 왜 순진하다고 생각하십니까?

크나우프 많은 구약학자들은 에스라가 창조된 인물이라고 여깁니다. 어쨌든 이 질문에 대해서는 200년 이상 논의되고 있습니다. 그런데 정황 증거가 또 있습니다. 기원전 400년부터 유대인들은 성상 금지법을 따릅니다. 그러니까 이 시기에 무슨 일이 있었던 건 틀림없습니다.

슈피겔 그럼 교수님의 설명은 무엇인가요?

크나우프 바빌론으로 유배를 떠난 이들은 유다왕국의 상류층입니다. 베냐민에 남은 나머지 거주민들은 왕도, 그리고 대부분의 엘리트도 없이 그냥 버려진 채 있었습니다. 토라에 있는 가장 오래된 법률 모음인 옛 언약의 책만이 법적 질서를 여전히 제공해주었습니다. 그러나 현실에 맞는 법이, 말하자면 개정법이 필요했습니다. 이 개정법이 모세의 다섯 번째 책에 들어 있습니다. 즉 그리스어로 〈신명기〉라고 부르는 이 책이 두 번째 법전입니다.

슈피겔 누가 이 개정법을 집필했나요?

크나우프 기원전 6세기에 유다왕국의 바빌론 점령지에 살았던 사제와 서기관 들이 이 일을 시작했습니다. 이 점령지는 거의 베냐민 지파의 영역으로 구성되었습니다. 기원전 약 525년부터 바빌론에서 온 '귀환자들'이 이 작업에 합류했습니다. 소수의 상류층만 유배되었고, 이들 중 일부만 돌아왔습니다. 그러나 몇몇 귀환 유대인들은 사제로, 관리로, 군인으로 이제는 페르시아가 지배하는 고향으로 돌아왔습니다. 그들은 해안길 방어와 페르시아 왕 캄비세스 2세Cambyses Ⅱ의 이집트 출정을 위해 성전산에 작은 성채를 새로 만들었습니다. 그리고 마침내 그들은 성전을 다시 건립했습니다.

슈피겔 그런데 어떻게 이 작은 무리가 그렇게 거대한 역사적 영향을 발휘했습니까?

크나우프 실제로 그들은 관리이자 군인으로서 소수였지만, 그 지역을 지배하는 소수였습니다. 그들은 곧 자신들이 그 땅의 실질적인 지배자라는 느낌을 받았습니다. 그들은 자신들의 법을 관철시켰습니다. 그리고 무엇보다도 그들은 유일신 신앙과 가까운 어떤 신앙을 페르시아에서 가져왔습니다. 다른 신들도 존재했지만, 그들은 더는 공경받지 못했습니다.

슈피겔 그래서 십계명에 "너희는 내 앞에서 다른 신들을 섬기지 못한다"(출애굽기 20:3)라는 특별한 문장이 들어갔습니까?

크나우프 그렇습니다. 상류층 귀환자들은 옛 유다 지방에 잔류했던 백성들이 자신들이 가져온 유일신주의에 가까운 새로운 신앙에 복종하기를 원했습니다. 이런 생각과 의지를 〈여호수아기〉에서 읽을 수 있습니다. 〈여호수아기〉에 묘사된 '가나안족' 혹은 '아모리족' 같은 이방 민족과의 싸움은 실제로는 귀환한 엘리트와 이스라엘 농민 사이에 있었던 유대교 내부의 갈등이었습니다.

슈피겔 오늘날에는 이를 역사 왜곡이라고도 할 수 있겠군요.

크나우프 이 이야기들은 우리가 생각하는 그런 연대기가 아닙니다. 모든 것이 이념적으로 새롭게 해석되었습니다. 예루살렘인들은 자신들의 뜻을 완전히 관철하지도 못했습니다. 기원전 5세기초에 예루살렘인들은 베델에 있는 유다 사람들의 경쟁 성전을 파괴했지만, 베델 성전을 이용하고 있던 사마리아인들은 나블루스

Nablus 근교의 가리짐 산에 자신들의 성전을 대신 만들었습니다. 그렇게 예루살렘 엘리트들은 거대한 사마리아를 잃어버렸습니다. 이에 서서히 서로 화해해야 한다는 입장이 커질 수밖에 없었습니다. 그렇게 양쪽의 의견이 나란히 들어 있는 토라의 최종 편집본이 만들어졌습니다.

슈피겔 어떻게 양쪽 의견이 나란히 들어 있는 책을 만들 수 있었을까요?

크나우프 예를 들면 이렇습니다. 한편에서는 오래전 이 땅은 아브라함의 땅이었고, 우리는 아브라함의 자손이라고 설명합니다. 다른 편에서는 마찬가지로 선조 야곱Jacob에 대해 주장합니다. 결국 아브라함을 야곱의 아버지로 만들면서 양쪽 모두 만족할 수 있었습니다. 이제 모두가 아브라함의 자손이었고, 모두가 바빌로니아에 있었습니다. 그 결과를 〈여호수아기〉 24장에서 읽을 수 있습니다.

슈피겔 고고학자들은 모래층을 제거하고, 결국 마지막에 어떤 것을 손에 얻습니다. 교수님은 마치 이런 고고학자처럼 성서를 분해합니다. 교수님의 설명 가운데 어느 정도가 추측이고, 또 어느 정도가 확실한 내용입니까?

크나우프   제가 하는 설명은 수백 년 동안 모순과 다양성 들을 하나씩 해결하면서 얻은 연구의 결과입니다. 토라가 기원전 5세기 말, 페르시아 시대에 그 형태를 갖추었다는 데는 대서양 이쪽, 즉 유럽의 구약학자들은 대체로 동의합니다. 여전히 논란이 되는 건, 가리짐 산과 예루살렘 사이에서 합의된 책을 왜 에스라가 소위 바빌로니아에서 가져왔느냐는 겁니다. 속령의 법률 제정은 최고 지배자의 허락을 받아야만 했다는 추측이 하나의 가능성 있는 설명입니다.

슈피겔   완성된 토라는 어떤 모습이었을까요? 오늘날 관점에서 토라는 성서와 같은 지위였는지, 그리고 어떻게 활용되었는지 궁금합니다.

크나우프   여러 권의 두루마리 문서를 떠올려야 합니다. 그중 좋은 유대인이 되기 위해 누구나 지금 알고 행동해야 하는 것을 매주 발표했습니다. 이것이 중요한 개혁이었는데, 이를 통해 모든 사람이 통치를 위한 지식에 관여할 수 있기 때문입니다. 토라는 이미 하나님의 말씀과 뜻으로 널리 인정받았습니다. 그러나 동시에 토라는 문서입니다. 이 문서로 페르시아 시대의 유대인들은 자신들의 정체성과 법률을 확실하게 규정했습니다. 이는 신앙의 문제가 아니라 올바른 것이 무엇인지에 대한 지식의 문제입니다.

슈피겔 토라는 성서에서 가장 오래된 부분입니다. 다른 부분들은 어떻게 추가되었나요?

크나우프 토라의 완성이 이념적 노선 싸움을 해결하지는 못했습니다. 그래서 기원전 4세기까지 예언서들이 생겨났습니다. 예루살렘 성전 학교의 율법학자들은 좋은 유대교 교수들로서 싸움에 대한 보상을 받았습니다. 그들은 토라에 주석을 달았고, 이미 존재하던 문서를 수정했습니다. 예를 들어 〈이사야서〉에서 가장 오래된 구절은 이미 기원전 7세기에 나왔습니다.

슈피겔 그 교수들은 양쪽을 동등하게 만들려고 했습니까?

크나우프 그들은 양쪽 다 말하게 했고, 다양한 관점에서 집필했습니다. 예언서의 이름은 주로 추도문에서 나온 지식인들의 전통을 보여줍니다. 아직 개별 저자는 없었습니다. 예컨대 이사야Isaiah 가 예언서를 직접 썼다는 믿음은 편저자에 대한 질문이 시작된 헬레니즘 이후에 처음 생겨났습니다. 기원후 1세기에 플라비우스 요세푸스Flavius Josephus 는 예언자들이 하나님의 영감을 받은 역사 기록자들이며, 그들은 서로 조화를 이룬다고 설명했습니다.

슈피겔 오늘날까지도 영향을 미치고 있는 정의군요.

크나우프 유감스럽게도 그렇습니다. 왜냐하면 사실은 거의 정반 대이기 때문입니다. 토라에서도 이미 하나 이상의 의견들이 나오고 있는 걸 볼 때, 다원주의는 그때부터 좋은 양식으로 여겨졌습니다. 그런데 예언서 문학들은 기원전 2세기 이후에야 처음으로 널리 퍼졌습니다. 아마도 토라만으로 정당성을 확보하지 못했던 하스몬 왕조[5]의 지배자들이 예언서를 경전으로 추가했을 겁니다.

슈피겔 그렇다면 나머지 성문서들은 구약성서에 어떻게 들어왔습니까?

크나우프 히브리 성서는 동심원처럼 만들어졌다고 생각해야 합니다. 가운데에 토라가 있고, 토라는 예언서들에 의해 확장되며, 다시 성문서를 통해 토라와 예언서에 주석이 달립니다. 성문서의 대부분은 기원전 5~1세기 동안 예루살렘 성전 학교에서 만들어졌고, 그곳에서 가르쳤다고 저는 추측합니다. 이 문학 경전은 그후에 랍비 유대교에 의해 계승되었습니다.

슈피겔 매우 시적인 비탄과 찬양이 종종 들어있는 〈시편〉을 어떻게 주석으로 읽을 수 있을까요?

5 기원전 142년부터 79년간 존속했던 유대인의 마지막 독립 왕조다.

크나우프 〈시편〉은 연작으로 구성된 신학 모음집이며, 바리새파의 강령집입니다. 이곳저곳에서 오래된 종교 노래들을 분명한 이념적 원칙 아래 수집했습니다. 이와 반대로 이른바 솔로몬의 설교라는 〈전도서〉는 바리새파와 경쟁하던 사두개파의 선언을 보여줍니다. 〈시편〉은 히브리 성서에서 가장 메시아적인 책입니다. 바리새파는 부활과 저승을 믿었습니다. 반면 사두개파는 전혀 믿지 않았습니다. 〈전도서〉에 "이 세상에 새것이란 없다"(전도서 1:9)고 나와 있죠. 어떤 새로운 것도 없을 겁니다.

슈피겔 성서의 뛰어난 문학성은 어떻게 설명할 수 있을까요? 저자들은 독자들을 사로잡는 법을 확실히 알고 있었습니다. 그리고 가끔 사건들은 진기한 모험으로 전개됩니다. 요나Jonah와 고래, 사자굴 속의 다니엘, 대홍수와 같은 이야기는 대단히 흥미진진합니다. "마른 빵 한 조각을 먹으며 화목하게 지내는 것이, 진수성찬을 가득히 차린 집에서 다투며 사는 것보다 낫다"(잠언 17:1) "부정하게 모은 재물은 쓸모가 없다"(잠언 10:2) 같은 구절은 오늘날 봐도 명문장입니다. 율법학자들은 어떻게 이렇게 훌륭하게 쓸 수 있었을까요?

크나우프 성문서의 저자들은 위대한 생각들로 작업을 시작했던 전문적인 표현 예술가였습니다. 그들은 당연히 자신들의 문화 속에 있던 오랜 이야기 전통을 속속들이 잘 알고 있었습니다. 그밖에도 그들은 전 지역의 지혜 문학도 알고 있었습니다. 오늘날의 학문처럼 당시에도 사람들은 국제적으로 연결되어 있었습니다. 이미 수준 높은 서사 문화가 수백 년 동안 시리아와 그 주변 지역에서 꽃을 피웠고, 이런 서사 문화의 또 다른 위대한 사례가 그리스 역사가 헤로도토스Herodotos의 작품들입니다.

슈피겔 유대교 성서는 예수 시대에 완성되었습니다. 왜 초대 그리스도인들은 이 모든 문헌을 받아들였을까요?

크나우프 답은 단순합니다. 그들이 유대인이었기 때문입니다. 그들은 다른 선택의 여지가 없었습니다. 예수가 부활한 존재라는 명제는 메시아가 나타날 것이라는 희망이 실현되었다고 생각될 때 의미 있고 경탄할 일이 됩니다. 원시 그리스도교에 다른 성스러운 문헌은 없었고, 불가피하게 유대교 경전과 연결되었습니다.

슈피겔 맨 처음에 이미 아브라함부터 출발하는 족보가 나옵니다. 그럼에도 사람들은 신약성서를 추가해야 할 필요성을 봤을까요?

크나우프 초기 그리스도인들은 옛 문헌인 히브리 성서를 해석하려고 했지, 잊으라고 말하지는 않았습니다. 그러나 1세기에는 이를 위한 계획과 원칙이 없었습니다. 먼저 공동체를 돌보기 위한 교육용 서한들이 등장했습니다. 바울은 여전히 주님의 임박한 재림을 예측하고 있었습니다. 재림은 일어나지 않았고, 역사는 어느 정도 확실히 지속되었습니다. 이제 사람들은 예수의 삶을 제자들의 모범으로 규정하길 원했습니다. 복음서들은 훌륭한 고대 근동의 전통에 따라 만들어진 그리스도교 학파만을 위한 규범적인 문서입니다. 복음서들은 예수의 생애에 대한 문서이며, 이를 교육하고, 기억하며, 전승하려는 목적을 담고 있습니다.

슈피겔 동시에 여러 복음서들이 존재했던 이유도 설명할 수 있나요?

크나우프 이는 최소한 초기 그리스도교가 여전히 얼마나 유대교적이었는지를 보여줍니다. 그래서 다양한 전통들이 공존할 수 있었습니다. 바울과 마태Matthew는 틀림없이 유대인이었습니다. 마태는 첫 구절에서 하나님의 아들 예수 그리스도의 '기원'을 알려주는데, 이는 분명히 토라의 시작을 살짝 변주한 것입니다. 모순들을 피하기 위해 지식인들은 나중에 '복음서들의 조화'를 만들었고, 이를 통해 모든 것이 진실이라고 설명합니다.

슈피겔 복음사가들이 누구인지 알 수 있는 증거들이 있습니까?

크나우프 현재 학계의 최신 유행에서는 이들을 공동체의 대표자들로 여깁니다. 복음사가 전부 익명으로 복음서를 썼습니다. 구체적인 건 아무도 모릅니다. 단지 이들이 상당한 교육을 받았다는 건 알 수 있습니다. 각 복음서마다 여러 명의 저자가 있을 가능성도 배제할 수 없습니다. 어쨌든 저자에 대한 질문보다 텍스트에 대한 질문이 저한테는 더 중요합니다.

슈피겔 구약성서는 1000쪽이 넘어가지만, 신약성서는 300쪽밖에 되지 않습니다. 신약성서는 왜 이렇게 짧을까요?

크나우프 중요한 내용이 이미 전부 언급되었기 때문입니다. 율법서를 쓸 필요도 없었고, 창조부터 현재까지의 역사를 서술할 필요도 없었습니다. 더욱이 그리스도교 성서는 단지 100년 만에 생겨났으며, 히브리 성서처럼 500~700년이 걸린 책이 아닙니다.

슈피겔 그렇다면 신약성서에서 새로운 점은 무엇일까요? 그리스도의 수난기처럼 명백한 것을 제외하고 말입니다. 서신들, 비유, 예수의 기적 등이 새로운 것일까요?

크나우프 서신들은 새로운 게 맞습니다. 그러나 비유는 근동 전역에서 오래전부터 널리 사용되었습니다. 몇몇 비유는 구약성서와 랍비들의 가르침에도 있습니다. 그러나 전기로서의 복음서들은 실제로 새로운 문학 장르였습니다.

슈피겔 어디서 그리스도교로의 근본적인 전환을 가장 두드러지게 감지할 수 있을까요?

크나우프 이미 〈마태복음서〉에서도 전환들이 드러나긴 하지만, 이는 여전히 유대교 내부의 논쟁입니다. 반면 요한Johannes은 유대교에 대단히 적대적입니다. 거기서 단절을 감지할 수 있습니다. 유대인들은 어떤 다른 존재이고, 그들은 틀렸으며, 우리가 맞다고 말합니다. 바울의 서신들에서는 그런 것이 완전히 빠져 있습니다. 그러나 유대교와 그리스도교가 분열하는 지점은 그곳이 아닙니다. 제2성전의 파괴와 로마에 대항한 바르 코크바Bar Kokhba의 반란이 있었던 135년이 중요한 기점이라고 확실하게 말할 수 있습니다. 그 후 유대교는 갈릴리 농민들의 종교가 되었고, 그리스도교는 헬레니즘적 도시들의 종교가 되었습니다.

슈피겔 그리고 세계의 권력이 되었죠….

크나우프 로마제국이 그리스도교화된 이후에 그렇습니다. 새 그리스도교 황제들은 4세기에 마침내 반유대교 법률을 공포했습니다. 그러나 여전히 문화적 교환은 있었습니다.

슈피겔 신약성서는 실로 짧은 시간 동안 완성된 것으로 여겨지고 그다음에 유대교 문헌들에 통합되었습니다. 그 이유는 무엇인가요?

크나우프 제 생각에 주요 원인은 마르키온Marcion 때문입니다. 이 급진적 그리스도인은 2세기에 옛 유대교 성서는 쓸모가 없다고 설명했습니다. 마르키온은 오직 〈누가복음서〉와 바울의 서신들만 인정했습니다. 그러나 교회의 다수는 유대교 과거와 단절하기를 거부했습니다. 그들은 대응책으로 150년에 구약성서와 신약성서로 구성된 새로운 성서를 만들었습니다. 구약성서와 신약성서는 역사 - 현재 - 예언이라는 모형에 따라 배치되었습니다. 그러나 이 성서가 인정받기까지는 시간이 더 걸렸습니다. 약 350년경에야 경전으로 인정받게 됩니다. 그리고 이제 문헌들이 더는 두루마리가 아닌 책 모양을 갖춘 양피지 사본으로 존재했기 때문에 본문의 순서를 유지하게 되었습니다.

슈피겔 교수님 추측으로는 어떤 학파에서 이 성서가 생겼습니까?

크나우프 근동 지역에 있던 큰 교리 학교 가운데 하나일 겁니다.

알렉산드리아, 안디옥, 가이사랴 중 하나일 겁니다. 그곳에서는 구약성서와 신약성서를 그리스어로 편집하면서, 동일한 하나님 명칭을 사용했습니다. 그래서 이제 그리스도의 호칭이었던 '퀴리오스Kyrios', 즉 주님이 신약성서와 마찬가지로 구약성서에서도 등장합니다. 어떤 랍비의 도움으로 히브리어에 능통했던 히에로니무스는 히브리어와 그리스어로 된 성서를 라틴어로 옮겼습니다. 이 라틴어 불가타본의 편찬으로 신약성서의 발전 과정은 우선 일단락됩니다.

슈피겔 하나님의 말씀은 오랫동안 방해받지 않고 그냥 유지되었습니다. 그러나 늦게 잡아도 17세기부터 성서에 대한 비판적 질문이 시작되었습니다. 텍스트들은 역사 비평적 방법으로 면밀하게 조사되었고, 성서고고학자들은 땅을 팠고, 근거가 거의 없는 것이나 또는 반대의 근거를 찾기도 했습니다. 오늘날 우리는 어디쯤 서 있습니까? 실제 무슨 일이 일어났고, 역사적으로 증명된 사실은 무엇이며, 증명 안 된 건 또 뭐가 있을까요?

크나우프 성서 저자들은 사실을 전달하려고 하지 않았습니다. 토라와 〈여호수아기〉는 이스라엘의 거대한 신화를 담고 있습니다. 그 신화란 토라와 축복받은 땅의 약속, 소예언자들과 바빌론 유배와 신화에 대한 내용입니다. 모세오경과 〈여호수아기〉를 역사로 여기는 건 이미 헬레니즘적 오류입니다. 허구라는 증거도 충분히 있습니다. 사람이 900세까지 살았다는 이야기가 그 예가 되겠죠. 이를 사실로 여겨서는 결코 안 됩니다.

슈피겔 그 말은 계몽주의의 가차 없는 진실의 기준 또한 합당하지 않다는 뜻인가요?

크나우프 아브라함이 90세가 넘어 할례를 받거나 아담과 노아가 수백 살이 되어도 계몽주의 이전에는 누구도 터무니없다고 생각하지 않았습니다. 결론적으로 그들은 고대 시대에, 오늘날의 기준 너머에 있는 어떤 신화의 시대에 살았습니다. 이런 초인간적 형태의 마지막이 110세에 죽은 여호수아Jehoshua입니다. 여호수아 다음에 이스라엘의 실제 역사가 구체적인 장소에서, 납득할 수 있는 시간에 시작됩니다.

슈피겔 마치 그리스 영웅담과 비슷하군요.

크나우프 맞습니다. 메소포타미아 지역도 마찬가지입니다. 거기서도 처음에는 왕들이 수천 년 동안 통치합니다. 실제 왕조가 생겨나기 전까지 그렇게 통치합니다. 틀림없는 역사적 사실도 있습니다. 바빌로니아가 기원전 6세기 초에 제1성전을 파괴했고, 기원전 500년경에 유대인들이 제2성전을 신축했다는 데는 논쟁의 여지가 없습니다. 이스라엘과 유다왕국의 왕 목록도 의심하기 힘듭니다.

슈피겔 왕들이 실재했었다는 말입니까?

크나우프 그렇습니다. 심지어 통치 기간도 본질적으로는 일치합니다. 그렇지만 〈창세기〉부터 〈여호수아기〉까지, 즉 이른바 땅의 정복까지의 이야기에 대해서는 저는 사실성을 전혀 따지지 않을 겁니다. 역사적 핵심은 있었지만, 이야기가 창작되어 덧붙여졌습니다. 한편 〈여호수아기〉는 토라에 대한 대안적 해석도 보여줍니다. 어떻게 민족들을 죽이지 않고 통합시킬 수 있는지를 알려주고 있습니다. 그러는 동안 고고학자들은 성서가 그들을 정착시켰던 가나안 땅에서 이스라엘 부족들이 생겨났다고 의견을 제시하고 있습니다. 기원전 12세기까지 가나안은 이집트의 속령이었고, 그 이후 이스라엘인들이 그곳에서 확장할 수 있었습니다.

슈피겔 고대 때부터 가나안이 자신들 땅이라고 주장하는 이스라엘에게는 오늘날 이런 의견이 좋은 근거가 되겠군요.

크나우프 조심해야 합니다. 역사는 언제나 가정입니다. 제가 지금 말했던 내용은 최근에 통용되는 이론입니다. 그러나 내 제자의 제자들이 무슨 말을 하게 될지 누가 알겠습니까?

슈피겔 그렇다면 또 다른 놀라움을 예상해도 될까요?

크나우프 당연히 그렇습니다. 성서는 1000년의 역사에서 나온 엄청난 물건들이 들어 있는 박물관과 같습니다. 그러나 아주 소수의 물건만 이름표를 받았고, 어떤 경우는 설명이 바뀌기도 했습니다. 그곳에는 여전히 연구할 거리가 많이 있습니다.

슈피겔 그렇다면 모든 역사 비평적 검토들이 성서의 효과를 감소시키지 않았다는 말씀인가요?

크나우프 그렇습니다. 성서의 효능은 줄어들지 않았습니다. 성서 독서의 즐거움도, 철학적이고 종교적인 의미도 확실히 감소하지 않았습니다. 성서 속의 많은 빈 자리 덕분에 성서 문학은 끊임없이 새롭게 읽힐 수 있고, 새롭게 읽어야 합니다.

슈피겔 크나우프 교수님, 장시간 인터뷰에 감사드립니다.

인터뷰어 아네테 그로스본가르트, 요하네스 잘츠베델

02

유대인들의
성스러운 경전

파괴된 성전을 대신하다

나는 주님, 너의 하나님이다

기원전 6세기 바빌로니아인들은 예루살렘을 파괴하면서 이스라엘인들을 자신들의 종교 중심지로 데려갔다. 그곳에서 이스라엘인들은 새로운 성전을 세웠다. 바로 히브리 성서다.

분명 끔찍한 살육과 광기가 있었다. 엄청나게 큰불이 골목골목을 휩쓸고 지나갔고, 화살은 집과 시체를 뚫었다. 수천 명이 적국으로 끌려갔고 학살당했다. 기원전 587년 여름, 바빌로니아 왕 느부갓네살 2세Nebuchadnezzar II의 군대가 마침내 유다왕국과 수도 예루살렘을 두고 떠났을 때, 그 당당했던 산악국가에 더는 남은 것이 없었다. 예루살렘에 있던 집들, 궁전, 그리고 민족신 야훼의 성전은 파괴되었고, 사방의 땅은 황폐해졌으며, 왕자들은 살해당했고, 제사장들과 정치가들은 추방되었다. 〈열왕기하〉가 이 상황을 설명해주며, 고고학의 발견들도 이를 증명한다. 눈알이 뽑힌 왕도 굶주림 속에 바빌로니아 감옥에 갇혔다.

"이 엄청난 재앙과 함께 이스라엘 민족의 종교적, 민족적 실존은 끝날 수도 있었다"라고 이스라엘 고고학자 이스라엘 핑켈슈타인Israel Finkelstein은 말했다. 그러나 이스라엘 민족은 살아남았고 자신들의 유배 경험에서 오늘날까지도 세계에 영향을 주고 있는 작품의 중요 부분을 창조했다. 이 히브리 성서, 즉 '타나크Tanach'가 그리스도교에서는 약간 변형되어 구약성서라는 경전으로 수용되었다. 타나크는 교리와 율법으로 가득 찬 문서이면서, 또한 역사와 시가가 들어 있는 흥미진진한 문서이기도 하다.

히브리 성서의 전승과 번역은 다양했고, 판본에 따라 책들의 순서와 종류가 달랐다. 1세기 이후에 타나크 경전이 확정되었다. 오늘날 타나크는 39권의 책으로 구성되어 있고, 3부로 나누어져 있다. 먼저 토라(히브리어로 '훈령' 혹은 '율법')는 모세오경, 또는 펜타튜크Pentateuch (그리스어로 '다섯 두루마리')라고도 불리며, 세계 창조에서 모세의 죽음까지에 이르는 이스라엘 민족의 초기 역사를 설명한다. 다섯 권의 책은 〈창세기〉, 〈출애굽기〉, 〈레위기〉, 〈민수기〉, 〈신명기〉라고 불리며, 창조 설화와 이스라엘 민족의 선조, 이집트에서의 탈출, 이스라엘 민족의 광야 방황, 모세를 통한 하나님의 율법 선포를 설명한다.

두 번째 네비임Nebiim (히브리어로 '예언자들')에는 〈여호수아기〉, 〈사사기〉, 〈사무엘기〉, 그리고 〈열왕기〉가 포함된다. 이 책들은 먼저 이스라엘 민족이 새로운 고향에서 어떻게 지냈는지를 보여준다. 요단강을 건너는 과정과 가나안의 정복을 설명하고,

북이스라엘왕국과 남유다왕국의 형성과 성장, 그리고 아시리아와 바빌로니아에 의한 정복 및 민족 구성원 일부의 바빌로니아 유배 생활 50년을 알려준다. 〈이사야서〉, 〈예레미야서〉, 〈에스겔서〉, 그리고 열두 예언서에는 거룩한 예언, 경고, 심판이 들어 있다.

마지막 케투빔Ketubim (히브리어로 '성문서')은 설교, 시가, 기도, 〈시편〉을 포함한 13권의 책으로 구성된다. 여기에는 〈아가〉와 〈룻기〉가 포함된다. 이 책들은 기쁨과 곤경을 반영하고, 이스라엘 민족이 드리는 경배와 그들의 생각을 보여준다.

신약성서는 예수의 기적을 통해 강렬한 인상을 남기지만, 히브리 성서에서도 상당히 환상적인 일들이 이미 일어난다. 90세가 넘은 여성이 아이를 낳고, 물고기들이 사람들을 삼켰다가 다시 뱉으며, 수만 명이 수십 년 동안 사막을 헤맨다. 그럼에도 유대-그리스도교 신앙에서는 약 1500여 년 동안 성서에 나온 내용이 실제 일어났던 일이라고 여겼다. 성서 본문은 하나님의 말씀이었고, 자신의 이름을 문헌의 제목으로 붙인 사람들에 의해 전해지고 기록되었다.

모세가 자신의 죽음을, 모세오경 제5권인 〈신명기〉에 나와 있는 것처럼 실제로 그렇게 상세하게 묘사할 수 있었는지를 17세기에 처음 지식인들이 의심했다. 그리고 더 자세하게 성서를 연구한 결과, 중복과 모순, 서로 반대되는 주장, 다양한 양식, 그리고 완전히 다른 신의 이름들을 더 자주 만나게 되었다. 어떤 때는 야훼라고 불리기도 하고, 또 다른 때는 엘로힘Elohim이라 불리기도 하였으며, 어떤 경우에는 하나님이 십계명을 바위에 새겼고, 또 다른 경우에는 모세가 십계명을 새겼다.

이런 결과를 통해 여러 세대를 넘어 계속해서 새로운 작가들이 다양한 종교적, 정치적 의도로 이 거대한 작품에 손을 댔다는 사실을 분명하게 알게 되었다. 글과 문단들은 보충되거나 간결해졌고, 재구성되거나 새롭게 조립되었다. 기원후 1세기에 처음으로 성서의 분량과 순서가 정해진 것처럼 보인다. 로마의 역사가 플라비우스 요세푸스가 93년에 처음으로 불변의 유대교 경전 모음집에 대해 알려주었다.

그리스어로의 번역이 경전화의 한 동기가 될 수 있을 것이다. 이른바 '셉투아진타Septuaginta'는 기원후 150년 이전에 알렉산드리아에서 완성되었고, 1세기에 그리스도교 공동체의 경전으로 수용되었다. 유대교 공동체는 자신들만의 경전으로 그리스도교 공동체와 구별되었다. 그런데 그 이전 수백 년 동안 무슨 일이 있었을까?

히브리 성서의 형성은 이스라엘의 역사로부터만 이해할 수 있다. 이스라엘 민족은 기원전 13세기 말에 고대 지중해 세계의 동쪽 변두리에서 언급되던 작은 민족이었고, 정치적으로 별 힘이 없던 떠돌이 민족으로서 이집트, 아시리아, 바빌로니아, 페르시아, 그리스, 로마에 차례로 정복당해 이들의 지배를 받았다. 아랍 문화를 비롯한 다양한 문화에 둘러싸여 살았고, 가끔은 매우 긴밀하게 교류했다. 동화 또는 단절. 이것이 이스라엘 민족에게 끊임없이 제기되던 질문이었고, 성서에서도 중요한 주제였다.

그러나 토라 또는 예언서의 이야기를 역사적 혹은 고고학적 자료가 밝혀주는 이스라엘 초기 역사와 비교하면, 구약성서의 편저자들이 아주 정확한 사실을 취하지는 않았다는 점이 분명하게 눈에 띈다. 이런 불일치는 이미 하나님 백성의 기원에서 시작된다.

오늘날 고고학자들은 가나안 해변 도시에 살던 주민들이 대다수 이스라엘인들의 기원이라는 데 어느 정도 확신한다. 기원전 1200년경, 팔레스티나에서 이집트가 퇴각한 다음에 이 지역의 경제가 몰락하게 되었을 때, 이 지역 도시 주민 일부가 사람이 거의 살지 않던 산악 지역을 돌아다녔고, 그 후 그들이 그곳에서 씨족으로 살아가던 유목민들과 함께 부족을 만들었다. 기원전 10세기 이후 이 부족들로부터 농업에 기초한 부족 왕국들이 발전했고, 이 부족 왕국들이 나중에 이스라엘왕국과 유다왕국이 되었다.

그렇다면 이집트에서의 탈출은 전혀 일어나지 않았던 사건일까? 그리고 사막에서의 방랑과 가나안 정복은 어떻게 된 일인가? 이 모든 이야기들은 역사적으로 증명되지 않았다. 화려한 중심지 예루살렘이 수도였다는 다윗과 솔로몬의 대왕국도 마찬가지다.

고고학의 발견에 따르면, 기원전 10세기에 소위 왕의 도시라는 예루살렘 지역에는 기껏해야 1000여 명의 주민이 사는 축구장 5.5배 크기의 주거지가 있었다. 거대 왕궁의 중심지가 시골 마을 크기 정도였다는 말인가? 독일 성서학자 안젤리카 벨레융Angelika Berlejung은 이 논의가 이미 "논리적으로는 끝났다"고 여긴다.

그런데 왜 성서는 역사적 사실을 무시했을까? 벨레융에 따르면, 구약성서는 "팔레스티나 역사의 요약본이 아니며, 이를 결코 원하지도 않았다." 구약성서는 분명한 목적 아래 자료를 선택한 신학적 구상에서 나온 "역사에 대한 주석"이며, 그 목적은 "이스라엘왕국과 유다왕국이 멸망한 이유를 제시하고, 기대 혹은 희망하는 새로운 시작의 기초를 놓기 위함"이다.

이스라엘이 이런 설명의 도움이 가장 절실히 필요했던 때는 바빌로니아 유배 시기인 기원전 7~5세기였다. 이 시기는 폭풍 같은 시기였다. 기원전 722년 아시리아는 두 개의 이스라엘왕국 가운데 북쪽에 있던 이스라엘의 수도 사마리아를 정복했다. 북이스라엘은 아시리아의 속령이 되었다.

이와 반대로 이전에는 번성하던 이웃 국가의 그늘 아래 빈궁하게 살던 남유다왕국은 급속한 도약을 경험했다. 수십 년만에 예루살렘의 인구는 1만 2000명으로 몇 배 늘어났다. 견고한 성벽으로 보호받는 예루살렘 주변에 다른 도시들과 행정의 중심지들이 생겨났고, 기름과 포도주 제조업이 흥했다. 고립된 작은 도시에서 갑자기 다양한 인종의 국민이 생기고, 멀리 떨어진 나라들과 무역 관계를 맺는 번성하는 왕국이 되었다.

유대인들 신들의 세계도 외면적으로 다양해졌다. 야훼 이외에도, 바다의 여신 아세라Aschera 같은 많은 다른 신들이 섬김을 받았다. 민족을 중시하던 제사장들과 예언자들은 이런 상황에 불만이 많았다. 그래서 기원전 700년경에 새로운 종교운동이 점점 더 주목을 받게 되었다. 이 새로운 종교운동은 다음을 요구했다. 오직 야훼 홀로 숭배받을 수 있다! 아마도 이 운동이 히브리 성서에서 가장 중요한 문서 가운데 하나인 〈신명기〉의 모태였으리라. 〈신명기〉는 모세가 이스라엘 백성들에게 하나님의 계명을 선포했던 그때부터 이스라엘 민족의 삶과 하나님과의 관계는 규정되었다고 알려준다. 가장 중요한 계명은 이것이다.

나는 주님이자 너희의 하나님이다. 너희는 내 앞에서 다른 신들을 섬기지 못한다.　　　　　　　　　　　　（출애굽기 20:2~3）

이스라엘인들이 바알신Baal과 다른 신들을 최종적으로 몰아내기까지는 비록 긴 시간이 걸렸지만, 이후에 그리스도교와 이슬람교가 따르는 유대교의 유일신 사상은 이 초기 문헌에 정확하게 표현되었다.

야훼와 이스라엘 사이의 특별한 관계도 〈신명기〉에서 분명하게 정의되어 있다. 야훼는 이스라엘의 신이고, 이스라엘은 야훼의 민족이다. 그러므로 이스라엘은 야훼의 법을 지켜야 할 의무가 있다. 경배의 장소는 예루살렘의 성전이 되어야 한다. 그러나 이 명령은 곧 지키기 힘든 일이 되고 말았다. 유다왕국이 경제적, 문화적 번성을 경험할 때, 다시 한번 세계 권력의 구조가 바뀌고 있었기 때문이다. 유목민족인 스키타이족이 아시리아 제국을 약화시켜 아시리아는 팔레스티나 지역에서 물러났다. 이집트가 짧은 기간 동안 다시 영향력을 행사했지만, 기원전 605년에 바빌로니아에 밀려났다.

메소포타미아의 남쪽에서부터 온 바빌로니아 군대는 기원전 598~597년에 처음으로 예루살렘을 점령했고, 왕을 유배 보낸 후 충성스러운 가신을 지배자로 대신 세웠다. 그 신하가 과감하게 반역을 도모했던 기원전 587년에 바빌로니아의 왕 느부갓네살 2세는 간단한 조치를 취했다. 유다왕국은 몇 달 만에 황폐화되었다. 왕족과 대부분의 지식인 엘리트를 포함한 약 20퍼센트의 국민이 바빌로니아로 끌려갔다. 국가적인 재앙이었다.

바빌로니아에서의 유배 생활은 그럭저럭 괜찮았다. 이스라엘인들은 폐쇄된 집단을 만들어 여러 도시에 정착했고, 그 지역을 직접 관리하면서 방해받지 않은 채 자신들의 종교 생활을 유지할 수 있었다. 많은 이스라엘인들이 집과 노예를 샀고, 직업을 구했다. 법적으로 이스라엘인들은 원주민과 동등했다. 그럼에도 자신들의 관점에서 볼 때 자신들의 집, 선조들의 무덤, 수도, 성전, 왕국의 정치적 독립 등 이스라엘인들은 모든 것을 잃어버렸다. 도대체 야훼는 어떻게 이런 상실을 허락해줄 수 있었을까?

두 번째 문제는 바빌로니아에 있는 많은 신들이었다. 이 상황에 적응하여 낯선 신들의 보호를 받아야 할까? 아니면 자신의 종교와 문화를 지키려고 노력해야 할까? 그런데 야훼를 향해 제사를 드리는 유일한 합법적 공간인 예루살렘 성전 없이 도대체 야훼를 어떻게 제대로 섬길 수 있을까?

많은 연구자들에 따르면, 이런 배경 아래에서 전 궁정 관리들이 광야에서의 방황 마지막 날부터 유배 시기까지의 상세한 이스라엘 민족의 역사를 유배 기간 동안 발표했다. 이 작업을 위해 방대한 양의 오래된 문서들이 활용되었고, 이스라엘 민족이 겪고 있는 수난의 이유를 이 역사서에서 명쾌하게 해명했다. 이스라엘과 지도자들은 하나님에게 반복해서 복종하지 않았다. 그래서 하나님이 유배로 인도하였다. 유배는 하나님의 법을 지키지 않은 이스라엘의 무능과 불만에 대한 처벌이었다.

소위 〈신명기〉 문헌이라고 불리는 역사 작품들이 실제로 통일된 단일 문서였는지는 오늘날 다시 의심받고 있다. 어찌 됐든 〈신명기〉계 역사서들은 이스라엘 민족에게 유배에 대한 신학적 근거뿐만 아니라 파괴된 성전 문제에 대해서도 해답을 주었다. 이스라엘의 신자들은 계명에 나오는 단어들을 모든 집의 문설주에 적어두라는 요구를 받았다. 그전까지 이 관습은 성전에서만 실행하던 것이었다. 이 행위를 통해 평범한 집들도 성스러운 곳으로 변화될 수 있었다. 마침내 성전의 대안을 찾았다.

그러나 아직 이스라엘의 적절한 전사前史가 없었다. 이 전사는 몇 년 후 유배 중인 제사장 계급 사람들이 전해주었다. 유다왕국 백성들에게는 세계 창조 설화와 선조들의 전설이 이미 오래전부터 전승되고 있었고, 이집트로부터의 탈출과 가나안 정복에 대한 이야기는 북이스라엘왕국에 널리 퍼져 있었다. 바빌론에 유배 중이었던 제사장들은 이 이야기를 모아 전체를 아우르는 하나의 일관된 이야기를 구성했고, 이를 두루마리 문서 형태로 공표했다.

이스라엘의 기원에 대한 역사 서술과 함께 제사장들은 바빌로니아로 유배된 이들에게 도입했던 특정한 의례들을 규범화하려고 했다. 할례, 안식일 준수, 그리고 특정한 음식 규정을 통해 원주민들과 구별 짓기를 원했다. '제사장 문헌'[6]은 전설 같은 선조들의 시대에도 이 종교 의례들이 이미 존재했었다고 주장한다. 이렇게 이 의례들은 특별한 권위를 갖게 되었다.

제사장 문헌과 〈신명기〉계 문헌은 바빌로니아 유배가 끝난 직후에 결합되었음이 틀림없다. 기원전 539년에 페르시아는 바빌로니아를 정복했고, 유다도 페르시아의 속령이 되었다. 고레스

---

6 사제계 문헌, 제관계 문헌이라고도 불린다.

2세Cyrus Ⅱ는 유배자들의 예루살렘 귀환을 허락했고, 예루살렘 성전의 재건축을 지시했다. 누가 성전 건립을 주도할 것인지를 둘러싸고 귀환자들과 팔레스티나 지역에 머물던 이스라엘인들 사이에 격렬한 다툼이 있었다. 귀환자들이 승리했고, 그때부터 야훼에 대한 의례는 귀환자들이 결정했다.

바빌로니아에서 도입된 의례들만이 제2성전 주변 공동체의 견고한 고정 요소가 된 것은 아니다. 이스라엘인과 비이스라엘인 사이의 결혼 금지도, 유일신주의와 의례에서의 성상 금지도 하나님의 계명으로 간주되었다. 대제사장들이 계명의 준수를 관리했다. 그리고 '하나님 민족'의 역사는 이제 구속력 있는 형태로 주조되어야 했다. 그렇게 제사장 문헌은 모세를 통한 계명 선포와 결합되어 히브리 성서의 1부가 되었다. 토라, 즉 모세오경이 탄생되었다. 독일 성서학자 토마스 뢰머Thomas Römer는 이스라엘인들에게 이 문서는 "휴대용 고향"이 되었다고 적었다. "왜냐하면 외국에서 유배 생활을 하고 있던 유대인들의 후손들도 고향에 살고 있는 유대인들과 마찬가지로 토라는 잘 읽고 따를 수 있었기 때문이다."

이 착취당하는 민족은 자신들의 걱정스러운 미래 때문에 불안했다. 이미 유배 중에 제사장 엘리트들은 기원전 8세기에 나온 예언서들의 도움으로 이 불안감을 극복하려고 노력했다. 고향으로 돌아온 후, 이 문서화된 구절들의 내용에 따라 이스라엘은 야훼의 지배 아래 화려한 미래를 기대했다. 이 구원 약속이 담긴 '예언서들'은 여러 예언자들이 연달아 등장하는 〈신명기〉 역사서의 두 번째 부분인 〈여호수아기〉에서 〈열왕기하〉까지와 합쳐져 나중에 히브리 성서에서 두 번째로 큰 부분을 구성했다. 그러나 현실은 예언과 맞아떨어지지 않았기 때문에 예언서들은 여러 번 수정되었다. 멸망과 최후의 심판은 계속해서 연기되었다. 결국 고대하던 황금의 시간을 안전하게 모든 날의 마지막 날로 옮겼다.

이스라엘인들은 이제 하나의 작품을 완성했고, 이 작품은 이스라엘 민족에게 과거와 화해하고 미래를 향해 시선을 돌릴 수 있게 해주었다. 그러나 현재는 여전히 도전이었다. 기원전 332년 알렉산더 대왕Alexander the Great은 팔레스티나와 이집트를 정복했고, 페르시아 속령 여훗Jehud은 그리스의 속령 유다이아Iudaea가 되었다. 그리고 다시 이스라엘은 압도적인 적에게 자신의 정체성을 넘겨줄 위험에 처했다. 이번에는 많은 이스라엘인들이 매력을 느끼던 그리스의 문화와 신의 세계였다.

기원전 166년부터 유다스 마카바이우스Judas Maccabaeus 반란군은 이 '이방화'에 대항하여 무기를 들고 싸웠다. 스위스 성서학자 알베르 드 퓌리Albert de Pury의 주장에 따르면, 바리새파의 서기관 집단은 마카바이우스와 반대로 평화로운 길을 선택했다. 그리스인들의 방대한 문학에 보조를 맞추기 위해 즉시 히브리 문학 경전을 편집했다. 연가에서부터 소설까지 모든 문학 분야에서 걸작들을 모았다. 기원후 70년에 제2성전이 파괴되고 랍비 유대교가 형성된 다음에 히브리 성서의 세 번째 부분이 마지막으로 생겨났다. 바로 '성문서'다.

이것이 대체로 오늘날 수용되고 있는 히브리 성서의 생성론이다. 그리고 그동안 대다수 연구자들이 해왔듯이, 사람들은 이제 이 작품을 이스라엘의 자기 형성 과정을 탁월하게 구성한 문서로 읽으면서 그 과정의 장대한 결말로서의 민족 경전을 당연하게 여긴다.

글 크리스티나 마롤트

설형문자 속의 방주

대홍수 이야기는 어떻게 메소포타미아 전설이 유대인들에게 수용되었고 새롭게 해석되었는지를 보여주는 전형적인 사례다.

비명과 폭발음이 공기를 가르고, 인간의 몸이 공중에 떠 있다. 갑자기 땅이 갈라지고, 거대한 물줄기가 하늘로 치솟는다. 저 멀리서 모든 것을 삼키는 거대한 파도가 밀려온다. 대런 애러노프스키Darren Aronofsky 감독은 노아와 대홍수의 고대 이야기를 스타 배우들과 함께 엄청난 장면들이 담긴 블록버스터 영화로 만들었다. 2014년에 〈노아Noah〉는 극장에 왔다.

노아의 방주 이야기는 성서 전체에서 가장 유명한 이야기 가운데 하나다. 그러나 많은 이들이 알지 못하는 사실이 있는데, 대홍수 신화는 유대교 문헌이 나오기 오래전부터 이미 있었다. 이 이야기는 메소포타미아 지역에서 나왔고, 수메르, 아카드, 아시리아, 고대 바빌로니아의 설형문자로 다양하게 기록되었다. 배를 만들어 지구 위에서 인류의 생존을 지켜준 어떤 영웅이 이미 오래된 점토판에 등장한다.

가장 오래된 전승은 기원전 2000년경으로 돌아간다. 그러나 대홍수 이야기는 아주 오래전부터 전해졌지만, 기록되지는 않았다고 추정할 수 있다. 왜냐하면 가장 오래된 증언들도 이미 다양한 판본을 전해주기 때문이다. 아주 중요한 두 개의 메소포타미아 문학 작품, 즉 아트라하시스Atrahasis 서사시와 길가메시 Gilgamesh 서사시도 홍수 이야기를 전하고 있다.

아트라하시스 서사시에서 대홍수 이야기는 아직 인간이 없고 낮은 신분의 신들이 모든 노동을 담당해야 하는 시대에 시작된다. 어느 때인가 낮은 신분의 신들이 반란을 일으켰고, 높은 신분의 신들은 인간을 만들기로 결정했다. 그때부터 인간은 신들을 위해 일해야 했다. 그런데 신들이 고려하지 못한 것이 하나 있었다. 당시에는 불멸의 존재였던 인간은 그 수가 계속 늘어났다. 최고신 엔릴Enlil은 인간들이 귀찮게 여겨졌다. 엔릴은 다른 신들에게 불평했다. "인간들의 울음이 나를 힘들게 한다. 그들이 내는 소음이 나의 잠을 뺏어간다."

엔릴은 다른 신들에게 역병을 보낼 것을 요구했다. 다른 신들은 엔릴의 요청에 따랐지만 성공하지는 못했다. 신들 중 에아 Ea가 여러 차례 그 계획을 막았기 때문이다. 분노에 찬 엔릴이 마침내 모든 것을 파괴하는 대홍수를 보내려고 할 때, 에아는 이 계획을 인간 아트라하시스에게 영리한 술책을 통해 발설했고, 그에게 사람과 동물을 구하기 위한 방주를 만들라고 명령했다. 아트라하시스는 이 명령에 따랐다. 이보다 조금 후기 문헌인 길가메시 서사시에서도 비슷한 이야기가 있다. 여기서는 영웅 우트나피쉬팀Utnapishtim이 신 엔키Enki로부터 방주 제작의 임무를 받는다.

구약성서의 도입부는 바빌로니아 유배 시절에 알게 된 이야기일 가능성이 높다. 거대한 홍수는 남부 메소포타미아인들의 집단기억 속에 자리 잡았다. 구약학자 볼프강 츠비켈Wolfgang Zwickel에 따르면, 성서 저자들은 이 전통을 선택하여 신학적으로 새롭게 구성했다.

성서의 설명이 더 오래된 대홍수 이야기의 영향을 어떻게 받았는지가 이야기의 유사성에 잘 드러난다. 아트라하시스 신화에서도 신의 명령에 따라 물은 7일 동안 상승했다. 아트라하시스의 방주에도 여러 칸의 방으로 구성된 층이 여러 개 있었고, 지붕 하나가 있었다. 이 방주 또한 역청으로 칠했다. 동물들은 쌍으로 방주에서 살아남았다. 그리고 홍수가 끝났을 때, 물이 충분히 빠졌는지 알아보려고 새들을 보냈다.

그러나 중요한 차이가 하나 있다. 아트라하시스와 길가메시에서는 많은 신들이 하늘의 징벌을 내린다. 오직 한 신만이 이에 동의하지 않고 인류 전체의 멸망을 막는다. 반대로 〈창세기〉에서는 유일한 신이 이 두 가지 역할을 동시에 수행한다. 이 유일신의 행동은 얼핏 보면 모순처럼 보인다. 그는 자신의 창조물을 파괴하려고 하고, 동시에 구하려고 한다.

이에 대한 새로운 설명이 필요했다. 홍수는 인류를 가득 채운 죄악에 대한 처벌로서 일어났다. 경건하고 신에게 복종하는 노아만이 자신의 가족과 함께 생존을 허락받았다. 노아와 그의 가족은 이제 더 나은 인간들로 세상을 새롭게 채워야 했다.

글 칼리 리히터

고대를 정밀하게 계산하는 시간 측정기

일찍이 축복받은 땅에는 두 개의 경쟁하는 왕국이 존재했었다. 텔아비브의 고고학자 이스라엘 핑켈슈타인은 40년 동안의 발굴 작업 후에 성서에 대한 자기 이야기를 들려준다.

'책들의 책'이라는 성서에 나온 말들을 믿는 사람은 성서와 함께 저 머나먼, 이름 없는 과거로 돌아가게 된다. 기원전 약 1000년경에 화려한 다윗 왕국은 번성했다. 그보다 480년 전에 이스라엘인들은 이집트에서의 탈출에 성공했다. 탈출하기 전에 이스라엘은 430년 동안 나일강 주변에서 노예로 고통받았다. 여기에 선조들의 나이를 계산해보면, 야곱은 147세에 죽었고, 이삭Isaac은 180살에 죽었다. 그렇다면 조상 아브라함은 청동기 중기인 기원전 2100년경에 살았어야 했다.

그런데 이 모든 것이 정말 맞는 말일까? 바벨탑 건립 뒤에는, 또는 불타는 떨기 뒤에는 과연 무엇이 숨어 있을까? 출애굽은 정말 있었을까? 정확히 언제 모세는 돌로 된 계명 판을 받은 것일까? 19세기에 건축가, 외교관, 탐험가, 서커스 공연자 들이 레반트Levant[7] 지역으로 구름처럼 몰려들었다. 그들은 허물어진 무덤들을 열었고, 옛 두루마리 문헌들을 파헤쳤는데, 그러던 중 이집트의 한 성전 비문에서 '이스라엘'이라는 이름을 발견했다. 대홍수의 증거도 발견했는데, 1853년에 발견된 11개의 불룩한 토기판에 기록된 길가메시 서사시에는 홍수와 구조선의 제조 이야기가 들어 있었다.

오른손에 삽을, 왼손에는 안내서로서 구약성서를 들고 성서 탐색자들의 걸음은 시작되었다. 여리고에서 부서진 벽돌을 발견했을 때, 그들은 바로 이 벽돌을 여호수아의 전쟁 때 작전 중에 부서진 잔해라고 해석했다. 어딘가에서 화려한 궁전의 잔재를 만나면, 그곳은 솔로몬이 지었음이 틀림없었다. 순환논법과 잘못된 기대에서 나온 이런 영적인 분위기 속에서 언론인 베르너 켈러Werner Keller는 1955년에 세계적인 베스트셀러 『역사로 읽는 성서Und die Bibel hat doch recht』를 썼다.

오늘날까지도 몇몇 연구자들은 성서고고학의 초창기에 나온 불확실한 연대 측정법에 의지한다. 특히 이스라엘에서는 '최대주의자Maximalist'[8]들이 여전히 지지를 얻고 있다. 이유는 단순하다.

---

7 소아시아와 고대 시리아 지방의 지중해 동부 지역을 말하며, '태양이 떠오르는 땅'이라는 의미다.
8 성서고고학의 발굴에 기초하여 성서의 역사성을 대단히 긍정하는 연구자들을 가리킨다.

히브리인들의 역사적 기원이 영광스러울수록, 영토의 영유권 주장을 정치적으로 더욱 정당화할 수 있다.

이스라엘 방위군의 참모총장이었다가 나중에 고고학 교수가 되었던 이가엘 야딘Jigael Jadin은 성서에 나오는 자신의 선조들이 가나안을 군사적으로 정복했다고 확실하게 믿었다. 예루살렘의 연구자 엘리아트 마자르Eliat Masar도 옛 학파의 가르침을 꾸준히 대변한다. 마자르는 다윗 왕의 고귀한 성채를 처음으로 발견했다고 2005년에 선언했다. 그 성채는 성전 언덕 근처의 발굴 작업 중 성벽 잔해에서 우연히 발견되었다.

역사 비판적 성서학의 선도자인 이스라엘 핑켈슈타인 교수는 이 모든 것이 터무니없는 일이라고 말한다. 텔아비브 출신의 핑켈슈타인은 오만하고 냉소적인 인물로 알려져 있다. 깊은 눈매에 멋있는 턱수염을 기른 핑켈슈타인은 흡사 패션디자이너처럼 보인다. 그는 또한 레드와인을 즐겨 마신다. 프랑스 문화부장관은 그에게 예술문학훈장을 수여했다. 발굴 작업을 하는 동안 그는 텐트에 거주하지 않고, 수영장이 있고 아침 식사가 제공되는 펜션에 머문다. 그러나 그는 말끔한 신사가 아니다. 핑켈슈타인은 40년 동안 발굴 현장에서 먼지를 마셨다. 아주 미세하고 무수히 많은 파편들이 그의 뒤에 남았다. 핑켈슈타인은 이 성스러운 땅에 있는 거의 모든 돌을 알고 있다.

핑켈슈타인은 1971년에 아브라함이 우물을 팠던(창세기 21) 네

게브Negev 사막 근처에 있는 베르셰바Beerscheba에서 연구 작업을 시작했다. 그다음 그는 블레셋인들의 도시인 텔아펙Tel Afek에서 발굴 작업을 했는데, 〈사무엘기상〉에 따르면 그곳에서 히브리 민족은 병사 3만 명을 잃었고 십계명 판이 들어 있는 언약의 궤를 강탈당했다. 성서에 나오는 이스라엘과 관련하여 가장 중요한 고고학적 장소에 속하는 메기도Megiddo에서 핑켈슈타인은 20년 이상 발굴 작업을 이끌었다.

그리고 핑켈슈타인은 여전히 열정을 뿜어내고 있다. 인류의 거대한 수수께끼 하나가 여전히 그를 괴롭히기 때문이다. 축복받은 땅이라는 이스라엘의 실제 역사는 어떻게 진행되었을까? 전설과 진짜 왕들의 목록, 신앙의 책이자 이념적으로 위장된 역사 해석들이 뒤섞여 있으면서 서구 문명을 지도하는 문헌으로 올라섰던 성서에는 얼마나 많은 진실이 숨어 있을까? 오늘날 핑켈슈타인 교수는 대답에 더 가까워졌다고 느낀다. 히브리 성서, 즉 구약성서를 탈신화하고 역사와 전설이 얽힌 실타래를 풀어갈 때 그가 사용하는 강력한 무기는 새로운 연대 측정법이다. 그는 수천 개의 항아리 조각과 깨진 그릇에서 여섯 시기로 구분되는 도기 유형론을 만들었다.

이와 함께 성스러운 땅의 발굴자들은 세계에서 가장 촘촘한 탄소 연대 측정법을 사용하는 연구자들이다. 지난 15년 동안 '혁명'이 일어났다고 핑켈슈타인은 말했다. 메기도에서만 탄소화된 올리브씨 또는 불에 탄 곡물을 대상으로 100여 건의 연대 측정이 진행되었다. 이스라엘에 있는 18개 고대 유적지에서 진행된 143개 시험이 또 다른 통계 모형을 받쳐준다. 이 정밀한 시간 측정기로 전설 속에 있던 히브리인들의 과거 시간이 마침내 측정되었다. 시간 측정기는 요셉Joseph이 소위 꿈의 해석자로 이집트를 돌아다니고 있었던 기원전 13~15세기부터 예언자 엘리야Elijah와 엘리사Elisha가 활동하던 시기인 기원전 9세기까지의 시간에 이른다.

깜짝 놀랄 만한 결과가 나왔다. 성서의 핵심 내용들이 전혀 맞지 않았다.

- 모세는 60만 명의 지지자들과 함께 시내Sinai를 건넌 적이 없었고, 그곳에서 길을 잃은 적도 없다. 이 지역은 이집트의 엄격한 군사적 경제적 통제 아래 있었다.
- 사막 방랑에서 가장 중요한 곳인 선택된 민족 이스라엘이 38년 동안 거주했던 곳이 확인되었다. 그곳에서 이스라엘적인 어떤 요소나 조각들도 발견되지 않았다.
- 여호수아의 영도 아래 진행된 폭력적 가나안 정복의 어떤 증거도 없다. 여리고 앞에서 어떤 피리도 불지 않았다.

역사적 사실과 맞지 않은 히브리 성서 이야기는 계속되었다.

솔로몬의 대국은 흔적도 없이 사라졌다. 선조들의 역사 또한 명백히 환상이다. 성서에는 선조들의 운명이 흥미진진하면서도 풍부하게 나와 있다. 그렇다면 성서 저자들은 그 많은 상세 정보를 어디서 알게 되었을까? 선조들은 말하자면 청동기시대에 살았다. 그러나 히브리인들은 읽기와 쓰기를 청동기시대에서 1000년 이상이 지난 후에야 배웠다.

다윗과 솔로몬의 빛나던 예루살렘을 찾으려던 발굴자들도 마찬가지로 실패했다. 성서에 따르면, 당시 예루살렘에는 '은이 돌처럼 흔했다.' 그러나 사실 이 언덕 마을에는 수백 명의 주민만이 살았다. 기원전 930년에 파라오 셰숑크 1세Sheshonq Ⅰ가 장검과 전차로 무장한 거대한 군사를 이끌고 레반트 지역을 침공했을 때, 그의 군대는 멀리 떨어진 예루살렘 지역을 수색할 필요도 없다고 생각했다.

성서의 이 모든 미화와 과장 뒤에는 무엇이 숨어 있나? 누가 이런 일을 꾸몄을까? 실제 유일신 신앙의 탄생은 어떻게 일어났을까? 맨 처음인 약 기원전 1000년경에 빛나는 다윗 왕의 통일 국가는 없었다고 많은 이들이 확신한다. 대신 두 개의 독립된 히브리 부족이 있었다. 남쪽 산악 지역에는 약 30개의 마을로 국경을 이루고 있는 가난한 유다가 펼쳐져 있었고, 북쪽에 이스라엘이 있었다. 북쪽에 있던 이 작은 왕국은 틀림없이 기원전 931년에 파라오의 은혜를 입은 위성국가로서 세워졌다. 전성기 때는 약 35만 명이 살았다.

상류층은 포도주 무역, 올리브 농사 그리고 훈련된 전투마로 돈을 벌었다. 사마리아를 건립했던 오므리Omri 왕의 통치 기간, 기원전 884년~873년에 북이스라엘은 번성했다. 일꾼들은 기름 농장과 아몬드 농장 사이에 수천 톤의 돌을 쌓아 산 정상으로 가는 계단을 만들었다. 55×40미터 크기의 네모꼴로 다듬어진 화려한 성이 생겼다. 새로운 궁전이었다. 핑켈슈타인에 따르면, "지금까지 이스라엘에서 알려진 철기시대의 가장 크고 아름다운 건물"이다. 궁전의 잔재들 속에서 벽과 궁전의 가구를 장식했던 200개의 상아판이 발견되었다.

1861년 터키에서 발견된 '검은 오벨리스크'가 증명했듯이, 오므리 왕은 군사적으로도 그 지역의 권력으로 성장했다. 이 오벨리스크에는 기원전 853년에 아시리아가 레반트 지역의 작은 왕국에서 온 동맹군과 함께 어떻게 싸우는지가 나와 있다. 오므리 왕의 후계자 아합Ahab 왕은 적군에 맞서 전차 2000대와 보병 1만 명을 내보냈다. 이 전성기 때 살았던 예언자 엘리야는 지배층의 사치를 혹독하게 꾸짖었다. 성서에서는 오므리 왕의 대단한 정치적 능력이 크게 언급되지 않는다.

북이스라엘에 계속해서 번성을 가져온 오므리 왕의 후계자 아합 왕은 성서에서 더 좋지 않은 평판을 받았다. 아합 왕은 페니키아의 공주와 결혼했다. 엄격한 예언자 엘리야는 이 공주를 종교적 위험으로 여겼다. 엘리야는 공주가 자신의 고향에서 온 이교도 바알신의 사제를 지원할 것이라고 비난했다. 분노에 찬 엘리야가 결국 어떻게 450명의 이방 마법사들을 없애버리는지를 〈열왕기상〉은 설명한다.

당시 북이스라엘에는 두 개의 거대한 야훼 성전이 있었다. 핑켈슈타인은 두 성전에서 이미 기원전 750년경에 성스러운 문서가 파피루스로 된 두루마리에 작성되었다고 생각한다. 야곱의 이야기와 이집트에서의 탈출은 북이스라엘왕국의 건국신화에 속했다. 북이스라엘왕국 사람이라면 누구나 이 신화를 알고 있었다. 예언자 호세아Hosea는 이곳에서 기원전 750~725년경에 '야훼 유일성 운동Jahwe-allein-Bewegung'의 선구자로 등장했다. 지식인이자 목동이었던 아모스Amos도 유일신에 대한 새로운 신앙의 경고자이자 선구자로 이곳에서 살았다.

이와 달리 작고 외떨어진 남유다왕국은 당시 여전히 문화적 황무지였다. 예언자는 거의 없었고, 문학은 별 볼일 없었으며, 인구도 적었다. 그런데 기원전 720년 아시리아가 진격하여 북이스라엘을 파괴하면서 이런 상황이 처음으로 변했다. 대량의 난민이 남쪽으로 왔다. 예루살렘은 급격하게 성장하여 1만 2000명이 사는 도시가 되었다. 그러나 상황은 여전히 불안했다. 얼마 지나지 않은 기원전 701년에 아시리아는 남유다왕국도 침략했기 때문이다. 아시리아는 시골을 폐허로 만들었고, 도시의 광범위한 부분들을 잘라내고 몸통만 남겨두었다.

남아 있는 어떤 문헌에 따르면, 아시리아의 지도자 산헤립 Sanherib 은 이스라엘을 조롱하면서 "새장에 갇힌 새처럼" 예루살렘을 포위했고, "대포와 공성퇴"로 항복을 강요했다. 그다음에 산헤립은 금과 은을 강탈했고, 거주민을 죄수처럼 다루었다. 구약성서는 반대로 이 전투에서 유다왕국이 승리했다고 전해준다. 완벽한 역사 왜곡이다.

야훼 숭배를 예루살렘 성전과 결합시키려는 목적 아래 성서 저자들은 옛 연대기를 자신들의 기호에 따라 손질했다. 그들은 진짜 역사를 약간의 주저함도 없이 가공했다. 이 작업에서 그들은 몰락한 형제의 나라를 나쁘게 보이도록 했다. 핑켈슈타인에 따르면, 북이스라엘의 왕들은 성서에서 "죄로 명백하게 기울어져 있는 배신자로" 등장한다. 반대로 자신들의 선조는 높이 올려졌다. 성서에서 유다의 지도자들은 철저한 도덕군자로 묘사되었다.

이 작업을 통해 유다의 제사장들은 북쪽에 있던 옛 경쟁국가로부터 주도권을 가져오려고 시도했다. 심지어 선조 야곱이 열두 명의 아들 가운데 바로 네 번째 유다를 가장 중요하다고 말했다고 〈창세기〉에서는 주장한다. 이렇게 옛 전설들을 수정하면서, 유다왕국은 실질적인 혼자만의 대표성을 실현하려고 했다. 동시에 제사장들은 자신들의 정치적 목적을 위해 멸망한 이스라엘의 영토도 차지했다. 야전사령관 여호수아가 소위 희미한 먼 과거에 이미 정복했던 영역과 북이스라엘왕국이 점유했던 지리적 범위는 어느 정도 일치한다. 말하자면 이 작업을 통해 유다왕국은 지리적 영역 표시를 했다.

하이델베르크 구약학자 베른트 외르크 디브너Bernd Jörg Diebner는 이를 "자신들의 거대한 권력욕을 과거에 투영하는 일"이었다고 평가한다. 한편 이 완고한 새 해석자들의 모순은 검열 작업에서도 드러난다. 아브라함은 늘 낙타를 타고 다닌다. 그러나 낙타는 기원전 10세기부터 근동 지역에서 이용되었다. 이런 왜곡은 유일신론에서도 적지 않게 드러난다. 구약성서에 나오는 선조들이 이미 그 유일신을 위해 헌신한다. 솔로몬 또한 이미 유일신을 따르는 왕국을 이끄는 것처럼 나온다. 그러나 이 또한 역사적 사실과 맞을 수가 없다. 철기시대에는 레반트 전역에서 여전히 다양한 신들에게 경배를 드리고 있었다.

언덕 꼭대기와 나무 밑에 있던 제단들에서 연기가 끊임없이 올라왔다. 고고학 발굴자들은 신에게 바치는 술을 담는 용기를 발견했다. 특히 가슴을 두 손으로 감싸고 서 있는 여성의 모형이 많이 발견되었는데, 이 형상은 많은 서부 셈족 계통 민족들이 숭상하던 사랑의 여신 아스타르테Astarte다. 핑켈슈타인에 따르면, 이 신상들은 기원전 7세기 개인 주거 지역이 있었던 대부분의 유다 지역에서 발견되었다고 한다.

엘리야, 아모스, 호세아에 의해 주도된 유일신 추종 세력은 기원전 7세기에 확산되었다. 그러나 일반 대중들은 계속해서 다신교를 추종했다. 기원전 6세기에도 여전히 시온 산에 있던 거대 성전 내부의 지성소에는 야훼의 비어 있는 왕좌 옆에 모세와 연결된 구리뱀과 야훼의 편인 여신 아세라 상이 서 있었다. 성벽 넘어 힌놈 계곡Hinnomtal에는 몰록신Moloch을 위한 사원이 있었다. 몰록신은 저승신이며, 유대인들은 '불을 통해' 몰록신에게 아이들을 공양했다.

또한 유다와 이스라엘의 왕 40명의 통치술이 구약성서에서는 왜곡되어 평가되었다. 평가의 구조는 단순하다. 야훼를 지원하면 착한 왕이고, 야훼를 거부하면 좋은 점이 전혀 없는 왕이다. 기원전 639년부터 609년까지 유다를 다스렸던 요시야Josiah 왕은 우상숭배에 단호하게 대처했다. 요시야 왕은 이른바 이방인 사제의 뼈를 갈아 가루로 만들었고, 그 뼛가루로 제단을 더럽혔다. 이 일은 주님의 마음에 들었다고 한다. 이런 행동에 부합되게 요시야 왕은 경제와 정치 영역에서도 일종의 정치적 슈퍼맨으로 묘사된다.

이와 반대로 북이스라엘의 죄 많은 통치자들은 모든 일을 망쳐 놓는데, 그들은 하나님에게 복종하지 않았기 때문이다. 계속해서 그들이 전쟁에서 패배하는 것은, 하나님이 그들에게 벌을 주려고 하기 때문이다. 결국 주님은 고대 왕국 이스라엘 전체가 소위 자신들의 타락에 대해 속죄하도록 했다. 그렇게 예루살렘의 성서 편집자들은 이 운명을 나중에 이렇게 해석했다.

　헝클어진 수염을 가진 아시리아의 왕 사르곤 2세Sargon Ⅱ가 기원전 720년에 형제의 나라를 파멸한 것이 아니다. 그보다는 하나님이 이 무시무시한 동방의 지배자를 도구로 활용하여 형제의 나라 북이스라엘을 파멸시켰다.

글 마티아스 슐츠

하나님의 증언자

모세는 이집트에 없었고, 십계명도 쓰지 않았다. 그러나 계명과 법률의 제정자로서 모세는 성서에서 가장 두드러진 인물이다.

사실이 아니라고 하기에는 너무 강렬하고 아름다우며 웅장한 등장이다. 고대 이스라엘에서 가장 중요한 예언자인 모세는 어느 날 새벽에 시내 산의 기슭에 선다. 모세 뒤에는 히브리 민족이 기다리고 있다. 갑자기 천둥 번개가 치고, 모세와 그의 백성은 시력과 청력을 잃었다. 무거운 먹구름 아래에서 산은 진동했고, 마치 용광로처럼 시커먼 연기가 올라왔다. 나팔 소리가 울렸고, 그 소리는 점점 커졌다. 백성은 두려움에 몸을 떨었다.

그때 주님이신 하나님이 산 위에 거대한 불기둥으로 나타났다. 그리고 모세는 말했고, 하나님은 그에게 큰 소리로 응답하면서 예언자 모세에게 정상으로 올라오라고 명했다. 백성은 그를 따라 오르면 안 됐고, 따라 올라가려고 하지도 않았다. 하나님이 자신들과 대화하지 못하게 해달라고, 그렇게 되면 자신들이 그곳에서 죽을 수도 있다고 사람들은 소리쳤다. 마르틴 루터는 이 구절을 이렇게 번역했다.

백성은 멀리 섰지만, 모세는 하나님이 계신 그 어둠에 가까이 갔다.

(출애굽기 20:21)

모세는 다시 산 위로 올라갔고, 그 위에서 40일 동안 머물면서 십계명이 새겨진 두 개의 돌판을 받았다. 하나님은 이전에 그 계명을 큰 소리로 하늘에서 선포했지만, 아무도 이를 이해하지 못했다. 그렇게 모세는 이제 그 계명을 '언약의 책'에 있는 많은 다른 규정들과 함께 이스라엘인들에게 설명할 임무를 받았다. 이 책을 통해 하나님과 하나님의 특별한 민족 사이에 맺은 옛 '언약'은 갱신되고 인준된다.

성서에는 모세가 산에 있는 동안, 백성은 "타락하였다"(출애굽기 32:7)고 나와 있다. 모세의 형 아론Aaron의 지도 아래 황금 송아지라는 하나님의 대체물을 만들었다. 하나님은 불충한 자들을 "완전히 없애버리"(출애굽기 32:10)려 했지만, 모세는 하나님에게 그러지 말기를 "애원하였다."(출애굽기 32:11) 그러나 모세도 매우 분노하여 십계명 판을 깨뜨렸다. 그리고 모세는 모두 진지에서 '자신의 친족, 친구, 이웃을' 칼로 죽여야 한다고 명령하여 자신의 백성을 처벌했다. 그날 '3000명의 남자'가 죽었고, 마침내 주님이신 하나님이 '자비'를 보여주었다. 하나님은 모세에게 십계명을 위한 새로운 돌판을 가져다 주었다. 이 계명에서 하나님은 자신을 인정하라고 요구한다. '나는 주님이자 너의 하나님이다.' 십계명은 원래 존재는 의심받지 않던 '다른 신들의' 이름을 부르는 일을 금한다. 또한 하나님을 그린 어떤 종류의 그림도 거부하고, 맹세나 저주를 할 때 하나님의 이름을 '오용'하는 일도 금한다.

십계명은 또한 일곱째 날, '휴식의 날'에 안식일을 지키라고 명령한다. 그리고 부모를 공경하라고 명령한다. 마지막으로 살인을 금지하고, 이혼, 도둑질, 법정 등에서의 거짓 증언, 그리고 탐욕을 금지한다. 타인의 집, 나귀뿐 아니라 아내도 취하지 말라고 설명한다. 이혼 금지 계명은 결혼한 다른 사람의 아내와 잠자리를 하는 사람을 비난한다. 〈레위기〉에서 하나님은 '십계명'이라고 불리는 이 계명의 윤리적 핵심을 아주 유명한 문장으로 모세에게 요약해준다.

너는 너의 이웃을 네 몸처럼 사랑하여라. (레위기 19:18)

구약성서의 다른 곳에서는 이 사랑의 대상이 '이방인'까지 확장되지만, 예수가 했던 것처럼 '원수'까지 확장되지는 않는다.

자신의 작품 『율법Das Gesetz』에서 모세에 대해 서술했던 토마스 만Thomas Mann은 십계명을 "인간 행동의 ABC"를 포함하고 있는 "인간 예절의 바위"라고 했다. 여섯 개의 사회적 계명, 즉 부모 공경, 살인, 간통, 도둑질, 거짓 증언, 그리고 탐욕에 대한 계명은 한 사회를 지속시키기 위해 반드시 필요한 행동 규범으로 여겨진다.

기원전 6세기에 히브리 제사장 지식인들이 출애굽 역사에 이를 추가하기 전부터 이미 이 계명들은 고대 근동 지역의 문명이 오랫동안 갖고 있던 공동선이었다. 일종의 삶 전체에 대한 참회 성찰서로 시신과 함께 무덤에 묻었던 이집트의 『사자의 서』에서는 살인, 간음, 그리고 탐욕 같은 잘못을 간접적으로 비난하였다. 기원전 2000년경에 나온 메소포타미아의 함무라비 법전에도 무고, 살인 그리고 도둑질 같은 범죄에, 그리고 주류법 위반에 대해 심지어 사형까지 판결할 수 있다고 나와 있다.

그러나 모세의 십계명에서 특별한 점은 예배적 신앙 안에 사회 윤리를 통합했다는 것이다. 성상으로 만들어지는 것도, 자신 옆에 다른 신들이 있는 것도 용납하지 않는 '질투하는' 신이자 일곱 번째 날은 창조주의 휴식일로 거룩히 지내는 신을 직접 연결시켰다. 안식일 계명 같은 율법은 바빌론이나 이집트에는 없었는데, 이를 어길 때 모세는 죽음을 경고하기도 했다.

하이델베르크의 구약학자 얀 게르츠Jan Gertz는 이 히브리적 "법의 신학화"를 기원전 6세기 유대인들의 메소포타미아 탈출에서 생긴 결과물로 여긴다. 유다 인구의 약 20퍼센트가 바빌론 유배와 연루되었고, 유배에서 벗어나기까지 약 60년이 걸렸다. 왕을 비판하면 사형 선고를 받던 시대에 유대인들은 승리한 권력자인 바빌로니아 왕을 법의 보호자이자 해석자로 숭배하는 대신, 자신들의 신을 호출했다.

이 보이지 않는 존재는 모세오경의 가르침 혹은 '훈령Weisung'이라고 부르는 토라 안에 현존하였고, 모세를 통해 인증되었다. 아득히 먼 과거에서 온 모세의 역사와 정신은 당시 아시리아나 바빌로니아의 권력자가 자신들의 백성들에게 보장해주었던 것보다 더 많은 영적 자유를 유대인들에게 제공했다.

뮌헨의 구약학자 에카르트 오토Eckart Otto의 표현에 따르면, 하나님의 이름으로 백성들을 억압하는 대신, 민족을 위해 하나님과 함께 앞서서 싸우는 모세를 통해 유대인들은 "고대 동방의 왕조 창조와 통치권 위임의 전체 동기를 민주화"할 수 있었다. 그 성찰의 결과가 창조 교리 안에 선언되었는데, 하나님은 인간을 자신의 '형상'에 따라 창조했고, 이에 따라 제사장과 같은 상층 계급뿐만 아니라 모든 인간들에게 어떤 고귀함이 존재하게 되었다. 또한 몇몇 토라 율법들, 예를 들면 안식일 규정이나 할례 같은 율법들은 타향에 있는 이스라엘인들이 자신들의 문화 정체성의 증표로 이용하였다. 그렇게 그들은 자기 인식에 신뢰를 유지할 수 있었다.

한편 사회적 규정을 종교적 기본법('내가 주님이다…')과 연결시킴으로써 세속의 법관은 제공하지 못하는 어떤 절대성이 이 규정에 제공된다. 그러나 다른 한편으로 이런 연결은 죄인들에게 자유를 준다. 죄인들은 먼저 '주님'이신 하나님과 대화하는 참회의 기도 안에서 자신의 잘못을 면제받는다. 이런 참회의 과정을 거치면서 죄인들은 단호한 세속의 징벌을 조금은 가벼운 마음으로 받아들이게 된다. 그러므로 주님에게 무조건 굴복해야 하는 것처럼 보이는 율법이 사실은 정신적 자율로 가는 중요한 걸음이었다. 안식일 율법이 힘겨운 노동으로부터 인간에게 일주일에 한 번의 자유를 허락했던 것과 마찬가지다. 이 법을 선포했던 모세도 해방자처럼 보였다.

고대 근동의 어떤 윤리적 가르침도 10이라는 수를 통한 계명의 숫자화가 가져오는 은밀하고 중요한 효과를 알지 못했다. '십계명'은 신비스러운 이름이며, 이 건조한 목록이 세계적으로 유명해지는 데 많은 기여를 했다. 이 숫자의 강력한 암시는 인간의 열 개 손가락에 기초한다. 발가락 개수도 손가락 개수와 같은 10이다. 고대 표준 독일어 '체한zehan'은 라틴어 단어 '디셈decem'처럼 '두 손'을 뜻한다.' 이 신비의 숫자 10은 여러 곳에서 등장한다.

---

9 독일어에서 10을 의미하는 '첸(zehn)' 또한 그 기원은 라틴어와 같이 '두 손'이다.

그리스 철학자 아리스토텔레스Aristoteles가 사물을 분류하던(물질, 질, 양, 장소, 시간 등) 열 가지 '범주', 완성된 숫자 10에서 세계 질서의 근본 원리를 보는 피타고라스Pythagoras 학파의 명제, 그리고 유대교 신비주의 카발라Kabbalah에서 신적 에너지가 전개되는 열 가지 영역까지 숫자 10은 특별한 의미를 지녔다.

시내Sinai에서 돌판을 넘겨줄 때 계명에 번호가 붙은 것은 아니었지만, 10은 토라에서 어떤 역할을 한다. 어쨌든 토라에 따르면, '열' 번째 수확물은 주님에게 속하고, 파라오는 나일강의 피, 메뚜기 떼의 습격, 장자의 죽음에 이르기까지, 열 가지 재앙 때문에 유대인들에게 이집트로부터의 탈출을 허락해야 했다. 십계명에 나오는 613개의 히브리어 글자는 상징적으로 토라의 613개 율법을 보여준다. 또한 613의 각 자리 수를 합하면 10이다. 〈창세기〉의 창조 이야기는 "하나님이 말씀하시기를"이라는 핵심 문장을 열 번 반복한다.

시내 산에서 요란스럽게 계명을 받기 전에 이스라엘 백성은 두 달 동안 광야를 건너야 했다. 광야로의 이동은 '출애굽'과 함께 시작한다. 히브리인 "60만 명은 걸어서"(출애굽기 12:37~38) 이집트의 왕 파라오의 권역을 극적으로 탈출했다. 히브리인들이 시내에 도착하기 전에 지도자 모세는 그들에게 바다를 가로질러 가는 길을 만들어주었고, 이집트 추격자들은 그 바다에 빠져 죽었다. 또한 히브리인들은 기적적으로 굶주림과 목마름에서 벗어났고, 아말렉Amalek과의 전쟁에서 승리했는데, 모세가 언덕 위에서 기도하듯이 두 손을 전장을 향해 들고 있었기 때문이다. 모세는 백성들을 자유로 이끌었을 뿐 아니라 기적을 행하는 사람이었다.

주님께서 모세에게 말씀하셨다. (출애굽기 13:1)

마치 가톨릭교회에서 드리는 호칭기도의 후렴구처럼, 혹은 명상의 만트라처럼 성서는 이 표현을 반복하여 어떤 마법사의 주문처럼 상기시킨다. 그러나 모세는 자연종교의 마법사처럼 비의 신이나 다산의 여신에게 희생 제물을 통해 도움을 청하지 않는다. '주님의 종 모세'는 늘 이 형상 없는 신에게 헌신하고, 창조주로 모든 것을 주관하고 있는 그 신과 대화한다. 이 대화를 통해 모세는 다른 모든 샤먼들과는 비교할 수 없는 큰 특권을 갖는다.

100여 년 전부터 성서 독자와 학자들은 주님 하나님과 '성스러운 민족'으로서 한 민족 전체를 결합시킨 이 유명한 모세가 진짜로 누구인가라는 질문을 던지고 있다. 모세는 현기증이 날 만큼 많은 과제를 수행했다. 모세는 기적을 행하는 자이면서 동시에 자기 민족의 정치 지도자였다(모세는 여호수아를 군사 지도자로 여긴다). 자신을 따르는 사람들을 위해 하나님의 은총을 구하고 이방인을 개종시키기도 하는(미디안 출신의 장인 르우엘Reuel, 이드로Jethro라고도 불리는) 예언자였다.

하나님의 대화 상대자였고, 믿는 이들에게 하나님 계시를 전달하는 중재자였다. 하나님과 이스라엘 사이의 '언약'을 감시하는 사제였다. 마지막으로 토라의 작가이자 토라의 해석자, 즉 서기관이자 편집자이며, 선구자였다. 모세는 이렇게 다양한 측면이 있는 신비로운 인물이라서 여전히 같은 질문이 새롭게 제기되고 있다. 이런 인물이 실존했었나?

당혹스러운 점은 이미 존재한다. 성서 어디에서도 모세의 얼굴이나 형태가 자세하게 묘사되지 않는다. 그의 몸짓, 느낌, 행동이 묘사되고, 그의 긴 연설이 실려 있을 뿐이다. 그가 섬기는 보이지 않는 하나님처럼 모세도 어느 정도는 독자들에게 이해할 수 없는 존재로 머물러 있다. 모세는 다혈질로 묘사되어 있다. 단어들이 헷갈릴 때마다 그는 격분하여 허벅지 옆에 주먹을 대고 부르르 떨었다. 그는 특히 "말재주가 없는 사람"(출애굽기 4:10)이었고, 그 이유는 젊었을 때 이집트 궁정에서 담력 시험 중에 혀를 태웠기 때문이라고 한다.

토마스 만은 모세의 어눌함을 이렇게 해석한다. "학교에서 써야 했던 이집트어가 그의 모국어인 아람어 계열의 시로-칼데아어를 덮어버렸다. 그리고 사막에서 아주 오랫동안 미디안의 아랍어를 사용해야 했다. 이렇게 모든 것이 뒤죽박죽되었다." 모세의 대변인인 형 아론은 종종 당혹감 속에서 모세를 도와야 했다.

르네상스 조각가 미켈란젤로Buonarroti Michelangelo는 16세기에 교황의 묘지 장식을 위해 대리석으로 모세 조각상을 만들었다. 토마스 만은 모세를 마치 이 조각상처럼 묘사했다. "전성기의 건장한 남자, 눌러앉은 코, 튀어나온 광대뼈, 갈라진 수염, 넓게 벌어진 눈, 그리고 굵은 손목. 그가 종종 하듯이 오른손으로 입과 수염을 가리고 생각할 때, 사람들은 그를 특별하게 보았다." 위대한 미켈란젤로가 조각한 모세의 곱슬한 머리털 위에 뭉툭하게 올라온 뿔은 이 조각상이 무엇을 모티브로 작업했는지 알려준다. 미켈란젤로는 교부 히에로니무스의 성서 번역본을 철저하게 따랐다.

히에로니무스는 기원후 4세기에 성서를 라틴어로 옮겼다. 그런데 그는 모세가 하나님을 만난 후 보여준 '빛나는coronata 얼굴(출애굽기 34:29)'의 히브리 단어를 '뿔이 난cornuta 얼굴'로 착각했다. 17세기 렘브란트Harmensz van Rijn Rembrandt와 후세페 데 리베라Jusepe de Ribera의 그림과 마찬가지로 이 조각상에서도 모세는 크고 강한 육체와 긴 팔을 가진 거대한 남성으로 표현되며, 도전적인 시선과 무성한 수염의 얼굴에 튜닉으로 몸을 감싸고 있다.

하나님과 이스라엘 민족 사이를 연결해주는 중재자로서의 모세는 여전히 파악하기 힘든 신비에 머물러 있지만, 이 예언자는 인간적 약점을 가진 철처한 지상의 인물이다. 그는 끊임없이 하나님의 처벌을 몹시 두려워하고, 분노에 차서 십계명 돌판을 던져 깨뜨린다. 또한 모세는 자신의 백성들이 아말렉과의 전쟁에서 승리하는 데 도움을 주기 위해 뻗은 손을 근육통 때문에 떨어뜨려야 했다. 그리고 성서 밖의 출처에 따르면, 그는 비록 아내 십보라Zippora와 조화로운 결혼생활을 하지만, 밤으로는 창녀 타르비스Tharbis를 사랑했다. 토마스 만에 따르면, 타르비스는 "산과 같은 가슴, 두툼한 입술 그리고 향기로 가득한 피부를 가진 침대 속 흑인 여인"이었다.

고대의 다른 많은 영웅들처럼 모세가 반신 또는 심지어 '신의 아들(파라오의 호칭이다)'로 칭송되는 것은 현실과 가까운 그의 모습을 드러내는 데 방해가 된다. 다른 한편으로 기적 행위나 하나님과의 배타적인 관계처럼 신화로 보이는 측면들은 백성들과 필요한 거리를 만들어준다. 결국 모세는 반신도 신의 아들도 왕도 아니다. 단지 은총을 받은 한 인간일 뿐이다. 그렇기 때문에 히브리인들은 여러 차례 과감하게 그를 향해 '반기를 들었다(민수기 16:2).'

모세의 생애, 활동, 그리고 죽음은 〈출애굽기〉, 〈레위기〉, 〈민수기〉, 〈신명기〉에 나온다. 구약성서 맨앞에 나오지만, 토라의 다른 책들보다 상대적으로 늦은 기원전 5세기에 인정받은 〈창세기〉는 모세에 대해 전해주지 않는다. 모세가 직접 이 다섯권을 편집했다고 오랫동안 전제했기 때문에, 이 책들은 모세오경 또는 펜타튜크라고 부른다. 그러나 17세기 유대인 철학자 스피노자 Baruch Spinoza가 처음으로 이 전제를 의심했다. 스피노자는 모세가 자신의 죽음을 알리는 일이 어떻게 가능하냐며 의문들을 제기했다. 스피노자의 의심 이후, 모세를 모세오경의 저자로 여기는 일은 학술적인 연구에서는 시대에 뒤떨어진 일로 여겨진다.

모세의 생애는 기원전 13세기에서 12세기로 넘어가는 시기에 걸쳐 있다고 추정되며, 이 시기는 파라오 람세스 2세Ramesses Ⅱ의 통치 시기였다. 이와 달리 모세오경은 기원전 7~5세기 사이에 집필되었다. 더 오래된 부분들도 있지만, 이 시기에 하나의 일관된 역사로 구성되었다.

히브리 강제 노역자들은 아마도 굶주림 때문에 이집트로 밀려들어왔고, 〈출애굽기〉에 따르면 이들은 파라오에게 곡식 저장 도시인 비돔Pithom과 라암셋Rameses을 지어주었다(출애굽기 1:11). 이 건설 사업은 역사적으로 증명된다. 한 히브리 강제 노역 집단의 탈출과 추격당함이 히브리인들의 이집트 탈출과 바다 기적의 역사적 배경을 구성한다는 것은 "역사적으로 충분히 가능성 있는" 일이라고 구약학자 오토는 생각한다. 그러나 또한 오토는 이 사람들이 이스라엘의 완전한 열두지파를 만들었다고 하는 것은 전설의 확장이라고 생각한다.

모세라는 인물이 실재했다는 주장의 또 다른 근거를 이 이름에 들어 있는 이집트적 맥락에서 찾을 수 있다. 파라오의 딸은 나일 강의 갈대숲에서 버려진 아기를 입양하면서, "그의 이름을 모세라고 지었다."(출애굽기 2:10) 모세는 어쨌든 공식적으로 공주의 아들이었고, 이집트인으로 양육받고 교육받았다. 우리에게 널리 알려진 '모세'라는 이름의 형태는 히브리 성서의 그리스어 번역본에서 왔다. 이 그리스어 번역본은 기원전 3세기에 알렉산드리아 유대교 지식인들이 완성하였는데, 오랫동안 첫 번째 그리스어 번역본으로 권위를 인정받았다. 그리스어로 모세는 '모세Moosäs'가 되었다.

이집트 이름 '모세'는 어근 'ms/msj-'에서 파생되었고, '낳다' 혹은 '태어나다'와 같은 의미를 갖는다. 투트모세Thutmose[10]도 같은 어근을 갖고 있다. 파라오 이름 람세스도 어근이 같다. 람세스는 'Ra'와 '-messes'로 이루어져 있으며, '라Ra 신의 아들'이라는 뜻이다. 그러니까 모세는 '아들'을 뜻한다. 누구의 아들인지, 또 어느 신에 속하는지를 그의 이름은 밝혀주지 않는다. 그가 제대로 된 이집트인이 아니었기 때문일까?

유대교라는 종교 정체성의 위대한 시조인 모세가 만약 히브리 율법학자들의 순전한 창작이라면, 그들은 분명히 이 영웅의 이름으로 히브리어를 선호했을 것이다. 이 어려운 이집트 이름을 수용했다는 것은 그 역사적 사실성이 증명할 필요조차 없다는 것을 말해준다. 모세의 미디안 출신 아내 십보라에게도 이 논증은 비슷하게 적용된다. 십보라는 사막 베두인족 사제의 딸이었으며,

---

10 고대 이집트 제18왕조 파라오의 이름으로, 투트모세 1, 2, 3세가 있다.

사해와 아카바만 사이에 있는 미디안에서 모세는 그녀를 알게 되었다. 당시 모세는 이집트의 한 농장에서 이집트인을 때려 죽인 후 파라오의 추적을 피해 몸을 숨기고 있었다. 오토에 따르면, 이 유대교 설립자가 유대인이 아닌 이방인과 결혼하는 일은 "전통을 모욕하는 일"이기 때문에, 이것이 "나중에 나온 허구가 될 수 없음을" 보여준다.

그 당시에 중부 팔레스티나 지방의 이스라엘인들과 미디안 지역의 베두인족은 사이가 매우 좋지 않아서, 히브리 건국 이야기에서 미디안의 중요한 역할을 실제로 빼버렸다. 이 역할에 대한 역사적 배경 또한 성서에 나온다. 호렙산의 불타는 떨기에서 하나님이 모세를 부르는 장면(출애굽기 3), 즉 모세와 하나님과의 첫 번째 만남 또한 미디안에서 일어났다. 미디안은 천둥신이자 전쟁신으로서의 야훼 숭배의 기원이 되는 지역이다. 기원전 14~13세기 이집트 자료들은 사해 남쪽의 야훼 – 베두인에 대해 언급하고 있다. 이 문헌들에 따르면, 모세는 미디안인들의 야훼 숭배를 믿었고 이를 가나안에 전해주었다.

더 오래된 전승들과 이집트 자료들을 분석하면서 오토는 결론 지었다. 모세라는 인물이 이집트에 있었다는 어떤 증거도 실제로는 없다. 또한 이집트에서 탈출한 난민들의 지도자도 아니었을 것이다. 그렇지만 모세는 귀향민들을 받아들인 미디안의 시내 베두인을 통해, "탈출 집단과 접촉하고 이들의 탈출 목적도 알게 되었을 것이다." 그렇게 아마도 모세는 사막신 야훼를 팔레스티나에 정착시키는 일을 도왔다. 그는 원래 다산의 여신인 아세라의 도움을 받던 전쟁과 폭풍의 종족신을 하나의 유일하고 보편적인 세계 창조주로 바꾸는 데 전력을 다했다.

기원전 7세기부터 기록되기 이전에 약 500년 동안 히브리인들이 모세라는 낯선 이름과 야훼의 예언자로서의 그의 역할을 구전으로 기억하는 데는 유월절 축제라는 전통이 절대적인 역할을 했다. 유월절 축제는 모세가 세웠고 오늘날까지도 축제로 지내고 있다. 히브리인들이 막 이집트를 떠나려고 하던 때 야훼께서 이스라엘의 아들에게는 해를 입히지 않고 이집트의 장자들만 죽였다. 유월절은 이 피의 밤을 양고기와 효모를 넣지 않은 빵으로 기념하는 축제다.

모세는 야훼를 직접 오감으로 만났다. 그는 불기둥을 보았고, 목소리를 들었다. "모세는 하나님을 뵙기가 두려워서, 얼굴을 가렸다."(출애굽기 3:6) 모세는 쳐다보지 않았다. 그러나 이 말은 하나님은 그와 "얼굴과 얼굴을 마주 대고"(출애굽기 33:11, 신명기 34:10) 말했다는 것을 뜻한다. 그러나 다시 야훼는 말한다. "내가 너에게 나의 얼굴은 보이지 않겠다."(출애굽기 33:20) 야훼를 보는 사람은 죽을 수밖에 없다고 한다.

하나님은 완전히 가까우면서도 멀리 있다. 시간과 공간을 넘어서는 다른 차원의 존재다. 하나님은 보이지 않는 존재로 머물지만, 모세는 처음이자 마지막으로 하나님을 보고 들은 증언자다. 모세 이후 주님이 "얼굴과 얼굴을 마주 대고"(신명기 34:10) 이야기하는 모세와 같은 예언자는 더는 없었다. 주님을 향한 모세의 시선은 진실로 모세를 향한 주님의 시선이었다.

그런데 왜 모세는 긴 유랑의 목적지인 산 너머 보이는 축복받은 땅 가나안을 앞에 두고 죽어야 했을까? 야훼는 그 이유를 간결하게 제시했다. 공동번역에 따르면, 그 이유는 "왜냐하면 너는 광야에서 이스라엘 백성이 둘러선 가운데에서 나에게 믿음을 보이지 않았기 때문이다."(신명기 32:51) 금송아지를 둘러싸고 춤을 추거나 가데스바네아에서 그 땅을 차지하라는 주님의 명령을 백성들이 투덜대며 "거역"(신명기 1:26)할 때 그러했다는 말이다.

고고학적 연구를 함께했던 첫 세대 구약학자 가운데 한 명인 에른스트 셀린Ernst Sellin이 주창한 이론에 따르면, 모세는 순교자로 자기 백성들 손에 죽었다. 하나님은 목적지를 바로 앞에 두고 이스라엘 백성들의 죄를 모세에게 속죄하게 했다. 오토는 모세의 죽음 직전에 토라가 작성되었음을 환기시킨다. 즉 모세의 죽음은 본질적으로 '토라가 계시하는 시간이 끝났다'는 것을 표시하는 상징이다. 지금부터 이스라엘 민족의 유대교 신앙은 문자로 고정된 야훼의 입법 의도로서 현존한다. 주님이신 하나님은 시간과 공간의 제약에서, 그리고 한 예언자의 인격과의 결합에서도 자유롭다. 모세는 더는 필요하지 않다.

모세와 모든 인간을 보고 있는 보이지 않는 존재는 동시에 '아버지들의 신'이다. 말하자면, 역사 속에서 활동하시는 운명의 신이다. 운명의 신으로서 야훼는 자신의 계명을 따르지 않을 경우 가뭄과 역병뿐 아니라 영원한 실향 상태에 있을 것이라고, 선택된 민족에게 경고한다. 1948년 이스라엘이 새로 건국될 때까지 대단히 무시무시한 방식으로 진실이라고 입증되었던 이 저주는 이렇게 표현되었다.

주님께서는, 땅 이 끝에서 저 끝까지, 모든 민족 가운데 당신들을 흩으실 것이니 (…) 밤낮 두려워하여, 자신의 목숨을 건질 수 있을지조차도 확신할 수 없을 것입니다. (신명기 28:64~66)

이 말도 모세가 했다고 한다. 진짜 그랬다면, 모세는 최소한 예언자임은 틀림없을 것이다.

글 마티아스 슈라이버

하나님과 함께 먹고 마시기

에덴동산에서는 채식을 했지만, 선악과나무에 사과는 달리지 않았다. 고기와 우유는 섞이면 안 되고, 조개류는 금기다. 구약성서의 복잡한 음식 규정들을 살펴보자.

 성서는 약 2500여 년을 포괄하는 가장 오래되고 상세한 요리, 음식, 음주 문화사를 제공한다.

오늘 우리에게 필요한 양식을 내려주시고,　　　（마태복음서 6:11）

성 다음에 바로 음식이 나온다. 창조 역사의 6일째 하나님은 인간에게 '생육하고 번성하라(창세기 1:22)'는 요구와 함께 인간의 육체적 안녕도 돌보았다.

내가 온 땅 위에 있는 씨 맺는 모든 채소와 씨 있는 열매를 맺는 모든 나무를 너희에게 준다. 이것들이 너희의 먹거리가 될 것이다.

（창세기 1:29）

에덴동산에서는 알맞게 배 부를 만큼 먹을 수 있었다고 한다. 그러나 육즙 넘치는 소고기 스테이크, 바삭하게 잘 구워진 양고기 커틀릿이나 부드러운 연어 그릴 구이의 향기는 맡을 수 없었다. 식단에는 신선하고 가벼우며 건강에 좋은 것들이 올라 있다. 아직까지 성스러운 성서 세계의 요리들은 철저히 채식이었다.

아담과 하와도 과일을 즐겨 먹었고, 금지된 선악과나무의 열매도 따 먹었다. 그러나 흔히 알려진 것과는 달리 사과는 선악과나무의 열매가 될 수 없다. 첫째, 당시 팔레스티나와 메소포타미아 사이 지역에는 사과나무가 없었던 것이 거의 확실하다. 둘째, 성서 원문은 단지 과일에 대해서만 말하기 때문이다. 원죄에서 사과가 책임이 있다는 생각은 기원후 5세기에 처음 퍼졌다.

대홍수 이후에 하나님은 인간에게 처음으로 육식을 허락했다. "살아 움직이는 모든 것이 너희의 먹거리가 될 것이다"(창세기 9:3)라고 하나님은 노아와 그의 가족에게 선언했다. 아마도 전능하신 분이 원죄와 대홍수로 이미 두 번이나 가혹한 심판을 받은 인류에게 관대함을 보여주고 싶었던 모양이다.

구약성서 맨 처음에 나오는 창조 이야기부터 신약성서의 거의 끝에 위치한 〈요한복음서〉의 가나 혼인 잔치까지 성서 어디에나 삶고, 굽고, 먹고, 포식하고, 마시고, 취하는 이야기는 나온다. 와인과 와인의 흥분시키는 효과에 대해서만 성서에 1000여 번이 나온다.

구약성서와 신약성서의 요리와 식사 예절은 확실하게 구별된다. 유대교 경전을 편집한 이들은 미식가의 기쁨은 죄가 될 수 있다고 생각했던 것 같다. 이스라엘인들은 무수히 많고, 부분적으로는 매우 상세한 음식 규정을 지켜야 했다. 이 음식 규정들은 무엇은 먹고 마셔도 되는지, 또는 무엇을 함께 먹으면 안 되는지를 정했다. 이 규칙을 지키지 않는 자는 죄를 범하는 것이고, 영원한 구원으로 가는 길에서 바로 이탈될 수도 있었다. 올바른 것과 틀린 것, 선한 것과 악한 것의 기준이 구약성서에서는 음식에도 적용된다.

신약성서의 예수는 근본적으로 이 모든 것을 조금 더 가볍게 보았다. 비록 예수 자신이 유대인으로 성장했지만, 정통 유대인들의 음식 규정에 큰 관심이 없었다. 〈마태복음서〉에 따르면, 예수는 이렇게 선언했다.

입으로 들어가는 것이 사람을 더럽히는 것이 아니라, 입에서 나오는 것, 그것이 사람을 더럽힌다. (마태복음서 15:11)

누구나 원하는 것을 마시고 먹을 수 있다. 중요한 것은 말과 행동이다. 이 선언이 던지는 메시지다.

오랫동안 존중받아온 음식 규정을 예수가 무시한 이유에 대해 신학자들은 단지 추측만 할 수 있을 뿐이다. 순회 설교자였던 예수가 새로운 추종자를 얻기 위해서는 복잡한 규정이 없는 것이 더 쉬웠을 것이다. 이와 반대로 정통 유대교인들은 오늘날까지 365개의 다양한 금지 조항과 248개의 지켜야 할 계명을 갖고 있으며, 이 중 많은 것들이 먹고 마시는 일과 관련된다. 특히 음식 규정은 먹는 데 적합한 청결한 음식과 먹으면 안 되는 불결한 음식을 구분한다.

짐승 가운데서 굽이 갈라진 쪽발이면서 새김질도 하는 짐승은, 모두 너희가 먹을 수 있다. (레위기 11:3)

그러므로 소, 양, 염소, 사슴, 영양 또는 산양은 허용되며, 반대로 돼지, 토끼, 낙타는 금지된다.

물에서 사는 모든 것 가운데서 지느러미가 있고 비늘이 있는 물고기는, 바다에서 사는 것이든지 강에서 사는 것이든지, 무엇이든지 너희가 먹을 수 있다. (레위기 11:9)

이에 따라 대부분 물고기는 먹을 수 있다. 그러나 뱀장어나 가오리, 그리고 새우와 같은 갑각류, 조개류는 금기다.

깃털이 있는 존재, 즉 모든 종류의 조류도 먹을 수 있다. 그러나 예외가 있다. 특히 콘도르처럼 썩은 짐승의 시체를 먹는 새와

왜가리, 펠리칸, 독수리도 터부다.

특정한 메뚜기는 먹어도 된다.

모든 종류의 고기는 완전히 익혀야 한다. 요즘 유행인 고기에 피가 남아 있으면 안 된다. 히브리의 음식 규정에 따르면 피 안에는 하나님이 주신 생명의 자리가 있고, 이 자리는 오직 하나님만이 다룰 수 있기 때문이다.

모세가 제시하는 놀라운 식사 규정이 또 하나 있다.

> 너희는 새끼 염소를 그 어미의 젖으로 삶아서는 안 된다.
>
> (출애굽기 23:19)

오늘날에는 아무도 어린 짐승을 우유로 끓일 생각을 하지 않을 것이다. 오늘날과는 반대로 고대 이집트에서는 이를 특별한 음식으로 여겼다. 이 금지 규정은 오늘날까지 유효하다. 경건한 유대인은 자신이 먹을 코셔Kosher 식품[11]에서 유제품과 육류 제품을 언제나 철저하게 분리해야 한다. 유제품, 혹은 육류 가공품을 먹을 때 사용한 식기류는 분리하여 설거지하고 보관해야 한다. 엄격한 한 유대교 신앙인이 고기를 먹었다면, 우유 혹은 요거트나 치즈를 먹기 위해서 여섯 시간을 기다려야 한다. 유제품과 육류

---

[11] 유대교의 음식 율법인 카슈루트(Kashrut)에 따라 생산된 음식을 말한다.

가공품을 같은 냉장고에 보관해서도 안 된다.

그런데 이 방대하고 일상을 어렵게 하는 규정들이 성서 시대에 어떤 의미가 있었을까? 왜 청결한 동물과 불결한 동물을 엄격하게 나누었을까? 관련 지식인들의 의견은 다양하다. 어떤 이들은 불결한 음식이 건강을 해칠 수 있는 상황을 방지하려는 위생상의 이유로 이해한다. 다른 이들은 식사 규정을 통해 이스라엘인들이 자신들을 둘러싼 문화들과 거리를 두고, 자신들의 결속을 강화하려 했다고 생각한다. 반면 어떤 신학자들은 동물의 구분에 어떤 논리적 의미도 없고, 그저 신앙인들이 하나님에게 얼마나 복종하는지를 시험하기 위한 규정이었다고 확신한다.

식사 규정들이 2000년~3000년 전의 일상에서 어느 정도 지켜졌는지를 확인할 방법은 거의 없다. 다만 고고학의 발견은 당시 느슨한 감시를 어느 정도 알려준다. 예를 들어 부엌에서 자르고 썬 전형적인 흔적이 남아 있는 돼지 뼈의 발굴로 고대 이스라엘에서 가축 돼지는 확실히 식용으로 이용되었다는 사실이 증명된다. 금기와 관련된 음식 규정이 일반 사람들에게 아직 깊이 뿌리내리지 못했거나 제사장들의 통제에 허점이 있었다는 뜻이다.

그런데 성서 시대의 사람들은 실제 일상에서 무엇을 먹었을까? 기원전 2세기에 편집된 〈집회서〉[12]에는 사람이 살아가는 데

---

12 〈집회서〉는 〈지혜서〉 다음에 나오는 지혜 문학 책이며, 가톨릭에서는 정경으로 받아들이지만(제2경전), 개신교와 유대교에서는 외경에 속한다.

반드시 필요한 일곱 가지 식료품이 나온다. 물, 소금, 밀, 우유, 꿀, 포도 그리고 기름이 그것이다. 이 작은 목록은 팔레스티나 거주민들이 대체로 채식을 했다는 것을 넌지시 알려준다. 대부분 식사의 기초는 곡물이었고, 특히 밀, 보리, 기장, 꼬투리열매류, 특히 렌즈콩과 일반 콩을 많이 먹었다.

곡물은 보통 갈아서 빵을 만들었고, 효모를 넣기도, 빼기도 했다. 주부들은 집에서 뜨거운 재 속에서나 돌로 된 오븐으로 납작빵을 구웠다. 무화과, 대추, 석류, 멜론 같은 과일과 견과류도 즐겨 먹었다. 과일과 달리 마늘, 양파, 오이를 제외한 야채는 널리 퍼지지 않았다. 향신료는 캐러웨이, 고수, 샤프란, 계피를 사용했다. 단맛을 내는 가장 중요한 재료는 야생 벌에서 얻는 꿀이었다. 대부분 이스라엘인들에게 고기는 축제 때나 먹는 드문 음식이었다. 소수 상류층만이 규칙적으로 고기를 소비할 수 있었다.

아침과 저녁, 하루 두 끼 식사가 보통이었다. 함께 쓰는 대접 하나를 가운데 놓고 손으로 집어 먹었으며, 종종 빵 조각이 숟가락 같은 역할을 했다. 칼, 국자, 포크는 부엌에만 있었다. 구약성서와 고대 유대교 문헌에 나오는 어떤 음식들은 오늘날까지도 근동 지역에서 먹고 있으며, 미식의 세계화라는 상황에서 서구의 식탁에도 성공적으로 자리 잡았다. 예컨대, 피타Pitta(납작빵), 팔라펠Falafel(병아리콩으로 만든 작은 공 모양의 튀김), 또는 후식으로 먹는 깨와 설탕이나 꿀에 바닐라, 코코아, 견과류를 첨가한 할바

Halva 등이 오늘날 서구에서도 볼 수 있는 음식이다.

팔레스타나라는 뜨거운 지역에서 가장 중요한 음료는 물이었고, 가정에서는 항아리 안에 저장되었다. 또한 사람들은 소젖, 양젖, 염소젖을 즐겨 마셨는데, 이 젖들은 가죽 물통 안에 저장했다. 우유는 오래 보관하기 힘들었기 때문에, 바로 버터와 치즈로 만들었다. 남녀 구분 없이 포도주는 일상에서 당연히 마시는 음료였다. 어떤 성서 구절에서는 심지어 어린이까지 포도주를 마셨다. 그러나 고대 이스라엘에서는 오직 적포도주만 있었다. 포도주는 종종 물과 섞어 마셨다. 널리 퍼진 방식은 포도주와 물을 2대5 비율로 섞는 것이다. 이 음료에 향신료, 꿀, 건포도 또는 다른 첨가물을 넣어 즐겨 마셨다. 왕과 제사장들 뿐만 아니라 가난한 농부와 노예들도 알코올의 즐거움을 누렸다.

성서에서 처음 포도를 재배하고 포도주를 만드는 사람은 노아다. 그는 대홍수의 충격을 겪은 후의 갈증을 포도주로 풀 수 있었다. 그때부터 포도주는 세속적인 음료로서 서술될 뿐 아니라, 신성을 드러내는 영적 상징으로 등장한다. 신약성서에서 포도, 포도나무, 포도원에서 나온 상징은 예수 자신을 은유한다. 메시아는 〈요한복음서〉에서 이렇게 말한다.

나는 참 포도나무요, 내 아버지는 농부이시다. 내게 붙어 있으면서도 열매를 맺지 못하는 가지는, 아버지께서 다 잘라버리시고,

열매를 맺는 가지는 더 많은 열매를 맺게 하시려고 손질하신다. (…) 나는 포도나무요, 너희는 가지이다.　　(요한복음서 15:1~5)

음식에 대한 종교적 의미 부여의 최고점은 최후의 만찬이다. 예수는 십자가 처형 전날 다시 한번 열두 제자와 함께 식탁에 앉는다. 빵과 포도주는 예수의 몸과 피, 그리고 하나님을 상징한다.

예수께서는 또 빵을 들어서 감사를 드리신 다음에, 떼어서 그들에게 주시고 말씀하셨다. "이것은 너희를 위하여 주는 내 몸이다." (…) 저녁을 먹은 뒤에, 잔을 그와 같이 하시고서 말씀하셨다. "이 잔은 너희를 위하여 흘리는 내 피로 세우는 새 언약이다."

(누가복음서 22:19~20)

이와 달리 구약성서에 실린 사랑 노래의 모음인 솔로몬의 〈아가〉에서는 포도주의 상징이 세속적인 표현을 위해 사용되어, 이성에 대한 지극한 욕망을 돌려서 표현하는 비유가 된다.

그대의 가슴은 포도송이 (…) 그대의 입은 가장 맛 좋은 포도주.

(아가 7:8~9)

글 요아힘 모어

불멸의 영웅들

두 명의 왕, 두 가지 지배 방식, 그리고 아버지와 아들. 다윗과 솔로몬은 오늘날까지도 종교적이면서 동시에 세속적인 권력의 원형으로 여겨진다.

그는 저돌적인 인물이었고, 모험가였으며, 악당이자 난봉꾼이었다. 자신의 매력으로 여성뿐 아니라 남성들도 매료시켰고, 이들을 자신의 목적을 위해 이용했다. 또한 영리한 책략가이자 전술가였다. 자신의 의지를 주저 없이 강요했고, 이를 위해 종종 폭력을 동반하였다. 또 다른 인물은 외교의 고수로 여겨지고, 평화의 신중한 수호자였다. 그는 호화롭게 생활하였다. 그의 영리함, 특히 그의 정의감은 자신의 백성들과 자신의 영광을 위해 활용되었다.

다윗과 솔로몬, 아버지와 아들인 두 명의 왕. 구약성서에서 연이어 왕좌에 오르는 이 두 사람은 정치 형태와 성격에서 비슷한 점이 거의 없다. 그러나 성서의 역사와 그 이후 세계 문화의 유산 안에서 그들의 의미는 서로 비슷하다.

기원전 10세기경의 이 전설적인 왕정을 〈사무엘기〉, 〈열왕기〉, 〈역대지〉가 전해준다. 그중에서도 〈사무엘기〉와 〈열왕기〉를 합쳐 총 42장에 걸쳐 있는 다윗의 이야기는 구약성서에서 가장 많은 분량을 차지한다. 그의 생애는 하나님의 부르심부터 죽음까지 마치 모험소설처럼 읽힌다. 그의 경력은 대스타를 향한 벽돌 쌓기와 같았다. 양치기 소년에서 출발하여 음악가, 전사, 고위직 관료를 거쳐 마침내 왕이 되었다.

아들 솔로몬은 대단히 지혜로운 국부였고 아름다운 영혼이었으며, 백성들에게 교육을 장려하였다. 그는 또한 거대하고 화려한 건축들로 역사에 이름을 남겼다. 그의 경력은 아버지와 어깨를 나란히 한다. 왕위 계승자, 정치적 영웅, 지혜의 왕, 눈부신 외모. 그리고 그는 바람둥이였다.

고대 근동의 종교적 이상인 두 사람을 표현했던 이들에게 언제나 다윗과 솔로몬의 생애는 거의 도상이나 문학적 픽토그램[13]처럼 기능한다. 두 사람의 생애 이야기는 가장 중요한 것을 직관적으로 알 수 있는 구조로 되어 있고, 그 이야기 구조는 바로 신화와 연결되어 있다. 그렇게 이 두 명의 성서 영웅은 세대를 뛰어넘어 예술사에서 빛나는 시인, 조각가, 작곡가, 영화감독 들의 뛰어난 작품들에 영감을 주었다. 미켈란젤로의 다비드상, 리처드

13 중요한 사항이나 장소를 알리기 위해 국제적으로 통용되는 그림 문자로, 비상구나 교통표지판 등이 이에 해당한다.

기어Richard Gere가 주연을 맡았던 할리우드 영화 〈다윗 대왕King David〉, 그리고 1749년에 발표된 헨델Georg Friedrich Händel의 오라토리오 〈솔로몬〉이 대표적인 작품들이다. 이 성서 속 거인들의 광채는 오늘날까지도 영향을 미친다. 그린피스 캠페인에서조차 이들은 등장한다. 이 이상주의자들은 '우리 안에 있는 다윗을 깨워 이 세계의 골리앗에 대항하자'고 호소한다. 이렇게 다윗과 솔로몬은 불멸하고 있다.

성서의 설명대로 이 두 왕이 철기시대에 실제로 살았고 통치했는지 여부는 지난 3000년 동안 그들이 보여준 대단한 영향에 아무 의미가 없는 질문이었다. 확실한 것은, 지금까지 그들의 실존에 대한 어떤 믿을 만한 증거도 성서 전승 바깥에서는 발견되지 않았다.

그러나 한편 텔아비브의 고고학자 이스라엘 핑켈슈타인 같은 성서 비판적 전문가들조차 이 전승이 "절대 낭만적 소설일 수만은 없다고" 인정한다. 또한 역사적 사실성을 의심하는 이들도 당시의 지리, 삶의 양식, 행정 체계에 대해 성서에 실린 정보의 풍부함과 세밀함에 강한 인상을 받는다. "역사적 실제와의 일치성은 대단히 놀랍다"고 핑켈슈타인은 생각한다. 이 회의주의자도 이 기록들이 "진정 일어났던 사건에 대한 기억의 핵심"에 기초한다고 확신한다(Israel Finkelstein, Neil A. Silberman, *David und Salomo: Archäologen entschlüsseln einen Mythos*, München, 2006).

마침내 '다윗 왕가'라는 글자가 새겨진 기원전 9세기의 돌 비문이 1993년에 발견되었다. 9세기는 다윗과 솔로몬이 살았었다는 시기와 100년밖에 차이가 나지 않는다. 말하자면 이 전설적인 영웅들이 비록 문자 전승 과정에서 분명 크게 과장되었더라도 성서 기록이 시작되기 몇 세기 전에 실존했다는 것이다.

오늘날 인식으로 볼 때 당시의 왕국들은 매우 작았고, 가나안의 북쪽 지역과 남쪽 산악지대에 있던 민족들 사이의 생존 전쟁이 이 왕국들에 큰 영향 미쳤다. 예루살렘은 여전히 마을이었다. 틀림없이 왕이 아닌 부족장이 통치했을 것이다. 자기 영역을 넘어 원정 침략을 감행할 도구도 없었다.

여기서 무엇보다 놀라운 것은 이 두 사람이 미쳐온 영향의 역사다. 이 두 남성을 모든 역사적 진실성을 넘어 세속 권력자의 모범이자 종교적 사도로 만든 것은 무엇일까? 이들을 신화로 만든 동기는 무엇일까?

다윗

베들레헴 출신이자 이새의 아들인 다윗의 성공 이야기는 단순히 동화처럼 들린다. 전승에 따르면 그의 머리는 금발 혹은 적색 금발이었다. 대장부의 모습과는 완전히 달랐다. 그래도 어쨌든, 다윗은 "눈이 아름답고 외모도 준수한 홍안의 소년이었다."(사무엘기상 16:12) 여덟 아들 중 막내로서 이 아름다운 소년은 아버지의 농사일을 돕고, 양들을 돌보았다. 그밖에도 그는 스스로 만든 작은 현악기 수금을 즐겨 연주했고, 그의 연주는 사울Saul 왕의 기분을 풀어주는 데 충분할 만큼 좋았다.

이 베들레헴 청년의 넘치는 자신감은 무모함에 이르렀다. 어느 날 자신의 고향 유다 산악지역의 가난한 농부들과 지중해에서 들어온 블레셋인들 사이에 이어지던 갈등이 최고점에 달했을 때, 이 용감한 양치기의 시간이 오고 있었다.

저 할례도 받지 않은 블레셋 녀석이 무엇이기에, 살아 계시는 하나님을 섬기는 군인들을 이렇게 모욕하는 것입니까?

(사무엘기상 17:26)

다윗은 완전무장한 골리앗을 보면서 물었다. 눈 사이에 정확히 던진 돌멩이 하나로 이 젊은이는 그 도발자를 끝장냈다. 그리고 이미 구약성서의 기록자들은 독자들의 호기심을 위해 무엇을 해야 하는지를 알고 있었다. 모든 이들이 보는 앞에서 그 소년은 원수의 목을 잘랐다.

일어났을 가능성은 거의 없지만, 매우 흥미진진한 극적인 이야기다. 많은 다른 부분들에서와 마찬가지로 성서는 다윗과 골리앗의 대결에서도 스스로 여러 모순을 생산한다. 이 소년은 목동이었을까? 아니면 한 장 앞에서 말했듯이, "용사"(사무엘기상 16:18)

였을까? 사울 왕은 이 소년을 이미 알고 있어야 했다. 왜냐하면 이 소년이 자신을 위해 수금을 연주했었기 때문이다. 그런데 다윗이 골리앗을 죽인 후에 사울 왕은 "너는 누구의 아들인가?"(사무엘기상 17:58)라고 왜 또 물었을까? 한편 〈사무엘기하〉에도 다시 한 번 골리앗이라는 이름의 블레셋인이 등장한다. 그는 앞에서와 마찬가지로 창으로 무장을 했고 그 창은 "베틀 앞다리같이 굵었다."(사무엘기하 21:19) 그러나 이 골리앗은 '야레오르김의 아들 엘하난'이라는 사람이 물리쳤다. 그럼 다윗은 무엇을 했을까?

하버드대학교에서 공부한 구약학자 스티븐 L. 매켄지Steven L. McKenzie는 이렇게 말한다. "이런 이야기들은 시간이 지나면서 더 풍성해지는 경향이 있다." 그렇게 기원전 1000년경에 일어났던 사건들은 최소한 처음 200년 동안은 구전되었는데, 당시에는 아직까지 문자 문화가 널리 퍼지지 않았기 때문이다. 역사 이야기는 세대를 이어 전승되면서 자신들의 생활 세계에서 나온 소재들에 적용되었고, 믿고 싶어하는 것이 추가되었으며, 개념적으로 맞지 않은 것들은 제거되었다. 또는 그냥 단순히 망각 속에 사라지기도 했다.

블레셋인들이 내륙지역 거주민들과 수확량을 놓고 싸움을 한 사실은 기원전 14세기 고대 이집트의 비문이, 성서가 설명하는 시기보다 400년 앞서서 증명해준다. 그래서 다윗의 전기작가 매켄지는 자신의 책 주인공이 "전사로서 경력을 쌓던 초짜 시절에 공포를 일으키는 한 블레셋인을 무너뜨려 이미 두각을 나타냈다"는 사실은 "온전히 믿을 만하다"고 생각한다. 비록 그 블레셋인이 성서의 주장처럼 3미터에 이르는 거구는 아니었을 테지만 말이다.

다윗이 남겨놓은 그 빛나는 모습은 당연히 여러 사람을 조합한 문학적 인물이다. 다윗이 목동이었다는 이야기도 허구일 가능성이 높은데, 사울 왕이 이미 그를 사령관으로 임명했기 때문이다. 사울 왕은 하나님의 기름부음을 받은 이스라엘의 첫 번째 왕이었지만, 고집 때문에 하나님의 사랑을 잃었다. 놀라운 청년 다윗은 '온 백성은 물론 사울 왕의 신하들까지도 자신을 사랑하게' 만들었다. 왕세자인 요나단Jonathan 조차 "제 목숨을 아끼듯 다윗을 아끼는 마음이 생겼다."(사무엘기상 18:1)

젊은 다윗은 모든 이의 사랑을 받는 남자가 되었다. 블레셋인들과의 전투 후 이스라엘의 여인들은 승리를 가져온 전사와 왕에게 환호를 보냈다.

사울은 수천 명을 죽이고, 다윗은 수만 명을 죽였다.

(사무엘기상 18:7)

이런 학살을 아무런 거리낌 없이 지도력의 증거로 여기던 시대에 하찮은 인물에서 백성의 지도자로의 상승은 불신과 질투를 불러왔다. "이제 그에게 더 돌아갈 것은 이 왕의 자리밖에 없겠군!" 이라고 하며 최고 권력자는 흥분하였고, "그날부터 사울 왕은 다윗을 시기하고 의심하기 시작하였다."(사무엘기상 18:8~9)

벼락출세한 다윗은 행운이라는 축복뿐 아니라 하나님의 명령 아래 예언자 사무엘로부터 이미 왕의 후계자로 기름부음도 받았다. 성서 편집자는 이 사실을 독자들에게만 알려주고 사울 왕은 모르게 했다. 이 영리한 극적 장치가 사울 왕의 살의를 자아내는 질투를 처음부터 맹렬하고 비이성적으로 작동하게 했다. 반대로 이 질투의 대상인 다윗은 여러 악행에도 처벌받지 않은 채 계속해서 천사처럼 빛나는 존재가 되어간다.

사울 왕은 아무것도 모르는 모범적인 신하에게 여러 차례 창을 던졌고, 자객도 여러 번 보냈다. 충직한 용사인 다윗은 흥분한 자신의 양아버지를 베지 않았고, 심지어 그의 사위가 되었다. 가족이라는 외양 뒤에서 사울 왕은 계속해서 음모를 꾸몄지만 그의 추적은 늘 실패했는데, 왕의 자식들조차 다윗의 탈출을 도와주었기 때문이다.

유다의 초원지대에서 추방자 다윗은 법을 지키지 않는 폭도들, 추방당한 자들, 도적들, 용병들, 그리고 가난한 농부들로 구성된 강력한 공격 부대를 조직했다. 충분히 실현 가능한 시나리오다. 연구자들은 고대 유다 지역에 유다 부족 간의 싸움이 있었음을 확신한다. 이런 싸움은 카리스마 넘치는 지도자를 요구했다.

성서에 나오는 다윗의 게릴라 부대와 사울 왕의 정부군 사이의
전투 이야기는 마치 지금의 종교 전장에서 나온 종군 기사처럼
읽힌다. 사울 왕은 누구나 죽였다. 필요한 경우 주님의 제사장들
조차도 죽였다.

> 너희는 당장 달려들어 주님의 제사장들을 죽여라. 그들은 다윗과
> 손을 잡고 공모하였으며, 다윗이 도망하는 줄 알았으면서도 나에
> 게 귀띔해주지 않았기 때문이다.　　　　　　　(사무엘기상 22:17)

내정된 후임자의 분노 역시 만만치 않았다. 길 위에 있는 자는
죽임을 당했다. '다윗은 땅을 약탈하였고 남자와 여자 누구도 살
려두지 않았다(사무엘기상 27:8~11).' 그리고 주님은? '그(다윗)와
함께 계셨다.'

패배한 사울 왕이 자기 칼 위로 엎어졌을 때도, 다윗이 유다의
첫 번째 왕이 되고, 나중에 통일된 이스라엘의 왕이 되었을 때도
학살은 계속되었다. 이 젊은 군주가 블레셋인들을, 그다음에 모
압인들과 소바의 시리아 왕을 어떻게 정복했는지를 성서는 무심
하게 숫자로 알려준다.

> 다윗은 시리아 사람 이만 이천 명을 쳐죽이고, 시리아의 다마스
> 쿠스에 주둔군을 두니,　　　　　　　　　　　(사무엘기하 8:5~6)

요약하면, 그렇게 다윗은 자신의 "이름을 떨쳤다."(사무엘기하 8:13) 그럼 주님은 무엇을 하셨을까? "주님은 다윗이 하는 모든 일을 도와주었다."(역대지상 18:6)

다윗은 성인들의 순위 목록에서 왕을 대표하는 인물인가? 그는 수천 년 동안 종교적 모범이었나? 성서의 진술과 달리 그는 흠이 없는 영웅이 아니다. 그러나 성서 편집자의 논리 안에서는 신학적 메시지가 중요하다. 하나님의 명령에 복종하는 사람은 어떤 도구를 이용하든 모든 것에 도달할 수 있다. 독단적으로 행동하는 사람은 패배할 것이다. 이런 신학적 관점 안에서 영웅의 만행은 악기 하프와 함께 이중으로 용서받는다. 첫째, 하나님 없이 살인을 저지르는 사울 왕은 격퇴해야 하고, 둘째, 하나님의 임무를 완성해야 한다.

솔로몬

얼핏 보면 아들 솔로몬이 후세들에게 더 공감 가는 인물로 보이기 쉽다. 솔로몬은 형제 두 명만 죽였는데, 아버지의 피 흘림과 비교하면 언급할 가치도 없을 만큼 가벼운 악행이다. 그리고 그후 예루살렘에서 하필 그의 아버지와 마찬가지로 40년 동안 왕좌에 앉았다. 둘 사이에 눈에 띄는 공통점이다. 솔로몬은 파라오의 딸과 결혼하면서 아버지 다윗이 유다와 이스라엘이라는 두 왕국을 통일하여 만든 왕국을 더욱 크게 만들었다고 한다. 그러나 당시에 이런 나라는 존재하지 않았다. 왜냐하면 솔로몬의 왕국은 기껏해야 마을 같은 예루살렘과 가난하고 보잘것없는 부족 지역인 유다를 포괄하고 있었기 때문이다.

고고학적 발견에 따르면, 이 지역은 다윗과 솔로몬 시대보다 200~400년 늦은 시기에 융성했던 것으로 추정된다. 바로 첫 번째 서기관들이 성서를 기록하기 시작했던 시기였다.

그러나 전설적인 통치자 솔로몬에게 더 중요한 일은 그가 자신의 아버지처럼 주님과 좋고 깊은 관계를 유지하는 일이다. 하나님이 꿈에서 그에게 무엇을 원하는지 물었을 때, 이 행운아는 자신이 무엇을 더 받을 수 있는지를 전혀 몰랐다. 그는 단지 좋은 통치를 위해 "지혜로운 마음을 주셔서, (…) 선과 악을 분별"(열왕기상 3:9) 할 수 있기만을 바랐다.

무욕에 대한 보상으로 주님은 당신의 종에게 '또한 너가 청하지 않은 것도', 즉 '부와 명예를' 얹어준다. 솔로몬이 방탕한 생활을 하는 것은, 〈시편〉에 따르면 놀라운 일이 아니다. 과장된 욕심을 보일 필요가 전혀 없다. 주님은 "사랑하시는 사람에게는 그가 잠을 자는 동안에도 복을 주"(시편 127:2)시기 때문이다.

다윗과 비교할 때 그의 아들은 더 계몽된, 정말 편안한 지배자의 모습을 보여준다. 시대에 적절한 국제 관계를 통해 솔로몬은 외국과 풍부한 무역 관계를 맺었고, 동시에 평화를 가져왔다. 한편 문화 애호가로서의 솔로몬의 명성은 정치적 성공을 넘어선다. 솔로몬은 그의 지혜를 시험하기 위해 이스라엘로 여행을 왔던 지혜의 경쟁자 시바의 여왕Queen of Sheba 을 매혹시켰다.

솔로몬은 동식물에 능통했고 여러 학문에 두루 밝았으며, 동시에 시인이었다. 관능적인 시가인 〈아가〉도 솔로몬이 지은 것으로 알려져 있는데, 〈열왕기상〉은 그가 지은 시의 숫자가 "천다섯 편"(열왕기상 4:32)이라고 꼼꼼하게 알려준다. 3000개에 이르는, 통찰력 넘치는 〈잠언〉도 집필했다고 한다. 예를 들면 이런 충고다.

네 아들을 훈계하여라. 그래야 희망이 있다. 그러나 그를 죽일 생각은 품지 말아야 한다.　　　　　　　　　　　　　　(잠언 19:18)

그러나 모든 기록을 엄밀하게 따져보면서 교부들과 연구자들은 뛰어난 능력을 타고났다는 솔로몬 왕이 실제로 이 문헌들을 집필했는지 의심했다. 위대한 이탈리아 역사가이자 고고학자인 가브리엘 만델Gabriele Mandel 은 〈지혜서〉, 〈시편〉의 일부, 〈솔로몬의 송가Oden Salomos 〉[14]는 "분명히 기원전 50년 이전에 나오지 않았고, 몇몇 작품은 심지어 그보다도 나중에 나왔다고" 확언했다.

---

14 그리스도교의 시가 모음집으로 기원후 130년경에 편찬되었다고 추정된다.

성서 시가의 걸작인 〈아가〉는 솔로몬에게 잘 맞을지도 모른다. 여성을 사랑했던(1000명이 넘었다고 한다) 솔로몬 왕은 이런 황홀에 빠질 만했다.

그대의 입술은 붉은 실 같고, 그대의 입은 사랑스럽구나. (…) 그대의 가슴은 나리꽃 밭에서 풀을 뜯는 한 쌍 사슴 같고 쌍둥이 노루 같구나.   (아가 4:3~5)

그러나 문학사가들의 의견에 따르면 이 시는 이집트와 가나안의 사랑시였거나 메소포타미아의 영향을 받은 작품이었다. 그리스어, 아람어, 페르시아어 표현이 들어 있는 시어들이 솔로몬 생애보다 600년 이상 늦게 나온 작품임을 암시한다.

그렇다면 그 유명한 솔로몬의 판결은 어디서 왔을까? 이 유명한 판결에서 솔로몬 왕은 간절한 청원에 귀 기울이는 따뜻한 마음을 보여준다. 두 명의 부인이 한 아이를 놓고 서로 엄마라고 주장한다. 솔로몬은 아이를 칼로 가르라는 판결을 내린다. 이 영리한 재판관은 이 끔찍한 판결 앞에서 아이를 포기하려는 여성이 틀림없이 엄마라는 것을 안다. 그리고 그녀에게 아이를 돌려준다.

신심 깊은 청중들은 오늘날까지도 그 아이를 구하게 되는 솔로몬의 영리한 속임수에 감탄한다. 그러나 튀빙겐대학교의 구약학

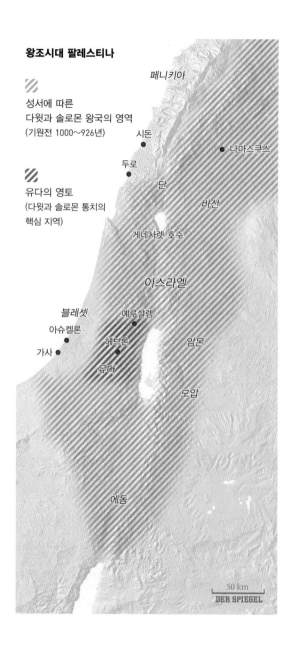

왕조시대 팔레스티나

성서에 따른
다윗과 솔로몬 왕국의 영역
(기원전 1000~926년)

유다의 영토
(다윗과 솔로몬 통치의
핵심 지역)

페니키아

시돈

두로

단

바산

● 다마스쿠스

게네사렛 호수

이스라엘

블레셋

예루살렘

아슈켈론

헤브론

암몬

가사 ●

유다

모압

에돔

50 km

DER SPIEGEL

자 루트 스콜라릭Ruth Scolarick은 따뜻한 마음이라는 왕의 동기에 전혀 믿음이 가지 않는다고 한다. 결국 솔로몬도 두 명의 형제를 죽임으로써 자신의 통치권을 공고하게 만든 인물이기 때문이다.

공통의 역사

성서를 살펴보면, 이 두 사람은 전혀 흠잡을 데가 없고, 오류가 없으며 모범적인 인물이다. 이 두 왕은 성서의 영웅이다. 그런데 왜 그들이 죽은 후 200년이 지난 후에야 과거 3000년을 체계적으로 미화한 역사서 집필이 시작되었을까?

짧게 말하면, 정치적으로도 그리고 종교적으로도 다윗과 솔로몬이 필요했기 때문이다. 기원전 8세기 혹은 그 후에 성서 역사서의 기록이 시작되었을 때, 아시리아가 북이스라엘왕국을 지배하고 있었다. 비록 아시리아의 통제 아래 있었지만, 유다는 지역의 유일한 자치권을 가진 왕국이 되어 번성하였다. 유다의 수도 예루살렘은 급격하게 팽창했다. 인구는 1000명에서 1만 2000명으로 늘어났다. 고고학자들은 점령당한 북이스라엘왕국에서 많은 난민이 들어왔다고 추측한다. 무역은 번창했고, 거대한 건축 사업이 실현되었다. 암벽에 새겨져 있는 비문들이 이를 증언하고 있다.

인구적, 사회적, 경제적 격변의 시기에 사람들은 어떤 공통의 역사가 필요했다. 그들은 장소와 언어, 그리고 민족적 정체성을 세워주는 강력한 이야기가 필요했다. 이를 통해 백성들과 종교적 의례를 하나로 통합시킬 수 있었다. 다윗과 솔로몬에 대한 구두 전승에는 이를 위한 모든 요소가 들어 있었다.

다윗은 예루살렘을 수도로 만들었고, 승전 행진에서 십계명이 들어 있는 언약의 궤를 예루살렘으로 옮겼다. 솔로몬은 주님을 위해 시온 산에 유일신주의의 중심 의례 장소인 화려한 성전을 건립했다고 한다. 하나님의 뜻과 축복을 통해 다윗 왕조는 유일신 신앙고백의 대리자로서 특별히 메시아를 낳으라는 부름을 받았다.

이 왕조는 이제 모든 서사의 힘으로 이 메시아 사상을 지탱하는 일이 중요해졌다. 기원전 8~6세기의 예언자들은 어느 날 구원자가 다윗 가문에서 부활할 것이라는 희망을 견지했다.

이새의 줄기에서 한 싹이 나며 그 뿌리에서 한 가지가 자라서 열매를 맺는다. (이사야서 11:1)

바빌론 유배 이후에 등장하는 성서 편저자들은 〈사무엘기〉와 〈열왕기〉에 들어 있는 다윗과 솔로몬에 대한 많은 내용을 능숙하게 바꾸어 미화했다. 오늘날 신학자들이 인정하는 사실이다. 사울 왕이 잘못했기 때문에 다윗은 그를 죽여야 했고, 솔로몬은 어쨌든 선하며, 두 사람은 하나님의 임무를 수행한다. 후기의 〈역대지〉에서는 하층 계급 사람들만 살해당한다. 다윗과 밧세바 Bathsheba의 불륜은 〈사무엘기〉에서는 상세하게 묘사되지만, 〈역대지〉에서는 전혀 언급되지 않는다. 단지 그 결과로, 즉 둘 사이의 아들 솔로몬만 언급된다. 〈역대지〉의 편저자가 왕의 서기관이든, 제사장이든 상관없이, 그들의 관심사는 숨겨져 있다.

성서가 그리스어와 라틴어로 번역되면서 이 두 명의 전설적인 대표 인물은 점점 더 많은 청중들에게 소개되었다. 고고학자 핑켈슈타인은 설명한다. "다윗과 솔로몬은 이제 더는 철기시대의 왕이 아니라, 종교적 덕성의 원형이자 종교적 신실함의 인격화다." 전승에 따르면, 다윗과 솔로몬은 인간적 단점이 있고 실수도 한다. 다윗은 자제력이 없는 저돌적인 사람이었다. 솔로몬은 부인들에게 다른 신을 허용하면서 한동안 하나님을 멀리했다. 이런 오류들이 계몽주의 이후 세속화된 세계에서는 이들 부자를 더 매력적으로 만들기도 한다.

그렇게 다윗은 여전히 하나님의 특별한 사랑을 받은 자로(다윗은 히브리어로 '사랑받는 자' '애인'), 약한 자들의 상징이자 더 강한 자들에게 맞서는 정의로운 자로, 자신의 이름을 딴 왕조의 선조로 유지된다. 신약성서에서는 그 왕조에서 예수가 태어난다. 솔로몬의 지혜와 유복함, 그리고 모범적인 군주로서의 그의 명성은 여전히 살아 있다. 이 두 명의 왕은 사람들이 하나님과의 언약에서 무엇을 기대해야 하는지를 보여준다. 그것은 권력과 지상에서 누리는 한 조각의 천국이었다.

글 베티나 무살

수수께끼 같은 통치자

시바의 여왕은 누구였을까? 솔로몬과 시바의 여왕은 실제로 만났을까? 이들의 눈부신 만남의 진실과 숨겨진 의미를 추적해본다.

이 이야기는 대단히 아름답고 영리하며 부유한 여성과 그 못지않게 아름답고 영리하며 부유한 남성에 대한 이야기다. 돈, 보석, 섹스, 그리고 값비싼 향신료에 대한 이야기다. 초자연적 현상에 관심이 있는 이들, 동화 애호가나 수수께끼를 좋아하는 사람들, 그리고 여성의 다리에 수북이 난 털을 지지하는 자들도 이 이야기에 만족한다.

복잡한 이 이야기는 수많은 시간 동안 많은 사람을 사로잡았으며, 세 개의 세계 종교가 이 이야기를 전하고 있다. 다만, 문제는 이 이야기가 사실이 아닐 가능성이 높다는 점이다. 모든 것은 약 3000년 전 지금의 예멘인 전설 속의 시바 왕국에서 시작되었다. 당시 그곳을 통치하던 시바의 여왕은 북쪽으로의 여행을 준비하고 있었다. 성서의 전승에 따르면, 그녀는 예루살렘에 있는, 이스라엘의 왕이자 다윗의 아들인 솔로몬을 방문하려고 했다. 사람들은 여왕에게 그 통치자가 매우 지혜롭고, 아마도 여왕보다 더 지혜로울 것이라고 말했다.

여왕은 이를 제대로 알아보고 싶었다. 몇 달 동안 여왕은 화려한 물건을 가득 실은 대상들과 함께 흔들거리는 낙타를 타고 약 3000킬로미터에 이르는 아랍 반도의 사막을 통과하였다. 구약성서에 나와 있듯이, 여왕은 금 50킬로그램, 보석, 향, 몰약을 가져왔고, "어려운 질문으로 시험해보려고"(열왕기상 10:1) 복잡한 과제들을 가져왔다.

성공적인 국가 방문이었다. 시바의 여왕은 우선 솔로몬 왕국의 화려함과 찬란함에 놀랐고, 솔로몬이 자신의 난해한 질문에 늘 올바른 대답을 찾는 데 한번 더 놀랐다. 결국 여왕은 "내가 들은 소문은 사실의 절반도 안 되는 것 같습니다"(열왕기상 10:7)라고 인정한 후 솔로몬 왕에게 고개를 숙였으며, 그에게 "금 일백이십 달란트와 아주 많은 향료와 보석을"(열왕기상 10:10) 선물했다. 여왕이 다시 돌아가기 전에, 솔로몬은 보답으로 시바의 여왕이 "요구하는 대로, 가지고 싶어하는 것은 모두"(열왕기상 10:13) 주었다. 모두 주었다고?

모두에서 떠오르는 것은 후손과 관련된 일이 확실했다. 두 사람은 매우 가까워졌다. 너무 가까워져서 9개월이 지난 후 아들 메넬리크 1세Menelik Ⅰ가 세상에 나왔고, 오늘날까지도 많은 에티오피아인들이 메넬리크를 자신들의 모든 통치자들의 시조로 존경한다. 1974년에 폐위되어 1년 후 암살당한 마지막 에티오피아 황제 하일레 셀라시에Haile Selassie는 225대 후계자로 축하받았었다. 짧은 기간이었지만, 심지어 헌법에 이런 문장이 들어가 있기도 했다. "이 혈통은 에티오피아의 여왕이자 동시에 시바의 여왕이었던 분의 아들, 그리고 예루살렘의 왕 솔로몬의 아들인 메넬리크 1세 왕조로부터 끊어지지 않고 왔다."

충분히 가능하다. 시바의 여왕이 실제로 시바 왕국의 건너편에 있는 에티오피아 출신이었을 가능성도 충분히 있다. 실제로 이 여왕이 존재했었다면 말이다. 연구자들과 고고학자들은 오늘날까지 그녀의 실존을 충분히 증명할 흔적을 찾고 있지만, 아직 큰 성과는 없다. 에티오피아에서도, 고대 시바의 수도였던 메르브 오아시스 지역에서도 지금까지 학자들은 아무것도 발견하지 못했다.

어찌 됐든, 어느 시대나 아랍에서는 여자 통치자가 존재했었고, 언젠가 아랍 반도의 남쪽에 시바의 부유한 민족은 살았었다. 특히 이 왕국의 전설적인 부유함은 정교한 관개시설과 큰 이익을 남겨주는 향과 몰약 판매 덕분이었는데, 향과 몰약은 당시 종교의식에서 대체할 수 없는 요소였고, 멀리 유럽에까지 유입되었다.

대상들은 송진과 수액을 지중해로 운반했고, 아마도 여왕이 이들과 함께 한 번 여행했을 것이다. 그런데 구약성서에서 이 방문을 언급한 것은 분명히 특별한 이유가 있다. 몇몇 고대 연구자들은 시바 여왕의 조공은 단순히 솔로몬의 권력과 명예를 강화시켰을 뿐이라고 생각한다. 또 다른 연구자들은 여왕의 만남과 머리 숙임은 불신자들의 개종을 상징한 것으로 본다.

심지어 코란 27장에도 이렇게 설명된다. 시바의 여왕과 그 백성들은 그들이 진정한 신앙, 즉 이슬람에 도달하기 전까지는 태양을 경배했다고 한다. 그리고 이른바 이슬람교로의 개종은 이렇게 일어났다. 솔로몬 궁전의 수정처럼 투명한 유리 바닥에 발을 들이면서, 여왕은 이것을 물이라고 착각하여 치마를 걷어 올리고 다리를 드러냈다. 곧 여왕은 자신의 실수를 깨닫고, 이렇게 말했다. "나의 주님, 나는 스스로에게 큰 잘못을 저질렀습니다. 솔로몬과 함께 세계인들의 주인이신 신에게 저를 바칩니다." 그리고 여왕은 개종하였다.

궁전에서의 이 눈부신 만남은 많은 전설과 아랍 동화의 중심에 놓여 있고, 나중에는 종종 신비스럽고 불가사의한 이야기들로 급변하기도 했다. 특히 중세 시대에 이 여왕은 성욕이 가득 차고 음탕하며 두꺼운 다리털이 있는 여자 악마로 변이했고, 경우에 따라 당나귀 발굽, 염소 또는 거위 발을 가진 채 명망 있는 솔로몬을 유혹하려고 했다. 후기 유대교 문헌에서는 심지어 여왕이 사탄의 애인으로 언급된다.

또한 비밀에 싸인 아라비아의 여성 통치자는 음악가, 화가, 시인, 그리고 다른 예술가들의 환상을 깨웠다. 오페라, 소설, 만화, 그림, 그리고 발레 공연이 그녀에게 헌정되었고, 헨델은 자신의 교향곡 〈시바 여왕의 도착Der Einzug der Königin von Saba〉으로 그녀에게 불멸을 선사했다. 그리고 한스 베르너 헨체Hans Werner Henze는 2005년에 〈시바 여왕을 위한 다섯 개의 소식Fünf Botschaften für die Königin von Saba〉을 작곡했다. 1959년에 나온 할리우드 대작 영화 〈솔로몬과 시바의 여왕Solomon and Sheba〉에서 이탈리아 여배우 지나 롤로브리지다Gina Lollobrigida가 시바 여왕의 역할을 했다. 율 브리너Yul Brynner가 주인공 역을 맡았다.

실제로는 존재하지 않았을 가능성이 높은 이 여성 통치자는 이처럼 많은 명성을 얻었다. 심지어 그녀는 최후의 심판에도 함께 할 것이라고 〈마태복음서〉가 전한다. 그러나 이 일은 시간이 조금 걸릴 것이다.

글 한스-울리히 슈톨트

종교적 쟁투의 시대

쿰란 두루마리는 새로운 시대를 여는 획기적인 발견이었다. 독실한 유대인들이 1세기경에 이 두루마리들을 그곳에 안전하게 보관해두었다. 무슨 내용이 들어있고, 우리는 그 발견에서 무엇을 배웠나?

1949년부터 1952년까지 이스라엘 방위군의 참모총장이었던 이가엘 야딘은 이미 어릴 때부터 하인리히 슐리만Heinrich Schliemann에 빠져 있었다. 슐리만은 '한 손에는 호메로스의 책을 다른 손에는 삽을' 들고 순전히 전설로 여겨졌던 트로이아와 미케네를 발견했던 인물이다. 그리고 야딘은 1952년 총리 다비드 벤구리온David Ben-Gurion과의 갈등 때문에 군대에서 해임된 후 고고학자가 되었다.

특히 쿰란의 두루마리에 그는 전율했다. 1947년 봄, 베두인 소년 두 명이 사막에서 도망간 염소를 찾아다녔다. 염소가 있을 것이라고 추측했던 동굴에서 소년들은 오래된 점토 항아리를 발견했고 그곳에 있던 항아리 안에서 글자가 쓰여진 두루마리 문서를 찾았다. 나중에 밝혀진 것처럼, 이 문서들은 히브리어로 쓰여진

2000년 이상 된 문서들이었다.

야딘은 1955년에 사해에서의 발굴을 주제로 박사학위를 받았고, 마침내 스스로 유다의 사막에서 발굴 작업을 시작했다. 실제로 그는 1960년에서 1961년 사이에 나할 헤버Nahal Hever에 있는 '편지의 동굴'과 '공포의 동굴'에서 132년부터 135년 사이에 있었던 바르 코크바 저항 시대의 문서들을 찾았다. 당시에 유대인들은 두 번에 걸쳐 로마에 저항하여 반란을 일으켰다. 거의 2000년 전의 자기 민족의 거룩한 문헌을 이렇게 좋은 보존 상태로 전 세계의 주목 속에 꺼낼 수 있었다는 것은 예딘에게도, 다른 많은 이들에게도 하나의 기적이었다.

1947년 두 목동이 첫 번째 두루마리를 우연히 발견한 이후, 1949년부터 1958년까지 유다 지역의 사막은 인디애나 존스와 같은 '두루마리 사냥'이 일어났다. 고고학자들뿐 아니라 베두인들도 열정적으로 찾아 나섰다. 고대 주거지 키르베트Khirbet 쿰란Qumran과 남쪽에 위치한 무라바트Murabbaat 건곡 근처에 있는 총열 개의 동굴에서 문서들을 발견했다.

그러나 모험은 아직 끝나지 않았다. 두루마리의 처분이 기다리고 있었다. 몇몇 두루마리는 베들레헴에 있는 골동품상들의 소유로 넘어갔다. 시리아 정교회 예루살렘 총대주교인 아타나시우스 예수에 사무엘Athanasius Jeschue Samuel은 그곳에서 4개의 필사본을 획득하는 데 성공했다. 또 다른 문서 일부는 야딘의 아버지인 고고학 교수 엘레아자르 수케닉Eleasar Sukenik이 히브리대학교를 위해 구매했다.

대주교는 미국 동양학 연구소American Schools of Oriental Research에 자신이 가진 두루마리의 가치 평가를 맡겼다. 그곳에서 성서연구가 존 C. 트레버John C. Trever가 처음으로 이 두루마리 문서들의 연대와 그 거대한 역사적 가치를 알게 되었다. 대주교는 두루마리를 팔기 위해 미국을 여행했지만, 처분에 실패했다. 마침내 1954년, 이스라엘 정부가 중개인을 통해 이 두루마리를 획득했다. 25만 달러가 넘는 돈을 주었다고 추정된다.

수년에 걸쳐 키르베트 쿰란에서는 900개가 넘는 두루마리 문서 유물이 발견되었는데, 이 중 대부분은 히브리어로 쓰여져 있었고, 아람어로 된 문서도 꽤 많았으며, 그리스어로 된 문서도 몇 개 있었다. 이와 함께 많은 양의 두루마리 조각들도 나왔는데, 이들 중 몇몇은 조각에 들어 있는 문자, 사용된 잉크와 양피지의 종류를 근거로 힘들고 지루한 퍼즐 맞추기 작업을 통해 조립되었다. 대부분 염소와 양의 가죽을 다듬은 얇은 양피지였고, 가끔 파피루스 필사본도 나왔다. 심지어 구리로 된 두루마리도 하나 있었다.

첫 번째 동굴의 발견은 그전에는 결코 채워지지 못했던 환호를 불러왔다. 왜냐하면 그 조각들은 신문 1면을 장식할 만한 충격적인 내용 대신 단순히 고대 유대 사회의 종교 세계를 볼 수 있게 해주었기 때문이다. 키르베트 쿰란에서 나온 문서들이 당시 경쟁하던 종교적 관점들을 알려주었다면, 무라바트 건곡 근처에서 나온 문서들은 세세한 일상생활을 전해주는데, 혼인 증명서, 이혼 통지서, 그리고 빚문서, 땅문서 등이 나왔다.

유대인들은 신의 이름을 'JHWH(야훼)'라고 표기하는 자신들의 성스러운 문헌들을 문서 저장고에 체계적으로 보관하지 않았다. 이것이 바로 고대 유대교 연구에서 부딪히는 핵심 난관이다. 경전이 마모되어 더는 사용할 수 없거나 오독의 위험이 생길 때, 유대교 관습에서는 이 경전을 폐기하고 더는 사용하지 못하게 해야 한다. 그래서 대부분 문헌들은 폐기 문헌 창고인 게니자 Genizah에서 훼손되었다. 그래서 가장 오래된 완전한 본문의 성서 필사본은 1000년밖에 되지 않았다.

이 필사본이 바로 1008년에 제작된 '레닌그라드 사본Codex Leningradensis'이며, 오늘날 상트페테르부르크 러시아 국립박물관에 있다. '알레포 사본Codex von Aleppo'은 920년경에 쓰여졌으며, 가장 오래된 완전한 히브리 성서 모세오경의 필사본이었지만, 1947년 알레포의 유대인 학살 때 손상되었다. 남아 있는 일부분은 오늘날 예루살렘에 있는 이스라엘박물관의 '책의 신전' 전시관에 보관되어 있다.

그래서 사해에서 나온 구약성서 두루마리 조각들이 지금까지 발견된 가장 오래된 성서 유물이며, 다른 사본들과 상당한 시차를 두고 있다. 에스더Esther를 제외한 히브리 구약성서의 모든 책들이 최소한 일부라도 발견되었고, 이 덕분에 성서 전승의 역사로 가는 유일한 입구가 열렸다.

대부분의 쿰란 두루마리들이 작성된 기원전 1~2세기에는 39권 구약성서의 정경이 아직 정해지지 않았다. 그래서 공식적인 전집은 없었다. 모세오경, 즉 토라는 강제력 있는 경전으로 인정받고 있었고, 다른 책들도 그 옆에서 존경 속에 읽히고 있었다. 그중에는 임박한 종말과 유대인들의 우선적 구원을 예언하는 몇몇 계시록 문헌들도 있었다.

쿰란과 무라바트 건곡의 동굴에서 나온 이 문서들과 도자기, 신발, 의복 같은 유물들은, 기원전 3~2세기부터 로마에 대한 두 번의 저항 시기까지의 유대교 사회 핵심 분야에 대한 우리의 지식을 상당히 넓혀주었다. 로마에 대한 두 번의 저항 시기란 기원후 66~70년, 132~135년 사이를 말한다. 이 문헌들은 개별 유대교 교파들의 종교관을 기록하였다. 이 교파들의 일부는 성공하지 못했기 때문에 잊힌 존재였다.

이 시대 변환기의 유대교 안에는 바리새파와 사두개파 이외에도, 젤롯과 같은 저항 집단, 그리고 에세네파와 사마리아인들과 같은 독립된 공동체들이 자리 잡고 있었다. 이들은 하나님 계시의 해석 권한을 놓고 경쟁하였는데, 그들 사이의 싸움은 공개적이고 가끔은 뻔뻔스럽게 진행되었다. 유대인 출신으로 로마를 위해 일했던 작가 플라비우스 요세푸스는 이들에 대한 글을 남겼다. 신약성서에도 유다 지역에 있었던 몇몇 종파가 언급된다. 그러나 그때까지 특정 집단이 스스로 작성한 자료는 없었다. 사해 문서는 이 종교적 쟁투의 시대를 설명해준다.

기원후 2세기 이후에는 실용주의를 지향하던 바리새파 유대교가 마침내 승리했다. 당시에는 로마에 대항한 반역이 성공하리라는 모든 희망이 괴멸적인 패배라는 현실 앞에서 희미해지고 있었다. 유대교는 예루살렘 성전 의식 없이 새롭게 의지할 만한 신앙 전통을 만들어야 했다. 이 시기에 많은 문서들이 거부당했고, 특히 묵시론 문헌들이 더는 전승되지 않았다.

사해 문헌들은 이 '분파'들, 즉 잘 알려져 있는 주류 종파와 일치하지 않는 신앙관을 알려준다. 이들은 잘 결속된 공동체였고, 이 공동체 안에서 우리는 '공동체의 규칙' 같은 것을 보게 된다. 이 규칙은 빛과 어둠의 영에 대한 자신들의 분명한 이원론적 가르침을 설명해준다. 여기에는 신입 회원 입회에 대한 완전히 실용적인 지침도 포함된다.

이 무리의 구성원들은 스스로를 '빛의 아들들', 진정한 이스라엘로 본다. 선택된 자이자 하나님의 길로 돌아가는 사람들이다. 문서를 보면 그들은 스스로 분리되어 있으며, '하나님을 모독하는 자와 완고한 자들'과는 공동체를 꾸리지 않는다는 가르침을 받았다. 이 공동체에는 긴 수습 기간이 지나고 나서야 입회할 수 있었고, 그때 공동체에 개인의 전 재산을 넘겼다.

그러나 모든 구성원이 온전하게 자신의 소유물을 내놓지는 않았음이 분명한데, 위반자들에 대한 엄한 벌칙이 그 증거다. "만약 그들 중에 재산과 관련하여 거짓말을 하는 사람, 그것도 고의로 그런 사람이 발견되면, 그들은 그를 1년 동안 순수한 정식 회원들로부터 완전히 격리해야 하고, 그의 빵 4분의 1을 징벌로 공제해야 한다." 다른 사람의 말을 끊거나, "한 자리에서 세 번 졸면" 열흘 동안 이런 처벌을 받는다. 비판력을 원하지 않는다. "일치의 기초에 반발하는 사람은 내쫓아야 하고, 그는 다시 돌아오지 못한다."

또 다른 공동체는 '다마스쿠스 문서'를 집필했다. 여기서도 다음과 같은 확신이 발견된다. 이스라엘 민족은 여러 번 잘못을 저질렀지만, 선택된 소수인 자신들은 계명을 더 엄격하게 해석함으로써 하나님과의 새로운 출발에 성공한다. 이 공동체에는 여성과 아이들도 있었음이 확실한데, 문서 안에 여성과 아이들이 명시적으로 분명하게 언급되기 때문이다.

'전쟁 두루마리'에서는 전쟁 기술의 핵심 요약을 읽는다. 이 문서는 종말 직전에 40년 동안 벌어질 최후의 전쟁을 예언한다. 다시 한번 '빛의 아들들'이 '어둠의 아들들'과 전쟁을 치른다. 이 문서에는 성가와 기도가 들어 있는 잘 짜여진 전쟁 각본도 들어 있는데, 이 각본은 전투, 종족에 따른 부대 편성, 전투 대형에서 나팔 신호까지 다룬다.

마지막으로 '성전 두루마리'는 8미터가 넘으며, 발견된 두루마리 가운데 가장 길다. 이 문서에는 주로 성전과 성스러운 도시, 또는 희생제에 대한 법이 주로 들어 있다. 다만 이 편집자가 실제 예루살렘 성전을 눈으로 보았는지, 아니면 세상의 종말에 올 미래의 성전에 대한 자신들의 희망을 표현했을 뿐인지는 정확히 알 수 없다. 성전 두루마리는 〈출애굽기〉와 닮았고, 그밖에도 성전 건축의 상세한 내용에서부터 희생 제물로 쓸 짐승의 도살장 건립까지 묘사하고 있다.

쿰란 문헌의 많은 곳에서 예언자와 같은 '정의의 스승' 이야기를 읽을 수 있다. 그는 하나님의 진리를 선포하고, 예루살렘 어디에나 있는 '거짓 설교자'와 '사악한 제사장들'과는 반대로 믿는 이들을 최후의 심판 때 구해줄 것이다. 누가 이런 생각을 했는지는 오늘날까지도 수수께끼다. 에세네파 공동체의 설립자일까? 마카바이우스 가문의 사람일까? 쫓겨난 대제사장 가운데 한 명일까?

가끔씩 추측하는 것과는 달리 신약성서의 조각은 사해 문서에서 발견되지 않는다. 왕적 메시아, 제사장적 메시아, 그리고 종말에 기대하는 모세와 같은 예언자까지 다양한 메시아적 형상은 등장한다. 그러나 고통받고 죽는 메시아는 전혀 다루지 않는다. 여기에 쿰란 문헌과 예수의 가르침 사이에 결정적인 차이가 있다.

예수와는 달리 쿰란 문헌의 저자들은 하나님 나라를 현세의 현상으로 이해했다.

발굴된 문서 대부분이 기원전 3세기에서 기원후 70년까지의 문서였지만, 무라바트 건곡에서 나온 파피루스 조각처럼 훨씬 이전의 문서도 몇 개 있다. 기원전 8세기 〈이사야서〉 예언서 시대에 나온 것으로 확인된 이 조각은 편지의 일부이며, 이름들이 나열되어 있다. 발굴된 유물에는 메주자Mezuzah[15] 아홉 개가 있었다. 이 발견은 성서 본문을 적은 작은 통을 문설주에 거는 유대교의 풍습이 이미 당시에도 있었다는 것을 증명한다.

쿰란 문헌의 발굴자였던 롤랑 드 보Roland de Vaux 덕분에 사라지기 힘든 전설 하나가 생겨났다. 그 전설에 따르면, 예루살렘 성전 의례에서 스스로 떨어져나갔던 에네세파 무리가 이 모든 다양한 문서들을 사목의 고독 속에서 작성했다. 도미니코 수도회 신부이자 예루살렘에 있는 프랑스 성서와 고고학 연구소École Biblique et Archaéologique Française 교수였던 그는 키르베트 쿰란 거주지를 1951년부터 1956년까지 조사했다. 플리니우스Plinius와 요세푸스 같은 고대 저자들도 이 지역에 있는 에세네파에 대해 글을 남겼지만, 에세네파는 확실히 쿰란에 살지 않았다. 그곳에는 수도원이 없었기 때문이다.

---

15 문설주라는 뜻으로, 성서의 일부를 양피지에 기록해 문의 양편에 부착할 때 양피지를 넣는 통을 말한다.

역사 전체를 통틀어 쿰란은 단순히 무역의 장소였고, 향유 생산 혹은 대추야자 수확을 위한 야영지가 있었으며, 그냥 방어하기 좋은 거주지였다. 수도 공동체와는 모순되게 여기에는 남자 이외에 여성과 아이들도 살았다. 그밖에도 유대교의 정결법에 따르면 불결한 일로 간주되었던 수공업이 활발했던 지역이다.

고고학자들은 사해 문헌들을 '피난처 유물'이라고 부른다. 사람들이 전쟁과 같은 위협 앞에서 가치 있는 소유물들을 보호하기 위해 어딘가에 숨긴 것이다. 유감스럽게도 이 물건들이 어디서 왔는지 확실하게 말할 수는 없다. 예루살렘 및 유다 지역의 다른 도시에서 왔을 것이라고 추측할 뿐이다. 만약 이 문서들이 모두 하나의 장소에서 사막으로 옮겨진 것이라면, 그 하나의 장소는 오직 예루살렘에만 있었던 '성전 도서관'이었을 가능성이 실제로 있다. 왜냐하면 이 문서 두루마리는 비쌀 뿐만 아니라 당시 전체 거주민 가운데 소수만이 이런 글을 쓰고 읽을 수 있었기 때문이다. 그리고 그들은 특히 제사장들이었다.

그러나 다양한 도서관, 가정, 학교에 있던 문서들이 재앙 직전에 지혜로운 예측을 했던 사람들에 의해 함께 옮겨졌을 가능성이 훨씬 높다. 어찌 됐든, 이 문서들이 쿰란 거주지에서 왔을 가능성은 거의 없다.

사막 지역의 건조함 덕분에 문서들은 오랫동안 보존되었다. 아마 유대인들의 폭력적인 죽음 때문에 이 두루마리들을 숨겼다는 사실 자체가 1947년까지 잊혀졌기 때문일 것이다. 발굴된 문서 다수는 바로 공개되었다. 그러나 많은 조각들을 해독하고 조립하는 데 오랫동안 많은 어려움이 있었고, 사람들의 관심도(재정적 관심 또한) 시들해졌으며, 여기에 편저자들의 개인적 부족함이 더해졌다.

영미계 작가 마이클 베이전트Michael Baigent 와 리처드 레이Richard Leigh 가 쓴 논란의 책 『사해사본의 진실The Dead Sea Scrolls Deception 』은 1991년에 출판되었다. 전 세계적으로 수백만 권이 팔린 이 책은 사해 문헌 조각들의 발표를 로마교황청이 방해하고 있다고 주장한다. 왜냐하면 교황청은 신약성서와 모순되는 예수, 야고보Jakobus , 바울의 진실된 역사를 은폐하고 싶기 때문이다. 이런 논란 때문에 매우 서둘러서 아직 미공개된 문서 조각들을 사진 복사본facsimile 을 통해 발표했다. 그 후 쿰란 문헌을 둘러싼 소동은 사그라들었다. 더는 추가적인 화젯거리가 생기지 않았기 때문이다.

사해의 파피루스들이 앞으로도 오랫동안 잘 보존될 수 있을지는 아직 예측하기 힘들다. 모두 약 1만 5000개에 달하는 자료들이 재질과 보관법에 따라 완전히 다른 상황에 놓여 있다. 1947년 이후 파피루스 조각들은 접착테이프로 유리판에 붙여두었었고, 태양빛 아래 그냥 보관했었다. 이 때문에 파피루스들은 크게 상했다.

그밖에도 이미 고대 시대에 생기기도 했던 곰팡이가 습기 때문에 두루마리 위에서 다시 깨어나기도 했다. 그래서 발굴된 문서들은 현재 이스라엘박물관에 창문 없는 연구실에서 일정한 온도와 적은 습도 아래 보관되어 있다. 빛에 대한 과도한 민감성 때문에 연구자들은 이 문서에 거의 접근하지 못한다. 변질되거나 덧붙여진 텍스트 부분에 대한 복잡한 문제를 사진 복사본으로는 제대로 다루지 못한다.

그래서 2008년 이후 특수 카메라로 모든 원본을 촬영하고 이를 전산화했다. 관찰자들이 문자, 잉크, 곰팡이, 그리고 오염을 확실하게 구별할 수 있도록 모든 문서와 문서 조각들은 전체 적외선 주파선 범위 안에서 여러 번 촬영되었다. 이 디지털화를 통해 이 놀라운 고대 문헌을 전 세계에서 누구나 연구할 수 있게 되었다.

글 디터 비베거, 카탸 죄네켄

전설의 영향

예언자들의 환시는 많은 동시대인들의 의심을 받았다. 그러나 이 선지자들의 사후에 전승된 내용은 이들의 놀라운 성공을 보여준다.

어떻게 예루살렘 남쪽에서 돌무화과를 기르던 농부이자 목동이 예언자가 될 수 있었을까? 아주 쉽다. 그는 환시를 받았기 때문이다. 예를 들어 구약성서 〈아모스서〉를 보면 아모스는 기원전 760년경 하나님의 부름과 환시를 받았다고 말한다. 주님은 그를 양 떼에서 데리고 나와 "나의 이스라엘 백성에게 가서 예언하라!"(아모스서 7:15)고 명령했다. 환시는 그를 하나님의 사자로 정당화시켜주고, 동시에 어떤 종류의 주도권이 된다.

아무런 사회적 배경 없이 홀로 예언자가 된 아모스는 그 후 북서쪽으로 80킬로미터 떨어진 베델에 있는 왕의 신전에 도달한다. 그렇게 그는 남유다에서 베델이 있는 북이스라엘왕국으로 활동 공간을 바꾼다. 당시 북이스라엘왕국은 번성하였다. 여로보암

2세Jeroboam II는 권력의 전성기에 도달했던 것으로 보인다. 이웃한 아시리아는 아직 위협적이지 않았다. 그렇게 어떤 낙관이 지배하던 시기였다. 궁전에는 상아로 꾸민 가구가 놓여 있고, 올리브기름은 활발하게 생산되었다. 방탕한 생활, 화려한 식사, 그리고 포도주의 향연은 상류층의 일상에 속했다.

그러나 아모스는 이런 생활에 반대하고, 여기서 벗어나기를 요구했다. 그는 사치와 호화 생활만 꾸짖은 것이 아니라 가난한 이들에 대한 착취도 비판했다. 아모스에게 경건함이란 단지 게으른 위선으로 보였다. 야훼 옆에 이방인들의 우상과 지역의 신들이 경배받고 있었다. 아모스는 구원을 선포하지 않았다. 그 반대다. 그는 난폭한 언어로 하나님의 심판을 경고했다. 메뚜기 재앙은 다가오는 적들과 불의 비유이자, 약탈을 상징했다. 뿌린 대로 거둘 것이다. 이것이 그의 메시지였다.

이런 경고성 발언 때문에 아모스는 사랑받지 못했다. 성전 제사장들은 왕에게 예언자 아모스가 봉기를 계획하고 있다고 고발했다. 아모스가 쫓겨난 것은 놀라운 일이 아니다. 제사장들은 아모스에게 "선견자는, 여기를 떠나시오! 유다 땅으로 피해서, 거기에서나 예언을 하면서, 밥벌이를 하시오"(아모스서 7:12)라며 명령했다.

'짐진 자' 아모스는 열다섯 예언자 중 한 명이다. 언어의 예술가들인 이 예언자들 사이에서, 양을 돌보는 이 목동이 가장 날카롭다. 오늘날까지도 아모스는 사회 비판가로 요청받는다. 아모스의 이름이 붙은 예언서는 히브리 성서에 있는 열두 소예언자 연작에 속한다. 열두 소예언자들 옆에 세 명의 대선지자가 있다. 이사야, 예레미야Jeremiah, 에스겔Ezekiel이 그들이다.

예언자 전통은 유대교라는 종교가 아직 존재하지 않았던 아주 오래된 과거까지 거슬러 올라간다. "또한 예언자들은 당시에 책을 쓴 적이 없다." 괴팅겐대학교의 구약학자 라인하르트 크라츠Reinhard Kratz가 한 말이다. 같은 시대 메소포타미아의 자료들을 보면, 대부분의 예언자들은 전혀 글을 쓸 줄 몰랐고, 대신 자신의 말을 '받아쓰게 했다.'

그러나 이는 전승 과정에서 이스라엘의 열다섯 예언자들에게 넘겨졌다. 나중에 그들이 말하게 했던 내용들은 격언을 넘어서는 이야기가 되었고, 상징을 담은 전설들이 생겨났다. 1970년대 이후 수십 년 동안 서독과 동독의 평화운동은 〈이사야서〉에 나오는 "칼을 쳐서 보습"(이사야서 2:4)으로라는 구절을 모토로 정치 권력을 압박했다. 그러나 예언자들의 언어는 또 반대로 해석될 여지를 늘 남긴다. 예를 들어 예언자 요엘Joel은 청중들에게 보습을 쳐서 칼을 만들라고 촉구한다.

전쟁, 전쟁의 피로, 몰락, 회개가 예언서의 주요 주제다. 크라츠의 책『이스라엘의 예언자Die Propheten Israels』에 따르면, 자신의 백성을 버렸지만 그들을 자신에게서 떼어놓지 못하는 어떤 신을 예언자들은 선포한다. 예언서들은 기원전 722년 이스라엘과 기원전 587년 유다, 두 왕국의 몰락을 미리 예견하고, 동시에 가르침을 준다.

> 너희가 믿음 안에 굳게 서지 못한다면, 너희는 절대로 굳게 서지 못한다! (이사야서 7:9)

그런데 수천 년간 지속될 가능성이 있었던 이런 문장들을 도대체 누가 만들었을까? 예언자들이 직접 혹은 그들과 개인적으로 친밀한 제자들이 예언서들을 썼다는 옛 관점은 오늘날까지도 심지어 교과서에 등장한다. 그러나 이에 대한 증거는 없다.

예언자들에 대해 이야기하는, 이 지역에서 나온 동시대 자료들은 몇 개 되지 않는다. 발람Bileam이라는 이름을 가진 예언자의 비명이 발견되었는데, 이 비명은 신들에 의해 결정된 우주적 재앙을 묘사한다. 그리고 당시에는 편지로 쓰던 깨진 토기 하나가 있다. 이 토기 조각은 약 80년 전에 예루살렘 남쪽 라기스Lachish에서 발굴되었다.

토기 조각에 쓰여 있는 단어 "조심하여라!"는 한 예언자의 발언으로 인용되어 있고, 예루살렘의 멸망을 앞둔 위험한 상황과 관련이 있다. 그러나 구체적으로 무엇을 의미하는지는 아무도 모른다. 구약학자 크라츠에 따르면, 성서에 등장하는 예언자에 대한 믿음은 "모래 위에 지어졌다"는 것이 역사적 사실이다.

이와 달리 예언자들의 말이 끼친 영향은 논란의 여지가 없다. 그 영향력을 보면, 이 말을 전달해준 사람들은 누구일까라는 궁금증이 생긴다. 이렇게 말할 수도 있겠다. 예언서를 발명한 사람들은 누구인가? 사해 근교 쿰란 동굴의 유적을 통해 이 초기 종교적 편집자들이 한 일은 증명되었지만, 이들에 대해 알려진 것은 예언자들만큼이나 적다. 예언서를 편집한 율법학자들은 왕정의 관료 계급으로 추정되며, 유다왕국 출신일 가능성이 높다. 이들은 기원전 8~2세기까지, 약 500여 년 동안 활동했다.

이들이 편찬한 예언서들을 보면, 예언자는 언제나 탁월한 언변을 지닌 수염 난 남성이며 거대한 청중과 함께 늘 등장한다. 전형적인 클리셰다. 예를 들어 이사야는 자신의 부르심을 이렇게 묘사한다. 이사야는 성전에서 하늘로 옮겨지는 느낌을 받았다. 하나님의 외투 끝에서 던져지고, 불타는 돌로 정화된 입을 얻었다. 하나님 말씀을 전하기 위해서는 정결해야 했기 때문이다. 이런 이야기들은 하늘에서 떨어진 것이 아니라 필요한 효과를 얻기 위해 편집자에 의해 꼼꼼하게 계산된 것이다.

여기서 사실과 더 가까운 것은 소위 60년이 넘는 오랜 기간 동안 유일하고 하나뿐인 신 야훼에게 충성하라고 사람들에게 상기시킨 대예언자에 대한 백성들의 유보적 태도다. 야훼가 이사야에게 들려 보낸 낯선 가르침에 이미 이 유보적 태도가 담겨 있다.

가르침대로라면, 이사야는 백성이 그의 말을 이해하지 못하도록 말해야 한다.

> 그 귀가 막히고, 그 눈이 감기게 하여라. 그리하여 그들이 볼 수 없고, 들을 수 없고 또 마음으로 깨달을 수 없게 하여라. 그들이 보고 듣고 깨달았다가는 내게로 돌이켜서 고침을 받게 될까 걱정이다. (이사야서 6:10)

실제로 사람들은 예언자를 종종 믿지 않았다. 예언자들의 호소에 가끔 얼마나 의심했는지를, 메소포타미아와 성서 자료들이 보여준다. 예를 들면 어떤 문헌에는 환시가들이 어떻게 황홀경 속에 빠지고, 신들린 사람처럼 행동하는지가 잘 묘사되어 있다. 왕과의 결합에도 많은 예언들은 사람들에게 의심을 받았던 것으로 보인다. 어떤 예언자들은 임박한 승리의 징표로 뿔을 달고 있었다고 한다.

종종 그들은 완전히 "미친 자"(호세아서 9:7)로 여겨졌다. 그래서 구약학자 크라츠에게 예언자를 창조한 자들의 계급을 연구하는 일은 최소한 예언자 연구만큼 흥미로워 보인다. 이 전문 작가들은 대부분 숨어서 예언서를 작성했음이 틀림없다.

비록 이들이 체제 자체에 의문을 던지지는 않았지만, 이들의 종교 비판과 왕 비판은 저항문학의 일종이었다. 크라츠는 이들이 소외된 지식인 엘리트 무리였고, 초기 종교적 분파의 일종이었을 것이라고 생각한다. 쿰란 공동체, 혹은 초기 복음서 지자들과도 비교할 수 있다. "그런데 누구도 나를 믿지 않습니다." 크라츠 교수는 말했다.

글 닐스 클라비터

70명의 노인들

성서 형성의 중요한 에피소드: 이집트에서 그리스어로 된 토라, '셉투아진타'가 나오다.

프톨레마이오스 2세Ptolemaios Ⅱ의 생애에 대해서는 전문가들도 아는 것이 그리 많지 않다. 이 이집트의 통치자는 기원전 308년에 태어났고, 나일강변에서 멀리 떨어진 알렉산드리아에 있던 자신의 궁전에서 기원전 246년 죽을 때까지, 거의 40년을 다스렸다. 프톨레마이오스 2세의 생애에서 가장 눈에 띄는 사건은 자신의 누이 아르시노에Arsinoe와 결혼하기 위해 자신의 첫 번째 부인을 내쫓은 일이다. 이 사건 때문에 그에게는 '형제를 사랑하는 사람'이라는 뜻의 '필라델포스Philadelphos'라는 별명이 붙었다.

하필 이 통치자는 자신의 신앙과는 완전히 다른 성서와 그리스도교 발전에 중대한 영향을 미쳤다. 즉 그가 통치하던 시기에 알렉산드리아에 있던 소수 유대교 공동체가 자신들의 핵심 경전인 모세오경을 히브리어에서 그리스어로 번역하기 시작했다. 이 역사적 사실은 사료뿐만 아니라 발굴된 고대 파피루스 조각에서도 증명된다. 코이네Koine 라고 불리는 그리스의 일상 언어는 당시에 동부 지중해 지역뿐만 아니라 이집트에서도 오늘날 세계 언어인 영어와 같은 역할을 했다. 디아스포라 유대교 공동체에서조차도 히브리어보다 그리스어가 통용되었다.

토라의 번역은 고대의 거대한 문화 업적 중 하나였다. 히브리성서의 핵심 부분, 나중에 구약성서의 핵심 부분이 되는 내용을 처음으로 히브리 문화권 밖에 있는 많은 사람들이 이해할 수 있게 되었다. 오늘날까지도 이 오래된 번역본이 동방교회에서는 사용되고 있다. 그리스에서 그리스정교회의 미사를 참석하면 '셉투아진타'의 원래 인용문을 들어볼 수 있다.

아리스테아스Aristeas 라는 이집트인이 2000년보다도 훨씬 전에 있었던 이 번역 작업의 과정을 기록으로 남기기까지 했는데, 이 일이 아니었다면 그는 역사에 알려질 일이 없는 인물이다. 어쨌든 그는 자신의 형제에게 보내는 상세한 편지에서 어떻게 일이 진행되었는지를 기록했다.

이 편지에 따르면, 알렉산드리아 도서관 관장이자 철학자였던 팔레론의 데메트리오스Démétrios 가 파라오에게 도서관의 장서에 모세오경이라는 유대교 문헌을 넣자는 제안을 했다고 한다. 실제로 이 고대 도서관은 엄청난 장서량으로 유명했다. 기원전

48~47년 사이에 알렉산드리아 도서관에 불이 났을 때, 70여만 권의 두루마리가 불꽃에 희생되었다고 한다.

아리스테아스의 주장에 따르면, 통치자 파라오는 데메트리오스의 생각에 매료되었다. 그러나 히브리 문헌들은 먼저 번역되어야 했다. 그래서 파라오가 개인적으로 예루살렘의 대제사장들에게 도움을 청했다고 한다. 계속된 설명에 따르면, 대제사장은 이스라엘의 열두지파에서 여섯 명씩 뽑힌 72명의 경험 많고 언어 능력이 뛰어난 유대인 노인들을 파라오에게 보냈다고 한다. 심지어 파라오는 유대인들에게 자신의 관대함을 보여주려고 10만 명의 유대인 전쟁 포로를 풀어주었다고 한다.

후대에 아리스테아스의 편지라고 불리는 이 보고문에 따르면, 유대교 대표단 또한 성공적으로 작업을 진행했다. 72명의 번역가들은 알렉산드리아 앞에 있는 파라오의 등대섬에 머물면서, 정확히 72일 만에 번역서를 제출했다고 한다. 알렉산드리아 유대인들은 이 작품을 '훌륭하고 신심이 깊은' 작품이라고 생각했고, 내용 또한 '매우 상세하다'고 평가했다.

이쯤 되면 분명히 이 편지가 뭔가 이상하다고 느낄 것이다. 편지의 저자는 자신을 파라오의 고위 관료이자 목격자라고 소개한다. 그러나 이 편지에 나오는 몇 가지 일들은 역사적 사실에 비추어 볼 때 약간 뒤죽박죽되어 있다.

예를 들어 철학자 데메트리오스는 프톨레마이오스 2세가 아닌 그의 아버지 프톨레마이오스 1세Ptolemaios I를 위해 일했다. 그리고 예루살렘의 지리적 상황에 대해서도 아리스테아스는 명백히 잘못 알고 있었다. 그는 자신의 설명에서 유다왕국의 북쪽 국경에 있는 이 도시를 단순히 더 남쪽에 배치한다. 오늘날 다수의 연구자들이 확신하건대, 실제로 이 아리스테아스의 편지는 기원전 2세기 후반에 알렉산드리아에 있는 한 신심 깊은 유대인이 토라의 번역을 정당화하려고 작성했다.

그러므로 고대의 어떤 상황 때문에 이 평범하지 않은 번역 작업이 진행되었고, 여기서 프톨레마이오스 2세의 기여도가 얼마인지는 단지 추정할 수 있을 뿐이다. 물론 이 작품이 완전히 파라오의 의도였을 수도 있다. 당시에 유대인들은 용병으로, 이민자로, 그리고 전쟁 포로와 노예로 이집트에 대거 들어왔다. 토라의 그리스어 버전이 이들을 제국에 더 잘 통합시키는 데 도움을 줄수도 있었다.

아리스테아스의 전설은 당시에 이미 사용되고 있던 그리스어 토라가 원문에 특별히 충실한 경전이며, 최고 권력의 인정을 받은 문서라고 유대인 공동체에게 소개하는 데 큰 도움을 주었다. 이 진짜가 아닌 편지의 영향이 얼마나 깊었는지를 이 번역본의 이름이 보여준다. 숫자 70이라는 의미의 라틴어, 셉투아진타라는 이 번역본의 이름은 오늘날까지도 유지되고 있다.

이 이름의 기원은 다시 아리스테아스의 서술로 돌아간다. 이 편지에 따르면, 이 번역본은 70에 따라 구성되었다고 한다. 여기서는 번역자의 수를 의미한다.

이미 당시에 원래 72명이었던 번역자의 숫자가 70으로 크게(?) 줄어든 이유도 쉽게 설명 가능하다. 〈민수기〉에 따르면, 하나님은 모세에게 '70명 노인'에 대해 언급한다. 모세는 그렇게 하나님의 지원을 받았다. 이 번역 작업도 분명히 같은 맥락이다. 70명 노인의 공동 작업은 그리스어 토라에게 어떤 천상의 인준을 부여한다.

실제로 언어학자들은 분명 많은 유대인 지식인이 함께 작업한 셉투아진타 번역의 통일성에 놀란다. 그들은 문구 하나하나를 번역해가면서, 이미 번역된 문단을 새로운 단락의 사전으로 사용했다. 기원전 200년 직후에 알렉산드리아 유대교 공동체 안에서는 그리스어 토라가 히브리어 버전을 밀어내고 있었고, 멀리 떨어진 유다 지역에서도 이미 그리스어 번역본이 잘 알려져 있었다. 전설 같은 역사 이야기와 초기 문서에 나타나는 언급 등을 분석하면서 오늘날 학자들은 이렇게 확신한다.

그러나 그리스도교가 시작되면서 셉투아진타는 세계사 안에서 비로소 의미를 갖게 된다. 특히 대부분 그리스어를 사용했던 초대 그리스도인들에게 셉투아진타는 구약성서의 내용을 전달해주었다. 시간이 지나면서 더 많은 유대교 문헌들이 추가되었던 이 번역본은 바울과 복음사가들에게도 익숙한 문헌이었다. 그들은 이 오래된 텍스트를 예수에 대한 상징으로 해석했다. 끊임없이 그리스도교 저술가들은 명시적으로 예수의 복음과 히브리 성서를 연결시켰다. 예를 들면 그들은 셉투아진타를 인용하면서 "성경에 기록하기를" 또는 "이것은 하신 말씀을 이루시려는 것이었다"라는 문구를 반복해서 넣었다. 셉투아진타가 없었다면 신약성서는 결코 생겨나지 못했을 것이다.

초대 교부들도 자신들의 작품에 셉투아진타를 인용하였다. 그들 중 많은 이들이 히브리어를 이해하지 못했기 때문이다. 그러나 시간이 지나면서 후기에 나온 라틴어 '불가타'본이 더 자주 이용되었다. 튀빙겐대학교의 유대교 학자 미하엘 틸리Michael Tilly는 셉투아진타 덕분에 "히브리 개념들과 동방적 사고, 그리고 성서의 세계가 유럽의 언어와 문화에 깊이 들어올 수 있었다"고 생각한다.

당연히 오늘날까지도 셉투아진타 번역자들의 창조성은 영향을 미친다. 성서에 나오는 이름이 그 예다. 셉투아진타에서는 첫 번째 인간을 '아담'과 '이브'로 불렀다. 그러나 히브리어에서는 아담의 아내를 '하와'라 불렀다.

글 미하엘 프뢸링스도르프

03
그리스도인들의
신앙서

역사적 진실과 의문

기쁜 소식

신약성서는 네 개의 서로 다른 복음서로 예수를 설명한다. 그런데 누가 도대체 이 복음서를 썼을까?

나사렛 예수Jesus of Nazareth 는 직접 글 한 줄 남기지 않았다. 그럼에도 이렇게 유명한 사람이 된 것은 다른 사람들의 도움 덕분이기도 하다. 예를 들면 37년 혹은 38년에 태어난 유다 출신 로마의 역사가 플라비우스 요세푸스도 도움을 준 한 명이다.

요세푸스는 자신의 역사서 『유대 고대사Jewish Antiquities 』에서 이 "지혜로운 남자" 예수에게 한 단락을 바쳤다. 예수는 "도저히 믿을 수 없는 일을 하는 실행자"였다고 한다. "비록 우리 민족의 가장 높은 사람들의 독촉에 빌라도가 예수에게 십자가 처형을 내렸지만, 초기 추종자들은 예수를 여전히 믿었다." 이 책에는 다음과 같은 구절도 나온다. "오늘날까지도 그리스도인이라는 무리가 존속하고 있다."

다른 로마의 역사가들도 예수에 대해 보도하였다. 역사가 수에토니우스Suetonius 에게 예수는 유대인들을 부추기는 선동가였다. 타키투스Publius Cornelius Tacitus 는 자신의 책『연대기Annales』에서 그리스도인들에 대한 큰 혐오를 표현했다. 그들의 지도자는 티베리우스Tiberius 황제 치하에서 처형당했고 그의 가르침은 "잠시" 통제되었다고 한다. 그러나 "악의 기원지인 유다 지역뿐만 아니라 전 세계에서 모든 두렵고 끔찍한 것들이 몰려들고 환호받는 로마에서도 이 재앙적인 미신"은 곧 다시 나타났다.

그리스도인들의 지도자에 대한 이런 적대적인 태도 때문에 타키투스의 서술은 예수가 실제로 틀림없이 존재했다는 중요한 증거로 여겨진다. 만약 예수가 단지 전설 속의 인물이었다면, 타키투스같은 역사가가 그렇게 흥분하지 않았을 것이라고 성서학자들은 주장한다.

확실한 것은 그리스도교가 이미 타키투스 시대에 단순히 어떤 지역의 종파적 신앙이 아니라는 점인데, 예수의 초기 추종자들이 열과 성을 다해 끈질기게 선교하였기 때문이다. 그중에서도 사도 바울이 가장 열정적이었다. 로마, 고린도, 그리고 다른 곳에 있는 여러 공동체에게 보낸 그의 편지들이 신약성서에서 예수에 대한 가장 오래된 진술이다.

그러나 바울은 예수의 죽음과 부활에만 집중했고, 다른 이들은 여러 이야기를 모아서 퍼뜨렸다. 이들은 베들레헴 마구간에서의 출생, 갈릴리에서의 기적 치유, 죽은 사람을 일으켜 세우기, 물 위를 걷는 기적, 5000명을 먹인 기적, 예수의 설교와 비유, 그리고 마지막으로 고통스러운 십자가 죽음과 부활에 대한 이야기를 모았다. 이 이야기들은 처음에는 오직 구전으로만 전해졌지만, 시간이 흐르면서 파피루스에도 기록되었다.

예수의 삶과 고통에 대한 이런 전승들이 나중에 복음서로 들어왔다. 복음Evangelium이라는 단어는 원래 그리스어에서 왔고 직역하면 '기쁜 소식'을 의미한다. 그러나 그리스도교에서는 구원의 선포라는 뜻으로도 사용했다.

모두 합쳐 50개가 넘는 복음서가 있다. 그러나 4개의 복음서만이, 즉 〈마태복음서〉, 〈마가복음서〉, 〈누가복음서〉 그리고 〈요한복음서〉가 신약성서에 자리 잡았다. 이 복음서들은 하나님의 아들로서의 예수에 대해, 그리고 그의 삶과 활동에 대해 설명한다. 더 나아가 복음서는 평화와 구원의 소식이 되고, 영적 교화와 도덕적 가르침에도 기여하기를 원한다. 명시적으로 복음서들은 독자와 청자들에게 하나님이 보내신 메시아로서의 예수에 대한 신앙을 일으키려고 한다. 그리스도인들의 자기 이해에서 이 복음은 핵심적인 의미가 된다.

네 개의 복음서 내용이 서로 겹치는 것은 놀라운 일이 아니다. 특히 신약성서 맨 앞에 나오는 세 개의 복음서는 매우 비슷해서 '공관복음서'라고 부르는데, 이들을 함께 읽을 때 서로 보완하면서 읽을 수 있기 때문이다. 반대로 요한의 작품은 양식과 지성적인 요구에서 공관복음서들과 뚜렷하게 대조된다.

이런 중복과 함께 한편으로 복음서에서는 모순들도 발견된다. 예수는 목요일에 십자가에 달렸을까? 아니면 금요일에 달렸을까? 이런 질문은 다소 사소한 문제다. 이런 불일치는 어디에서 왔을까? 그리고 한 편의 상세한 이야기로 충분했다면, 도대체 왜 여러 복음서들이 있어야 했을까?

복음서들이 생성될 때 그리스도교는 종교로 형성되는 중이었고, 개별 공동체들을 묶어주는 교회적 제도가 아직은 없었다. 또한 당시 팔레스티나 지역에는 정치적 위기감이 팽배했다. 기원후 66년, 유대인들은 로마의 점령자들에게 저항했다. 로마제국은 이 저항을 모든 폭력 수단을 동원해 격퇴시켰다. 성전은 폐허가 되었다. 오늘날 예루살렘에는 성벽 지지대의 일부인 통곡의 벽만 남아 있다.

참담한 유대 전쟁이 끝난 후 수도 예루살렘은 로마의 엄격한 통제 아래 놓였다. 지배자들은 생긴 지 얼마 되지 않은 그리스도교 공동체들도 유대인들과 마찬가지로 의심스럽게 보았다. 두 종교 모두 황제를 신으로 공경할 준비가 되어 있지 않았다. 또한 공동체 내부도 혼란스러웠다. 생긴 지 얼마 안 된 믿음은 소수자로서의 문제와는 관계없이, 분열과 종파들로 갈라질 위험에 있었다.

마가

이런 상황에서 약 70년경에 한 사람이 예수의 역사를 설명한다. 이 저자가 사도 베드로Petrus 통역자인 요하네스 마르쿠스, 즉 마가Mark 라고 가장 먼저 분명하게 알려준 인물은 히에라폴리스 Hierapolis 의 주교 파피아스Papias 다. 그의 주장은 멋지기는 하지만, 신빙성은 떨어지는 전설과 같다.

다른 복음서 저자들과 마찬가지로, 실제로 누가 〈마가복음서〉의 저자인지는 확실하게 밝힐 수 없다. 〈마가복음서〉 저자는 그리스어로 집필했다. 어떤 연구자들은 〈마가복음서〉의 저자가 개종한 유대인 그리스도교인이 아니라 그리스도교로 개종한 이방인이었다고 믿는다.

마가는 메시아 예수와 함께 세계는 구원받는다는 것을 자신의 주변 세계에 확신시키려고 했다. 그는 길을 준비하는 개척자 세례 요한 이야기로 자신의 복음서를 시작한다. 그다음에 갈릴리 전도 이야기가 따른다. 이때 예수가 행하는 기적들은 예수와 하나님 사이의 밀접함을 보여주는 징표라고 마가는 보았다.

마귀를 쫓아내고 병을 치유하며 다른 초자연적인 위대한 기적을 행하는 예수의 권능이 예수를 가장 높은 분의 아들로 믿게 만든다. 그러나 한편으로 유대교 성직자들의 의심도 불러온다. 유대교 성직자들은 예수의 존재 자체만으로도 자신들의 지위가 도전받는다고 느낀다. 이들의 위기감은 이해할 만한 일이다.

여기에 대해 예수는 매우 냉정한 태도를 취한다. 마가는 예수에게 이렇게 말하게 한다.

> 율법학자들을 조심하여라. 그들은 예복을 입고 다니기를 좋아하고, 장터에서 인사받기를 좋아하고, 회당에서는 높은 자리에 앉기를 좋아하고, 잔치에서는 윗자리에 앉기를 좋아한다.
>
> (마가복음서 12:38~39)

이런 선동자의 목숨을 노리는 것은 그리 놀라운 일이 아니다. 십자가에서의 죽음 이후 자신의 부활로 예수는 인류를 구원하기 위해 고통받는 하나님 아들로서의 자신을 드러냈다. 후기에 추가된 첨부 문구에서 이 부활한 예수는 제자들에게 이 새로운 믿음을 퍼뜨리라는 의무를 지운다.

> 너희는 온 세상에 나가서, 만민에게 복음을 전파하여라. 믿고 세례를 받는 사람은 구원을 얻을 것이요, 믿지 않는 사람은 정죄를 받을 것이다.
>
> (마가복음서 16:15~16)

마태

〈마가복음서〉에 실린 부활 이후 이야기는 마태와 같은 다른 복음서 저자들이 알려준 내용의 요약일 뿐이다. 〈마태복음서〉는 〈마

가복음서〉보다 더 늦게 집필되었지만, 성서에서는 〈마가복음서〉
앞에 나온다.

대부분의 신약성서 학자들은 마태가 상당히 많은 부분에서
〈마가복음서〉를 거의 옮겨 적었다고 오래전부터 확신한다. 이와
함께 〈마태복음서〉 저자는 예수의 어록, 지혜, 역사를 모은 익명
의 모음집인 소위 Q문서[16]를 활용했다. Q문서는 지금은 남아 있
지 않다.

〈마태복음서〉의 저자를 찾는 일도 역사적 미로를 헤매는 일이
다. 고대 교회의 전승에 따르면 〈마태복음서〉의 편저자는 가버나
움의 세리稅吏였던 사도 마태다. 게네사렛 호수 근처에 있는 이
어촌 마을에 예수는 자주 머물렀다. 그곳에서 예수는 세리 마태
를 만났다. 세리는 당시 사람들에게 평판이 나쁜 직업이었는데,
그들은 로마인들의 앞잡이로 여겨졌다. 예수는 마태를 개심시켰
고 그를 자신의 제자 무리에 받아들였다.

만약 이 마태가 실제 복음서 저자라면, 〈마태복음서〉는 예수와
특별한 밀접성을 갖는 복음서로 의미를 지닐 것이다. 그러나 이
전승도 다시 전설에 머문다. 〈마가복음서〉와 마찬가지로, 〈마태
복음서〉의 편저자도 특징할 수 없다. 반대로 〈마태복음서〉의 저
자가 중요하게 여긴 것이 무엇인지는 잘 알 수 있다. 예를 들어

16 예수 어록이라고도 부른다. 공관복음서인 〈마가복음서〉, 〈마태복음서〉, 〈누가복음
서〉에 나오는 중복된 내용의 출처로 추정되는 가상의 문헌을 말한다.

마태는 예수의 족보를 아브라함까지 확장하는 데 큰 노력을 기울였다.

이 작업으로 그리스도교에서 섬기는 하나님의 아들이 유대인들 사이에서도 높은 정당성을 가질 수 있게 하려고 했다. 〈마태복음서〉에서 예수는 유대교의 거룩한 경전이 이스라엘 민족에게 약속했던 메시아다.

분명히 〈마태복음서〉 저자는 독자들에게 예수와 예수의 가르침에 대한 어떤 요강을 전해주려고 했다. 마태는 예수의 어록을 '산상설교'로 요약한 유일한 복음서 저자다. 여기서 예수는 훌륭한 유대교 율법학자들처럼 이미 토라에 확정된 하나님의 뜻을 새롭게 해석하고 이를 규정력 있는 율법으로 만든다. 〈마태복음서〉에는 이렇게 나와 있다.

예수께서 무리를 보시고, 산에 올라가 앉으시니, 제자들이 그에게 나아왔다. 예수께서 입을 열어서 그들을 가르치셨다. 마음이 가난한 사람은 복이 있다. 하늘나라가 그들의 것이다. (…) 온유한 사람은 복이 있다. 그들이 땅을 차지할 것이다.

(마태복음서 5:1~5)

예수는 여기서 몇몇 계명들을 구약성서에 들어 있는 유대교의 율법보다 더 엄격하게 이해한다. 예를 들어 살인하면 안된다는 율법에 다음을 덧붙인다.

그러나 나는 너희에게 말한다. 자기 형제나 자매에게 성내는 사
람은, 누구나 심판을 받는다.   (마태복음서 5:22)

산상설교에서는 이혼만 금지하는 것이 아니라, 심지어 "여자
를 보고 음욕을 품는"(마태복음서 5:28) 것조차도 금지한다. 새로
운 첨단의 도덕률이다. 예수는 산상설교에서 이웃 사랑뿐만 아니
라 심지어 원수 사랑도 설교한다.
바로 이어서 예수는 전체 그리스도인들에게 여전히 가장 중요
한 기도인 주기도문을 알려준다. 마태는 자신의 복음서를 부활과
함께 마무리한다.

갑자기 예수께서 여자들과 마주쳐서 "평안하냐?" 하고 말씀하
셨다.   (마태복음서 28:9)

부활하신 예수는 사도들에게 온 세상에 복음을 전하라고 명령
하고, 그들에게 안전을 약속한다.

보아라, 내가 세상 끝 날까지 항상 너희와 함께 있을 것이다.
                                           (마태복음서 28:20)

누가

마태, 또는 마태라고 불리는 복음서 저자는 자신의 영웅이 태어난 지 80여 년이 지난 후 복음서를 썼다. 거의 비슷한 시기에 누가Luke도 활동했다. 마태와 마찬가지로 누가라는 이름 뒤에 어떤 인물이 숨어 있는지는 설명이 안 된다. 확실한 것은 〈누가복음서〉 저자는 학식이 깊은 남성이며, 고대 역사 서술의 양식과 문체에 능숙하였다. 왜냐하면 그의 서술은 어떤 사려 깊은 청중을 대상으로 하고 역사적 사실을 상당히 신중하게 다루기 때문이다. 이 때문에 〈누가복음서〉의 문체는 보도체에 가깝다.

〈누가복음서〉는 이 작품을 헌정받는 데오빌로Theophilus ('하나님의 친구'라는 뜻, 그에 대해서도 아는 바가 없다)에게 바치는 기교가 잔뜩 들어간 머리말로 시작된다. "우리 가운데서 일어난 일들에 대하여 차례대로 이야기를 엮어내려고 손을 댄 사람이 많이 있었습니다"(누가복음서 1:1)라는 구절이 누가가 자신의 경쟁작들을 알고 있음을 알려준다. 또한 누가는 사랑하는 데오빌로가 '가르침의 신뢰성'을 확신할 수 있게 '모든 것을 처음부터 꼼꼼하게 조사'했다고 한다.

누가도 〈마가복음서〉와 Q문서를 활용했다. 그러나 전작들과 비교할 때 그의 문체는 세련되었다. 누가가 전하는 메시지 또한 그러한데, 예수는 부드러운 교사이며, 죄인들에게 너그럽고, 가난한 자들과 버림받은 자들에게 호의적이다. 또한 누가는 착한 사마리아인 비유를 전해주는 유일한 복음서 편저자다.

한 남자가 강도의 습격을 받는다. 강도는 그를 구타하여 반쯤 죽여놓은 채 길가에 두었다. 여러 명이 그 길을 지나갔지만, 그를 돕지 않았다. 처음으로 어떤 사마리아인이 측은한 마음이 들어, '기름과 포도주'를 상처에 부어주고, 그를 한 여관으로 데려가서 주인에게 2데나리온을 주면서 그 부상자가 다시 일어날 수 있게 도와달라고 부탁했다. 예수는 "가서, 너도 이와 같이 하여라"(누가복음서 10:37)라고 자신의 제자들에게 명했다.

누가에게 예수는 실패자들의 구원자였다. 어떻게 사람이 선하고 올바르게 행동해야 하는지를 예수는 삶과 죽음에서 보여준다. 그래서 〈누가복음서〉에는 가볍게 이해할 수 있는 도덕적 원칙들도 많이 들어있다. 예수는 용서의 의무를 타협 없이 고집한다.

그가 네게 하루에 일곱 번 죄를 짓고, 일곱 번 네게 돌아와서 '회개하오' 하면, 너는 용서해주어야 한다.　　　　(누가복음서 17:4)

이렇게 〈누가복음서〉의 예수는 십자가 위에서도 자신의 처형자를 위해 아버지께 청한다.

아버지, 저 사람들을 용서하여 주십시오. 저 사람들은 자기네가 무슨 일을 하는지를 알지 못합니다.　　　　(누가복음서 23:34)

요한

〈요한복음서〉는 언어와 구조에서 공관복음서들과 완전히 다르다. 복음서의 이름은 '예수가 사랑하는 제자', 사도 요한을 암시한다. 그러나 이 또한 나중에 부여된 이름이며, 역사적 검증을 통과하기 힘든 이야기다. 대다수 전문가 의견에 따르면 〈요한복음서〉는 기원후 100년경에 생겨났고, 긴 형성 시기를 거쳤을 것이다. 〈요한복음서〉의 편저자들은 다른 복음서들을 틀림없이 알았다.

처음부터 〈요한복음서〉의 편저자는 공관복음서와 다른 양식, 즉 과장된 문체와 난해한 표현을 택한다. 짧은 서문에서 이렇게 말한다.

> 태초에 '말씀'이 계셨다. 그 '말씀'은 하나님과 함께 계셨다. 그 '말
> 씀'은 하나님이셨다. (…) 참 빛이 있었다. 그 빛이 세상에 와서
> 모든 사람을 비추고 있다. (요한복음서 1:1~9)

지금 '모든 사람을 비추고 있는 참된 빛'이 이 복음서를 통해 세상에 온다고 한다.

〈요한복음서〉는 누가처럼 예수를 역사적 인물로 묘사하려고 하지 않는다. 마가처럼 기적을 통해 신앙으로 끌어모으려고 하지도 않는다. 마태처럼 구체적이고 도덕적인 가르침이 중요하지도 않다. 〈요한복음서〉의 중심에는 영적 가르침 및 교화, 그리고 명

상과 기도가 자리 잡고 있다. 〈요한복음서〉 저자에게 예수 그리스도의 역사는 어떤 신비적 과정이다. 예수는 이미 인간으로 태어나기 전에 천상 세계의 일부였고, 자신의 일을 성취한 후에 하나님께로 돌아갈 것이다.

하나님이 보내신 자는 하필 한 혼인 잔치가 일찍 끝나는 것을 막으려고, 처음 자신을 드러냈다. 축하객들은 포도주를 다 마셨다.

예수께서 일꾼들에게 말씀하셨다. "이 항아리에 물을 채워라."
그래서 그들은 항아리마다 물을 가득 채웠다. 예수께서 그들에게
말씀하시기를 "이제는 떠서, 잔치를 맡은 이에게 가져다 주어라"
하시니, 그들이 그대로 하였다. 잔치를 맡은 이는, 포도주로 변한
물을 맛보고,   (요한복음서 2:7~9)

〈요한복음서〉에서 또 눈에 띄는 것은 예수가 죽음을 앞둔 최후의 만찬 때 제자들의 발을 씻어주는 일이다. 예수는 겉옷을 걷어 올리고 아마포로 된 수건을 허리에 둘렀다.

시몬 베드로의 차례가 되었다. 이때에 베드로가 예수께 말하였다.
"주님, 주님께서 내 발을 씻기시렵니까?" (…) 예수께서 그에게
말씀하셨다. "내가 너를 씻기지 아니하면, 너는 나와 상관이 없다."

(요한복음서 13:6~8)

십자가 사건이 일어나기 전에 예수는 여기서 자신의 희생을 먼저 보여준다. 명백히 자신을 낮추는 예수의 행위를 통해 예수는 제자들을 정결하게 하고, 그들이 자신의 신성에 참여하게 한다. 발을 씻는 것은 어떤 구원 행위를 상징화한다고 신학자들은 생각한다.

예수가 로마에서 보낸 총독 빌라도 앞에 섰을 때, 빌라도는 "당신이 유대 사람들의 왕이오?"(요한복음서 18:33) 하고 물었다. 〈마태복음서〉에서 예수는 "당신이 그렇게 말하고 있소"(마태복음서 27:11)라고 대답한다. 〈요한복음서〉에서는 반대로 예수가 먼저 "내 나라는 이 세상에 속한 것이 아니오"(요한복음서 18:36)라고 말한다. 예수는 "진리에 속한 사람은, 누구나 내가 하는 말을 듣소"(요한복음서 18:37)라고 말하며 진리를 선포하기 위해 이 세상에 왔다고 한다.

〈요한복음서〉에 나오는 빌라도는 이에 대해서 양심의 가책을 느꼈고, 처음에는 남들과 명백히 다른 이 예외적인 인간을 이유 없이 죽게 두는 것을 거부했다. 그러나 결국에 그는 유대교 사제들의 압력에 굴복하여 예수를 처형자들에게 넘겨주었다. 이 부분을 〈요한복음서〉의 유대교 혐오에 대한 정황 증거로도 읽을 수 있다.

나중에 예수는 막달라 마리아Magdala Maria를 통해 제자들에게 자신의 부활을 설명한다.

내가 나의 아버지 곧 너희의 아버지, 나의 하나님 곧 너희의 하나
님께로 올라간다고 말하여라.   (요한복음서 20:17)

하나님 아버지와 인간 아들의 이 결합이 〈요한복음서〉 저자에
게는 중요하다.

모순들

초대 교회는 왜 예수의 삶과 행적에 대한 이 네 가지 복음서를 경
전에 수용했을까? 왜 그들은 빈번한 중복, 심지어 큰 모순과 모
호함을 감수했을까? "성령이 완전히 동일한 해석을 상세한 부분
까지 허락하지 않았다면, 그것은 이런 물리적 정확성이 신앙에서
의미가 없다는 것을 넌지시 알려주고, 더 나아가 성령은 증언에
서 이런 다양성을 원한다는 것을 의미한다." 『새 예루살렘 성서
New Jerusalem Bible』[17]의 주석가들은 현대 독일 공동번역에 대해 이
렇게 논평했다.

이런 논평은 깊은 신앙심에서 나온 표현이다. 그러나 이성적인
성서학자들도 복음서의 다양성이 복음을 더 유용하게 만든다고

---

[17] 1985년에 출판된 영어권 가톨릭 성서로, 프랑스어 번역본인 예루살렘 성서 대신 히
브리어와 그리스어 원전에서 번역한 성서다. 현대에 맞게 조금 더 포괄적인 개념을 사
용하려고 노력했고, 풍부한 주석이 장점인 성서다. 한편 독일어판 『새 예루살렘 성서』는
독일어 공동번역에 영어 주석을 독일어로 옮겨서 출판했다.

오늘날 믿고 있다. 각 복음서들은 예수의 복음을 각자의 청중들에게 더 가깝게 전해준다.

마가는 특별히 이방인들에게 말을 걸며, 전설적인 역사에 대한 욕구를 충족시킨다. 마태는 지금 막 그리스도교로 개종했거나 아직 개종하지 않은 유대인에 초점을 맞춘다. 그는 인생에서 도덕적 지침을 찾고 있는 모든 이들에게 교훈을 전해준다. 누가도 이 모든 과제를 수행한다. 이에 덧붙여 누가 또한 마치 그 시대의 역사 서술가와 같은 태도로 예수를 묘사하며, 이 방식을 통해 자신의 복음서에 특별한 형식과 신뢰감을 제공한다. 누가의 예수는 선한 분이며, 버림받은 자들의 구원자다. 그리고 〈요한복음서〉는 영적으로 고양된 지성들을 위해 까다로운 읽을거리를 준비해두고 있다.

바로 이런 다양한 선택의 가능성이 성서 복음서 전승의 장점이다. 이런 다양성이 심지어 프로그램이 아니었을까? 어쨌든 마지막 복음사가는 전승의 보완을 열어두었다. 〈요한복음서〉 저자는 복음서 후기에서 이렇게 말한다.

예수께서 하신 일은 이밖에도 많이 있어서, 그것을 낱낱이 기록한다면, 이 세상이라도 그 기록한 책들을 다 담아두기에 부족할 것이라고 생각한다. (요한복음서 21:25)

글 얀 풀

큰 빛 – 풍요의 땅 갈릴리가 예수의 활동 무대가 되었다

성전과 성전을 이끄는 유대교 엘리트들이 있는 예루살렘은 멀리 떨어져 있었다. 그렇게 예수는 갈릴리에서 방해받지 않고 자신의 생각을 알리고 추종자를 모을 수 있었다. 헤로데Herodes 대왕이 자신의 아들 헤로데 안티파스Herodes Antipas에게 물려주었던 이 지역은 대부분 이방인들의 땅이었고, 그래서 새로운 신앙을 발전시키기에 이상적인 지역이었다. 〈마태복음서〉에는 "어둠에 앉아 있는 백성이 큰 빛을 보았"(마태복음서 4:16)다고 나와 있다.

게네사렛 호수는 풍부한 어장과 온화한 날씨로 유명했다. 또한 곡물과 아마 농사뿐 아니라 기름 생산도 활발하였다. 호수 주변 지역을 발굴할 때 당시의 기름과 포도주 압착기가 발견되었고, 심지어 가라앉은 어선도 발견되었다. 이 풍성한 지역은 예수의 가장 중요한 활동 영역이 되었다. 성서가 증언하듯이, 이곳에서 예수는 자신의 제자들을 찾았고, 기적을 통해 사람들에게 강한 인상을 남겼다. 예수는 병자들, 귀신 들린 사람들, 그리고 눈먼 이들과 귀먹은 이들을 치유했다. 호숫가에서 예수는 어부 시몬 베드로와 안드레Andreas를 만났고, 이 둘은 예수의 첫 번째 제자가 되었다.

나를 따라오너라. 나는 너희를 사람을 낚는 어부로 만들겠다.

(마태복음서 4:19)

갈릴리에서 예수의 활동 영역

○ 성서적 장소
† 교회들
🏛 로마의 도시

산상설교의 산
고라신
벳새다
타브가
가버나움
막달라
게네사렛 호수
거라사
디베랴
나사렛
10 km
DER SPIEGEL

이 형제는 예수가 '자신의 도시'로 만들었던 가버나움에 살고 있었다. 이웃한 타브가에서 나중에 빵과 물고기의 기적이 일어났는데, 〈요한복음서〉에 따르면 그곳에서 예수는 물고기 두 마리와 빵 다섯 개로 5000명을 배부르게 먹였다. 서쪽 호숫가에 마그달레나로 불리는 마리아의 고향인 막달라가 있는데, 당시에 이곳은 사해에서 나온 소금으로 호수에서 잡은 물고기를 절이던 어업의 중심지였다.

제 눈 속의 들보

복음서는 예수가 자신을 따르는 사람들에게 즐겨 비유로 말했다고 전한다. 그 이유는 무엇일까?

이야기가 이보다 더 단순할 수는 없을 것이다. 한 남자가 집을 짓는다. 그는 땅을 깊이 파고 바위 위에 집을 세웠다. 기초가 튼튼한 집이다. 폭풍과 거센 파도도 이 집에 해를 끼치지 못한다. 이와 반대로 다른 남자는 고된 노동을 피하려고 모래 위에 집을 지었는데, 첫 번째 폭풍우에 집이 무너졌다.

또는 이런 이야기도 있다. 한 농부가 밭으로 가서 씨를 뿌린다. 어떤 씨들은 길 위에 떨어졌다. 길 위에 떨어진 씨들은 발에 밟히거나 새들이 와서 쪼아 먹었다. 어떤 씨들은 싹은 틔웠지만, 덤불 속에서 햇빛에 말라버렸다. 그러나 좋은 땅에 뿌려진 씨앗들은 100배의 열매를 맺었다.

건축에서 온 작은 일화 하나와 농업에서 나온 짧은 이야기다. 신약성서에 비유로 전해진 이 이야기들은 그리 길지 않다. 짧고,

기억하기 쉬우며, 묘사가 뛰어난 생생한 이야기들이다. 해설자가 자신의 생각을 그림으로 보여주는 게시판 같은 글들이다.

언어적 묘사력이 뛰어난 몇몇 이야기는 매우 생생하고 조형 능력이 뛰어나 성서에서 독립되어 나왔다. 이 이야기들은 관용어가 되었고, 오늘날까지 사용되고 있다. '등불을 말 아래에' 두면 안 된다거나 '새 포도주를 헌 부대에' 담으면 안 된다는 관용어가 그 예다. 아직 천국에 들어갈 가능성이 없는 사람을 비꼬는 표현인 '낙타가 바늘구멍 들어가기'도 그 기원이 복음서의 비유에 있다.

이 비유들은 어떻게 생겨났고, 누가 이렇게 간결하게 구성했을까? 가장 간단한 답변은 예수가 자신을 알리기 위해, 그리고 자신의 새로운 가르침을 형상화하여 보여주고 누구나 이해할 수 있게 하기 위해 직접 한 말이라는 것이다.

많은 신학자들이 비유 연구에 몰두했는데, 이들은 비유를 분석하고 당시 시대 상황을 재구성하면서, 어떤 역사적 질서를 만들려고 했다. 이런 작업을 통해 '비유 연구'라는 학문 분야가 생겨났다. 그리고 학자들은 비유가 예수의 진언이라는 설명에 여러 개의 물음표를 붙인다.

문제 1. 나사렛 예수의 이야기는 예수가 죽은 지 40~60년이 지난 후 처음으로 기록되었다. 또한 네 복음서 사가들은 예수가 썼던 갈릴리 지역의 아람어를 사용하지 않았다. 이들은 예수의 가르침을 널리 알리려고 했고 이를 위해 세계 언어인 그리스어를 사용했기 때문이다.

문제 2. 몇몇 잘 알려진 우화와 비유는 신약성서 곳곳에서 발견된다. 예를 들면 같은 이야기가 〈마태복음서〉와 〈누가복음서〉에 동시에 나온다. 그러나 특이하게도 같은 이야기를 설명하는 양식이 서로 다르다. 이보다 더 특이하고 수수께끼 같은 일은 어떤 이야기들이 단지 한 복음서에만 나온다는 사실이다. 예를 들면 착한 사마리아인 이야기는 〈누가복음서〉에만 나온다. 그 이유는 무엇일까?

문제 3. 복음사가들은 역사서를 집필하지 않았다. 그들은 객관성을 확보하려는 노력, 일어난 사건들을 합리적으로 재구성하려는 노력을 전혀 하지 않았다. 그들의 동기는 선교였고, 말하자면 그들은 돌아가신 스승의 홍보인들이었다. 그들은 단지 예수를 그리스도로, 진정한 하나님의 아들이자 구원자로 생생하게 기억하려고 했을 뿐 아니라, 예수의 복음을 널리 퍼뜨리려고 했을 뿐이다.

마르부르크 출신의 아돌프 윌리허Adolf Jülicher 나 요아힘 예레미아스Joachim Jeremias 같은 이름 있는 신학자들은 19세기 말부터 20세기 중반까지 원문을 최대한 찾아내려고 노력했다. 예레미아스의 표현대로 "먼지로 덮힌 두꺼운 층들"을 벗겨내는 작업이다. 비유 연구자들은 성서 본문을 처음 생성될 때의 상황 안에 다시 옮겨놓고, 이를 그리스어에서 다시 아람어로 번역하려고 했다.

이 작업 과정에서 연구자들은 비유에 붙어 있는 많은 장식들, 즉 "시각적 재료들(예레미아스)"이 그리스 문화권으로 전달되면서 생겼다는 것을 밝혀냈다. 몇몇 전형적인 사례, 예를 들면 5000명을 먹이신 기적처럼 과장된 수치는 동양적 서사 기법에 기원한다. 신학자들에 따르면, 예수의 의미를 더 높이기 위해 과장이 중요했다고 한다.

완전히 새로운 창조는 없다. 신약학자 게르트 타이센Gerd Theißen 과 아네테 메르츠Annette Merz 는 자신들의 책 『역사적 예수Der Historische Jesus 』에서, 비유들은 "유대교가 함께 공유하던 비유들의 보물"에서 나왔다고 말했다. 예를 들면 포도원은 실제 사람들의 삶에 속할 뿐 아니라 이미 구약성서에도 등장하는데, 구약성서에서 포도원은 이스라엘 민족을 상징한다. 이와 달리 복음서에서 포도원은 하나님, 예수, 그리고 제자들의 관계를 설명한다.

예수는 제자들에게 이렇게 말했다.

나는 참 포도나무요, 내 아버지는 농부이시다. (…) 나는 포도나무요, 너희는 가지이다.   (요한복음서 15:1~5)

이렇게 예수의 새로운 가르침은 유대교의 경험 세계와 결합되어 있었고 이 결합에서 신앙의 내용을 더 발전시켰다. 또한 랍비들의 오래된 가르침의 뿌리를 이 비유들에서 알아차릴 수 있다.

구약성서와의 관련성은 유대교가 기다리는 구원자와 예수를 연결시키려고 아마도 복음사가들이 만들었을 것이다.

이 비유들의 구성과 내용을 보면 세 가지가 눈에 띈다. 그 구조는 단순하고 분명하며, 내용은 일상과 밀접한 관계가 있다. 그리고 독자와 청자들에게 들은 내용을 스스로 해석하고 그 해석을 통해 개인적 결론을 내리라고 계속 요구한다.

구약성서에서 계명은 바위에 새겨져 법으로 공포되고, 그 내용은 "너희는 하면 안 된다…"처럼 분명하고 단호하다. 이에 반해 신약성서는 그리스도교 신자들에게 어떻게 행동해야 하는지를 본질적으로 더 복잡하고 세분화된 형태로 전달한다. 그리스도인들에게 스스로 판단할 수 있다는 신뢰를 주고, 또한 스스로 판단함을 요구한다.

타이센과 메르츠에 따르면, 예수는 비유를 통해, 말하자면 "교조적이지 않은 방식으로" 하나님에 대해 말한다. "예수는 하나님에 대해 어떻게 생각해야 한다는 걸 규정하려고 하지 않는다. 예수는 언제나 반복해서 새롭고 다르게 하나님을 생각할 수 있는 자극을 주려고 한다."

여기서 한 스승이 등장한다. 그 스승은 자신의 청중들을 고려하고, 그들이 경우에 따라 말로 하지 못한 질문을 꺼내어 다룬다. 바로 이 점이 중요하고 주목할 만한 특징이다. 새로운 유형의 종교 교사의 등장이었다. 거의 2000년 전에 나온 그의 말들은 오늘날의 독자에게 종종 베르톨트 브레히트의 간결한 교훈을 연상시킨다. 이 새로운 윤리의 핵심은 통용되는 이해들과는 구별되는 정의에 대한 생각이다. 특히 두 가지 이야기가 정의에 대한 이 새로운 이해를 잘 전해준다. 잃어버린 아들의 비유와 포도원 일꾼의 비유가 그것이다.

자신의 돈을 다 써버린 한 남자가 돌아온다. 그는 자신의 잘못을 고백하고, 아버지는 잔치로 그를 환영하고 축하한다. 언제나 올바르게 행동했던 큰아들은 이에 대해 화를 냈다. 이 이야기 안에 숨어 있는 메시지는 다음과 같다. 잘못된 행동에서 돌아서는 일은 가능하며, 아버지의 사랑은, 행실이 나쁜 아들조차도 신뢰할 수 있다.

다른 이야기에서는 한 포도원의 모든 일꾼들이 같은 품삯을 받는다. 아침부터 일을 했던 이들은 투덜거렸다. 짧은 시간을 일한 이들도 자신들과 같은 품삯을 받은 것을 알게 되었기 때문이다. 이것이 정의로운가? 하나님이 포도원 주인이라면, 그 주인에게 성과와 품삯은 전혀 중요하지 않다. 하나님의 정의는 모든 자녀들의 평등함이다.

다른 비유들은 나병 환자와 배척받는 이들을, 예를 들면 미움받는 세리나 보통 '죄인'이라 불리던 이들을 중심에 세운다. 이에 대해 율법학자들은 항변한다. 마지막에는 하필 유대교로부터 배제된 종교 공동체의 일원인 한 사마리아인이 유대교의 사제 대신에 소개된다.

능동적인 이웃 사랑에 대한 이 유명한 가르침에서 사마리아인은 다친 사람을 돕는다. 〈누가복음서〉는 이 이야기를 구약성서의 한 사명에 대한 구체화로, "내 이웃이 누구입니까?"(누가복음서 10:29)라는 질문에 대한 대답으로 소개한다. 독선에 반대하는 또 다른 이야기에서 가장 아름다운 은유적 비유 하나가 나온다.

어찌하여 너는 남의 눈 속에 있는 티는 보면서, 네 눈 속에 있는 들보는 깨닫지 못하느냐? (마태복음서 7:3)

신약성서의 이런 핵심 이야기들을 읽으면서 어떻게 이런 이야기 위에 가톨릭교회의 교의 같은 교조적 체계를 만들 수 있었는지 이해하기 힘들 것이다. 이런 설교와 새로운 시대의 설교자와의 관계에 기초하여 어떻게 최고 지도자에게는 반론할 수 없다고 생각하는 제도가 생겨날 수 있었을까? 어떻게 이런 이야기에 바탕한 부름 앞에서 강제와 폭력을 사용할 수 있었을까? 비유는 평등한 같은 눈높이에서 이루어지는 의사소통의 일부이자 대화의 기초다. 일부러 몸을 낮춘 이들, 자칭 모든 것을 아는 사제들이 끌고 가는 주입식 교육이 아니다.

예수의 말씀은 교황 베네딕토 16세Benedictus XVI의 자기 이해와 잘 맞는다. 그는 2005년 4월 교황으로 선출된 후 "주님 포도원의 단순하고 형편없는 일꾼"이라고 스스로를 칭했다.

이 옛이야기에서 무엇이 남았나? 모든 것이 남았고, 아무것도 남지 않았다. 어떤 학생이 시를 읽는 즐거움을 맛보고 있었다. 그러나 독일어 교사가 그 시를 분석하라는 과제를 주자 그 즐거움이 사라졌다. 오직 엄밀한 전문 학술서에만 몰두한다면 이 학생과 같은 경험을 하게 될 것이다. 해석의 노고 앞에서 각운과 아름다운 구절을 읽을 때 얻는 기쁨은 사라진다. 먼지로 덮여 있는 층들을 벗겨낼 때도 비슷한 위험이 있다. 비유라는 광채가 빛을 잃을 수 있다.

근본적 질문, 즉 이 이야기들 안에서 하나님이 자신을 전달하는지, 그리고 예수가 하나님의 아들인지에 대한 질문에 학문은 어쨌든 대답하지 못한다. 이에 대해서는 독자들이 스스로 각자의 답을 찾아야 한다.

글 슈테판 베르크

내 몸의 가시

사도 바울은 그리스도인들에게 사랑의 설교자로 알려져 있다. 그러나 그가 자신의 신념을 위해 심지어 스스로 채찍질을 했다는 사실은 널리 알려지지 않았다. 신약성서의 가장 오래된 문서의 저자인 사도 바울은 어떤 사람이었을까?

 데살로니가인들에게 보낸 바울의 첫 번째 편지는 열정으로 가득 차 있다.

항상 기뻐하십시오. 끊임없이 기도하십시오. 모든 일에 감사하십시오.　　　　　　　　　　　　　　　　　(데살로니가전서 5:16~18)

신약성서에서 이 편지는 복음서, 〈사도행전〉 그리고 일곱 개의 편지 뒤에 나온다. 그러나 실제로 이 편지는 신약성서에서 가장 먼저 나온 증언이며, 예수가 죽은 후 약 20년 뒤에 쓰여졌다.

이 서간문의 저자는 누구인가? 그는 '사도 바울'이라는 이름으로 역사 속에 들어왔고, 그리스도교에서 가장 중요한 인물 중 하나다. 오늘날도 바울의 글은 결혼식에서 가장 사랑받는 문구다.

사랑은 모든 것을 덮어 주며, 모든 것을 믿으며, 모든 것을 바라
며, 모든 것을 견딥니다. 사랑은 없어지지 않습니다.

(고린도전서 13:7~8)

이미 고전이 된 이 문장은 바울의 가장 유명한 명언이다.

실제 바울은 이 사랑을 위해 살았을 뿐만 아니라, 이를 위해 죽
을 준비도 되어 있었다. 바울의 열정은 바로 예수 그리스도였다.
그는 전혀 기대하지 않은 상황에서 느닷없이 예수를 만났는데,
번개처럼, 또는 〈사도행전〉의 표현대로 '하늘에서 떨어진 빛'처
럼 예수를 만났다. 심지어 처음에는 청년 바울의 눈이 멀었다고
한다. 그러나 환시 자체의 상세한 내용은 많이 알려지지 않았다.

바울은 활기 넘치는 소아시아의 항구도시 다소에서 태어난 것
으로 추정된다. 다소는 오늘날 터키에 있다. 연구자들은 바울이
예수보다 10년 정도 늦게 태어났다고 추정한다. '사울에서 바울
로Vom Saulus zum Paulus'[18]라는 관용어는 그리스도교 혐오자에서 선
교사로 전향한 바울과 관련이 있다. 그러나 실제로는 어릴 때부
터 이 두 이름을 동시에 가졌다. 유대인들에게는 사울이었고, 다
른 이들, 즉 그가 거주했던 곳에 살던 킬리키아인, 그리스인, 또
는 로마인들에게는 바울이었다.

---

[18] 사람이 180도 달라질 때 사용하는 독일어의 관용구다.

다소는 다신교가 지배하는 도시였다. 사람들은 자신들의 출신에 따라 지역 신인 다소의 바알신, 산단신Sandan, Sandas[19] 또는 야훼에게 기도했다. 유대교 공동체는 다소에서 강력한 지위를 차지하고 있었다. 다소에 있던 모든 유대인들이 로마의 시민권을 소유하고 있었다고 추정된다. 바울에게 이것은 큰 도움이 되었다.

바울은 좋은 환경에서 태어났다. 그의 아버지는 천막 만드는 사람이 틀림없었다. 아들 또한 벌이가 좋은 이 기술을 배웠다. 천막은 당시 여행자들에게 벌레들이 우글거리는 여관보다 훨씬 편안했다. 청년 바울은 탈무드와 토라를 완벽하게 배웠고, 나중에는 율법학자라고 불릴 정도였다. 바울은 최소한 그리스어와 아람어에 능통했다.

바울은 바리새파 유대교 공동체에 속했는데, 사두개파와는 달리 바리새파는 죽은 이의 부활과 새로운 율법 안에서 토라가 언제나 계속 발전한다고 믿었다. 청년 바울은 모든 율법을 엄격하게 지켰다. 심지어 나중에 그는 스스로를 "율법의 의로는 흠 잡힐 데가 없는 사람"(빌립보서 3:6)이었다고 독선적으로 주장한다.

확실히 청년 바울은 광신도였다. 그는 새로운 종파에 들어간 유대인들, 즉 예수의 제자들을 박해했다. 나중에 스스로 고백하듯이 바울은 그들에게 '터무니없는' 고통을 주었고, 그들의 공동

---

[19] 고대 킬리키아 지역의 신이며, 특히 다소에서 숭배하던 신이다. 그리스 신화의 헤라클레스(Heracles)와 연결된다.

체를 파괴하려고 했다. 심지어 〈사도행전〉에 따르면, 그리스도교의 첫 번째 순교자로 역사에 기록된 스데반Stephen을 유대인들이 예루살렘에서 돌로 쳐 죽일 때, 바울은 이에 동조하며 구경하고 있었다.

그러나 신약성서에서 〈요한복음서〉 바로 뒤에 나와 바울의 생애를 서술하는 〈사도행전〉은 진실과 전설을 섞었다. 예를 들어 청년 바리새인 바울이 신학 강독을 위해 예루살렘에 체류했다는 주장은 논란이 많다. 그러므로 스데반이 돌에 맞을 때 바울은 아마 거기 없었을 것이다.

다마스쿠스에서 바울은 마침내 깨어남의 경험을 한다. 큰 밝은 빛이 그의 눈을 멀게 한다. 바울은 "낙원에 이끌려 올라가서, 말로 표현할 수도 없고 사람이 말해서도 안 되는 말씀을 들었습니다"(고린도후서 12:4)라고 한다. 이 일은 몇 년전에 십자가에서 죽은 예수와의 초자연적 만남의 일종으로 해석된다. 개종 이후에도 한동안 바울은 애매한 상태로 지냈다. 그는 '아랍 반도'로 갔다고 한다. 개심한 바울이 사막에서 몇 년 동안 명상을 하고 그곳에서 선교사로서의 소명을 발견했다는 해석도 충분히 가능하다.

35년경에 예수의 이 새 제자는 오론테스 강가에 있는 시리아의 대도시 안디옥에 정착했다. 바울은 이곳에서 자신의 첫 번째 공동체를 만들었고, 10여 년 후에 첫 번째 선교 여행을 시작했다. 사도 바울은 교우 두 명과 함께 배를 타고 키프로스를 거쳐 소아시아 남쪽 타우루스 해안으로 갔다.

세 순례자는 허리띠가 있는 긴 겉옷을 입고 샌들을 신었다. 바울의 전기 작가 알로이스 프린츠Alois Prinz에 따르면, "그들의 어깨에는 아마도 노숙할 때 덮고 잘 수 있는 외투가 걸쳐져 있었을 것이다." 이들은 힘이 다할 때까지 눈 덮인 길을 지나 여러 곳을 다녔지만, 가는 곳마다 오래 머물지 못했다. 그들이 전하는, 십자가에서 돌아가신 구원자에 대한 복음도 쉽게 받아들여지지 않았다. 왜냐하면 이 선교사들은 사람들이 계속해서 자신들의 우상을 숭배하는 일을 수용하지 않았기 때문이다. 이를 금지하는 것은 많은 이들에게 신성모독으로 느껴졌다.

그렇게 이 여행은 몇 달 만에 참사로 끝나고 말았다. 루스드라 주민들이 그리스도인들에게 돌을 던졌고, 바울이 결국 돌에 맞고 바닥에 쓰러졌다. 박해자들은 돌에 맞은 바울을 도시 밖으로 끌고 갔다. 그러나 죽었다고 생각했던 바울은 아직 숨을 쉬고 있었다. 이에 한 동행자가 바울을 더베로 데려갔다. 나중에 바울이 칭송했듯이, 그곳에 있는 사람들은 바울을 '하나님의 천사처럼' 돌봐주었다.

안디옥에 있는 고향 집에서도 상황은 심각해졌다. 유대인 출신 새 그리스도인들이 바울의 비유대인 출신 개종자들을 비방했다. "여러분이 모세의 관례대로 할례를 받지 않으면, 구원을 얻을 수 없습니다"(사도행전 15:1)라고 그들을 비웃었다. 사도 바울은 이

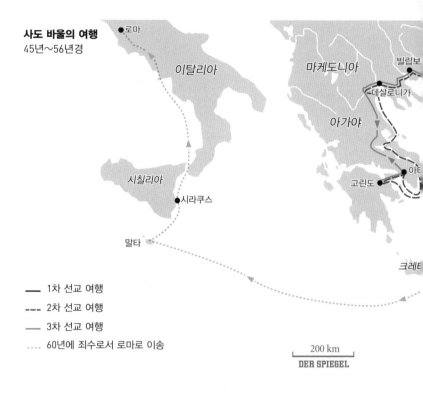

사도 바울의 여행
45년~56년경

로마

이탈리아

마케도니아

빌립보

데살로니가

아가야

시칠리아

시라쿠스

아테

고린도

말타

크레타

—— 1차 선교 여행
--- 2차 선교 여행
—— 3차 선교 여행
···· 60년에 죄수로서 로마로 이송

200 km

DER SPIEGEL

것이 잘못된 일이라고 생각했다. 바울 자신도 할례받은 유대인이
었지만, 그는 그것이 아무런 의미가 없다고 생각했다. 사도 바울
은 단호하게 선포하였다.

그리스도 예수 안에서는, 할례를 받거나 안 받는 것이 문제가 되
는 것이 아닙니다. 가장 중요한 것은, 믿음이 사랑을 통하여 일하
는 것입니다.　　　　　　　　　　　　　　　　(갈라디아서 5:6)

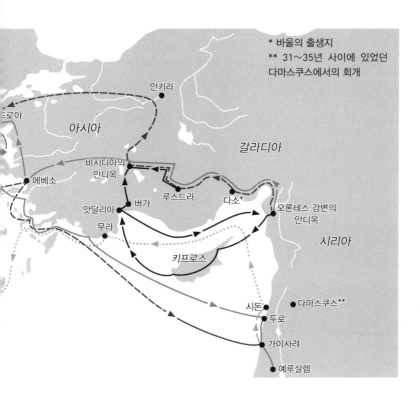

* 바울의 출생지
** 31~35년 사이에 있었던 다마스쿠스에서의 회개

48년경에 바울은 이 논쟁을 예루살렘에서 설명한다. 예루살렘에서 열린 사도들의 회의에서 바울은 예수의 초기 제자인 베드로와 베드로의 형제 야곱에게 자신의 이방 선교를 확신시키려고 했다. 즉 그리스도인이 되기 위해 유대인이 되거나 유대인의 율법대로 살 필요가 없다는 것을 납득시키려고 했다.

바울은 예루살렘에 있는 '성자들'이 자신의 모험에 동의했다고 썼다. 그러나 보통은 조화로움을 보여주는 〈사도행전〉이 이 점에 대해 완전히 다른 이야기를 전해주고 있다. 그리고 역사의 진행을 볼 때, 같은 이름의 복음서도 썼던 〈사도행전〉의 저자 누가가 더 정확하게 알려주는 듯하다. 즉 비유대인을 그리스도인으로 개종시키려는 바울의 생각은 결코 매끄럽게 실현되지 않았다.

누가에 따르면, 격렬한 논쟁이 있었고, 그다음 타협안이 나왔다. 이방인들은 강제로 할례를 할 필요는 없지만, 최소한 유대교의 식사 규칙은 지키고 음행을 삼가야 한다. 이런 합의가 실제 역사적으로 있었다고 할지라도, 그 합의는 불안정했다. 많은 유대인 출신의 그리스도인이 계속해서 바울의 관용적인 생각을 거부했다.

바울의 관점은 혁명적이었다. 바울에 따르면, 하나님 앞에서 모든 인간은 동등하다.

유대 사람도 그리스 사람도 없으며, 종도 자유인도 없으며, 남자와 여자가 없습니다. 여러분 모두가 그리스도 예수 안에서 하나이기 때문입니다. (갈라디아서 3:28)

이 말은 빈말이 아니었다. 빌레몬Philemon에게 보낸 편지에서 바울은 도망친 노예 오네시모Onesimus에게 자비를 베풀 것을 노예 주인인 부유한 교우에게 간청했다. 이 도망자는 죽음의 공포 속에 바울에게로 왔다. 사도 바울은 이 도망자를 비록 법률에 따라 돌려보냈지만, 노예 오네시모를 '사랑받는 형제'로 다시 받아들이기를 청하는 편지를 오네시모의 주인에게 썼다.

그러므로 그대가 나를 동지로 생각하면, 나를 맞이하듯이 그를 맞아주십시오.   (빌레몬서 1:17)

바울의 이런 압박들에는 이유가 있었다. 바울은 선구자이자 동시에 강력한 추진자였다. 미국의 신학자 에드 패리시 샌더스Ed Parish Sanders는 바울을 "메시아 시대의 이방 선교사"라고 썼다. 바울은 최후의 심판이 임박했다고 보았다. 그는 심지어 예수가 자신이 살아 있는 동안 재림할 것이라고 추측했다. 사도 바울은 데살로니가 공동체에게 다음과 같이 경고했다.

주님의 날이 밤에 도둑처럼 온다는 것을, 여러분은 자세히 알고 있습니다.   (데살로니가전서 5:2)

안전하다고 생각하는 이들에게 "아기를 밴 여인에게 해산의 진통이 오는 것과 같이, 갑자기 멸망이"(데살로니가전서 5:3) 닥칠 것이라고도 했다.

바울은 이방인들이 마지막 날에 시온 산에 모이게 될 것이라는 유대교의 기대를 공유했다. 그래서 그는 먼저 동쪽에 있는, 즉 소아시아에 있는 이방인들을 개종시켰다. 어쨌든 그의 계획은 나중에 서쪽으로, 스페인까지 가는 것이었다. 도보와 배를 이용한 바울의 선교 여행은 4000킬로미터에 달했다. 그는 건장한 신체를 지닌 사람이 아니었다. 오히려 반대였다. 오늘날까지도 해명하지 못한 어떤 약점, 질병 혹은 장애가 바울을 괴롭혔는데, 그는 이 고통을 '몸속에 가시', 무언가 주먹으로 자신을 때리는 것 같다고 표현했다. 이에 덧붙여 바울은 자신에게 진정한 카리스마가 부족하다고 불평했다. 그는 달변이 아니었다.

그럼에도 그는 많은 곳에서 자신의 새로운 공동체를 위한 협력자를 찾는 데 성공했다. 골로새에는 빌레몬, 고린도에는 브리스길라Priscilla와 아굴라Aquila 부부가 있었고, 또 빌립보의 부유한 옷감 장수 루디아Lydia가 바울의 협력자였다. 샌더스에 따르면, 그의 메시지는 짧고 간결하다. "그는 예수 그리스도의 죽음, 부활, 그리고 권능을 설교했고, 예수를 믿는 사람은 그의 삶에 동참하게 된다고 선포했다."

그의 설교에 대한 반응도 늘 전형적이었다. 옛 종교에 머물려는 이들은 바울을 통해 방해받는다는 느낌을 받고 방어 자세를 취했다.

나는 수고도 더 많이 하고, 감옥살이도 더 많이 하고, 매도 더 많이 맞고, 여러 번 죽을 뻔하였습니다. 유대 사람들에게서 마흔에

198

서 하나를 뺀 매를 맞은 것이 다섯 번이요, 채찍으로 맞은 것이
세 번이요.   (고린도후서 11:23~25)

바울은 자신이 겪은 고난을 고린도인들에게 이렇게 숫자로 알
려주었다.

바울은 마조히스트였을까? 심지어 그는 순교자로 죽기를 원했
나? 전문가들은 그렇지는 않다고 말한다. 저항심도 바울의 원동
력이었다. 바울은 기꺼이 싸웠다. 그럴 때만 능력치를 최고로 올
렸다. "적대 세력이 없는 바울은 절반의 바울일 뿐이다." 가톨릭
신학자 오이겐 비저Eugen Biser는 이렇게 생각한다. 그렇게 남루한
옷을 걸치고 상처 입은 채 바울은 여러 나라들을 돌아다녔다. 한
편 선교사 바울은 탁발 수도승이 아니었다. 천막 제조라는 직업
덕분에 자신의 필경사를 고용할 수 있었다. 필경사는 먼저 바울
의 말을 납판에 새겨넣고 이를 다시 파피루스에 정서하였다.

신약성서는 바울이 열세 편 서간문의 저자라고 말했다. 오늘
날 전문가들은 이 중 적어도 일곱 편이 바울의 진서라고 본다. 다
른 서간문을 누가 썼는지는 분명하지 않다. 바울의 이름으로 널
리 퍼진 생각들 중에 논리적으로 매끄럽지 않은 것들이 몇 개 있
다. 예를 들면 왜 사도 바울은 모든 사람들을, 즉 십계명을 잘 지
키는 사람들조차도 구원이 필요한 죄인으로 여겼을까? 다소에서
온 이 남자는 이런 결론이 나올 수 없는 도덕적 기준을 세웠다고

성서학자 샌더스는 증명했다.

여성에 대한 바울의 태도도 분명하지는 않다. 많은 이들이 바울을 여성 혐오자로 생각한다. 왜냐하면 바울이 여성은 복종해야 한다고 요구하기 때문이다.

여자들은 교회에서는 잠자코 있어야 합니다. (고린도전서 14:34)

그러나 전기 작가 프린츠에 따르면, 이 구절은 후기 편집 과정에서 삽입되었다고 한다. 왜냐하면 바울을 고대의 페미니스트로도 볼 수 있기 때문이란다. 그의 제자 중 최소한 열 명은 여성이었다. 그들 중 한 명이 여사도 유니아Junia였고, 중세의 전승 과정에서 남성 '유니아스Junias'로 바뀌었다. 스스로 금욕적으로 살았던 설교자였지만, 부부 사이에서의 섹스 권리와 관련하여 균형 잡힌 태도도 보여준다.

남편은 아내에게 남편으로서의 의무를 다하고, 아내도 그와 같이 남편에게 아내로서의 의무를 다하도록 하십시오. (고린도전서 7:3)

바울의 이런 가르침들이 어떤 체계를 구성하지는 않았다. 바울 사상의 미완성이 바로 그의 본질에 속한다. 바울은 탐구자였다. 빌립보 공동체에게 그는 이렇게 고백한다.

형제자매 여러분, 나는 아직 그것을 붙들었다고 생각하지 않습니다. 내가 하는 일은 오직 한 가지입니다. 뒤에 있는 것은 잊어버리고, 앞에 있는 것을 향하여 몸을 내밀면서 (…) 달려가고 있습니다. (빌립보서 3:13)

바울의 내면적 분열은 근대인과 거의 비슷하여, 동시대인들에게는 자신만의 종교 신념을 가진 자유 사상가라는 의심을 받아야만 했다. 바울 스스로가 이런 의심을 더욱 크게 만들었다. 바울은 자신의 양 떼를 깊이 사랑했고, 또한 양 떼들의 사랑을 질투 속에 갈망했으며, 비판자들에게는 비난을 퍼부었다. 예를 들면 바울은 입으로만 '거창하게 특출나다는 사도들'을 조심하라고 고린도 공동체에게 경고했다. 이들이 이간질하여 공동체가 바울에게 등을 돌리게 만든다는 것이다. 또한 그는 자신의 공동체에 할례를 받으라고 촉구하는 설교자들이 스스로 칼을 대어 거세되기를 희망하기도 했다. 친필로 다음과 같은 내용을 추가하기도 했다.

나 바울은 친필로 인사의 말을 씁니다. 누구든지 주님을 사랑하지 않는 사람은 저주를 받으라! (고린도전서 16:21~22)

약 58년까지 바울은 자유인이었다. 당시 그는 예루살렘에 머물렀고, 그곳에서 스페인 선교를 떠나려 했다. 그러나 선교 여행을 더는 가지 못했다. 바울이 할례를 받지 않은 그리스인 동료 드로비모Trophimus 를 유대교 회당에 들여보냈다는 소문이 널리 퍼졌다. 유대인들은 분노하였고, 이 부도덕한 행위에 저항하였다. 로마 수비병은 바울을 체포하여, 분노한 군중의 집단 구타로부터 구했다.

사도 바울은 2년 동안 감옥에 있었고, 그 후 로마로 향했다. 바울은 로마 시민으로서의 권리를 주장했다. 그는 황제 앞에서 재판받기를 원했다. 그런데 로마에서 바울의 흔적은 사라진다. 많은 역사가들은 바울이 다른 그리스도인들처럼 네로Nero 황제의 광란에 희생되었다고 확신한다. 64년 수도 로마가 화재로 폐허가 되었을때, 네로 황제는 미워하던 그리스도인들에게 방화죄를 덮어씌웠다. 네로 황제는 지목된 범인들을 십자가에 매달아 온몸에 역청을 칠한 후 불을 붙이도록 했다. 아마도 이렇게 사도 바울은 불꽃으로 삶과 작별했을 것이다.

바울은 스스로 순교자로서의 생의 마감을 분명히 고대했다.

그리고 여러분의 믿음의 제사와 예배에 나의 피를 붓는 일이 있을지라도, 나는 기뻐하고, 여러분 모두와 함께 기뻐하겠습니다. 여러분도 이와 같이 기뻐하고, 나와 함께 기뻐하십시오.

(빌립보서 2:17~18)

글 아네테 브룬스

언제나 동정녀

마리아는 그리스도교의 여자 주인공이다. 그러나 성서에서 마리아의 특별한 지위
는 찾아내려는 의지가 있을 때만 알아차릴 수 있다.

오늘날의 이스탄불인 콘스탄티노플은 5세기 초에 세
계에서 가장 강성한 도시였고 동시에 그리스도교의 중
심이었다. 대주교에서 평범한 사제들에 이르기까지 교회의 지도
자들은 보스포루스 해협 근처의 이 도시에서 열정적으로 오랫동
안 신학적 질문들에 대해 토론했다.

그뿐만 아니라 평신도들과 일반 백성들도 20여만 명이 사는
강성한 수도에서 종교적 논쟁을 펼쳤다. 어떤 주교는 시장에서의
경험을 이렇게 비꼬아 설명했다. "만약 그대가 누군가에게 물건
의 가격을 물으면, 그 상대방은 그대에게 낳음을 받은 존재와 낳
음을 받지 않은 존재에 대한 교의[20]를 설명한다. 만약 당신이 빵

---

[20] 성자와 성령에 대한 교의를 의미한다.

의 가격을 물으면, 그 상인은 아버지는 아들보다 크고, 아들은 아버지에 종속된다고 대답한다."

한편 황제 테오도시우스 2세Theodosius Ⅱ는 안디옥의 달변가 사제인 네스토리우스Nestorius를 428년에 콘스탄티노플의 대주교로 임명했다. 콘스탄티노플의 신자들과 다른 곳의 신자들은 당시에 이미 오랫동안 열정적으로 예수가 하나님인지 인간인지, 그리고 예수의 어머니인 마리아는 어떤 의미를 갖는지에 대해 논쟁했다.

후기 고대 시대의 그리스도교 공동체에서 나사렛 출신의 이 여성은 점점 더 많은 매력을 뿜어내고 있었다. 구원자의 어머니로서 마리아는 보통의 인간들보다 상승된 위치에 올라 있었다. 그래서 4세기 말 살라미스의 에피파니우스Epiphanius 주교는 마리아를 여신으로 숭배하려는 "이교도의 뱀에 물린" 신앙의 형제들에게 경고가 필요하다고 느꼈다. 에피파니우스는 이렇게 생각했다. "마리아는 가장 아름다운 여인이며 성스럽고 공경할 가치가 있지만, 숭배를 받아서는 안 된다."

이런 경고에 아랑곳없이, 열정 넘치는 마리아 설교자들은 더 나아가 마리아를 '하나님을 낳은 분'이라고까지 숭배하였다. 다른 이들은 이 명칭을 분명하게 거부했는데, 왜냐하면 그들의 생각에는 하나님은 태어나지 않았고 그래서 어머니가 없기 때문이다. 콘스탄티노플의 교회와 광장에는 소요가 일어났다. 미움을 받는 설교자들은 침묵을 강요받았고, 교회에서 쫓겨났다.

대주교 네스토리우스는 이런 흥분된 상황을 중재하려고 타협안으로 마리아를 '그리스도를 낳은 자'라고 부르자고 제안했다. 그러나 이 호칭은 마리아를 숭배하는 이들에게는 충분하지 않았다. 계속되는 싸움 때문에 약 250명의 고위 성직자와 전문가들이 431년 6월에 에베소에서 제3차 에베소 공의회를 열었다. 이 자리에서 동로마 국가 교회의 대표자들은 냉혹하고 가차 없는 싸움을 통한 갈등 해결 방식을 잘 보여주었다. 네스토리우스의 강력한 반대자였던 알렉산드리아의 대주교 키릴로스Kyrillos는 자신의 동료 네스토리우스를 즉시 면직시키고 파문시켰다. 이에 대항하여 네스토리우스의 지지자들이 반대 공의회를 열어 키릴로스를 파문시켰는데, 그 후 황제 테오도시우스 2세는 우선 두 사람 모두를 체포했다.

2년이 지난 후 그리스도는 하나님이자 동시에 인간이며, 이에 따라 그리스도의 어머니는 '하나님을 낳은 분'이라고 불릴 수 있다는 데 양 진영은 합의했다. 마리아의 신학적 상승에 이제 누구도 맞서지 않았다. 그 이후 수백 년 동안 성직자들보다 단순한 신앙인들이 하나님의 어머니를 훨씬 더 많이 찬미하였다. "대중들의 생각에 따르면, 하나님을 낳으신 분이 그 아들보다 훨씬 더 능력이 있다." 르네상스 인문주의자 에라스뮈스Desiderius Erasmus는 1511년에 이렇게 조소하였다. 그러나 마리아를 초인간적 지위로 올리고 마리아의 탁월한 의미를 점점 더 많이 기록한 것은 가톨릭교회의 고위 성직자와 신학자들이었다.

수백 년 동안 마리아론을 다룬 글과 논문은 국립도서관 하나를 채울 만큼 많다. 그리고 마리아 없는 유럽 문화는 무엇이 되었겠는가? 마리아만큼 자주 그려지고, 돌로 조각되며, 나무로 만들어진 여성은 없다. 또한 그런 방식으로 미화되고 이상화된 여인도 없다.

놀라운 사실은 이 마리아의 엄청난 의미를 신약성서에서는 거의 찾지 못한다는 점이다. 〈요한복음서〉는 히브리어로 "미리암Miriam", 또는 그리스어로 "마리암Mariam"을 언급하지만, 예수의 탄생과 관련해서는 전혀 언급하지 않는다. 그 대신 예수의 탄생을 이렇게 알려준다.

그 말씀은 육신이 되어 우리 가운데 사셨다. 우리는 그의 영광을 보았다. 그것은 아버지께서 주신, 외아들의 영광이었다.

(요한복음서 1:14)

〈마가복음서〉에서는 예수를 "마리아의 아들"(마가복음서 6:3)로 언급하고, 이에 덧붙여 예수는 네 명의 형제와 더 많은 자매가 있다고 말하지만, 마리아가 직접 복음서에 등장하지는 않는다. 동정녀 잉태 교리를 분명하게 밝히는 곳은 〈마태복음서〉다. 〈마태복음서〉에는 이렇게 실려 있다.

예수의 어머니 마리아는 요셉과 약혼을 하고 같이 살기 전에 잉
태한 것이 드러났다. 그 잉태는 성령으로 말미암은 것이었다.

(마태복음서 1:18)

요셉이 소위 부정한 약혼녀를 떠나려고 할 때, 꿈에 천사가 나
타나서 말했다.

다윗의 자손 요셉아, 두려워하지 말고, 마리아를 네 아내로 맞아 들
여라. 그 태중에 있는 아기는 성령으로 말미암은 것이다. 마리아가
아들을 낳을 것이니, 너는 그 이름을 예수라고 하여라. 그가 자기
백성을 그들의 죄에서 구원하실 것이다.   (마태복음서 1:20~21)

마태는 구약성서에서 이사야 예언자를 통해 선포하신 하나님
의 말씀을 상기시킨다.

"보아라, 동정녀가 잉태하여 아들을 낳을 것이니, 그의 이름을
임마누엘이라고 할 것이다" 하신 말씀을 이루려고 하신 것이다.
(임마누엘은 번역하면 '하나님이 우리와 함께 계시다'는 뜻이다.)

(마태복음서 1:23)

그 이후 생겨나는 동정녀 잉태 주장과 마리아 공경은 이 문장

에 근거한다.

마지막으로 〈누가복음서〉는 어떻게 하나님이 천사 가브리엘을 마리아라는 처녀에게 보냈고, 가브리엘이 어떻게 마리아에게 아들의 탄생을 알리는지를 상세하게 묘사한다. 자신은 남자를 허락한 적이 없다는 마리아의 항변에 천사의 말과 마리아의 대답이 이어진다.

> 성령이 그대에게 임하시고, 더없이 높으신 분의 능력이 그대를 감싸줄 것이다. (…) 나는 주님의 여종입니다. 당신의 말씀대로 나에게 이루어지기를 바랍니다. (누가복음서 1:35~38)

예수의 어머니만큼 두드러진 다른 마리아가 성서에 또 있는데, 막달라에서 온 여인, 막달라 마리아가 그녀다. 막달라 마리아는 예수의 십자가 죽음 이후 그의 무덤으로 가 빈 무덤을 발견하고, 한 천사로부터 예수가 부활했다는 가르침을 받는다. 이 기쁜 소식을 그녀는 슬픔에 잠긴 제자들에게 전한다.

복음서에 예수의 어머니에 대한 정보가 넉넉하지 않고, 부분적으로 모순된 것은 특히 두 가지 이유 때문이다. 우선 추측컨대 복음서들은 기원후 70~100년경에 처음 집필되었다. 어떤 복음서 저자도 마리아를 만나지 못했고, 모두 전해 들은 소문을 옮겼을 뿐이다. 또한 네 복음서 저자들은 특별히 예수와 그의 복음에 집중한다. 예수 주변의 인물들은 배경으로 머물 뿐이다.

〈사도행전〉에 따르면 마리아가 예루살렘 초대 공동체에 속해 있었지만, 그럼에도 예루살렘의 초대 그리스도인들과 로마제국에 처음 설립된 공동체에게 하나님의 어머니는 확실히 그렇게 중요하지 않았다. 사도 바울은 갈라디아인에게 보낸 편지에서 예수에 대해 단순히 "여자에게서 나게 하시고"(갈라디아서 4:4)라고 말한다. 마리아라는 이름은 바울의 편지에 등장하지 않으며, 동정녀 잉태는 전혀 언급되지 않는다.

이렇게 신약성서에서는 마리아가 조연에 머무는 반면, 영적으로 밀접한 관계가 있는 공동체에서 생성된 어떤 문서에서는 마리아가 중심에 자리 잡는다. 2세기 중반에 작성된 〈야고보의 원복음서Protoevangelium Jacobi〉에 대한 이야기다. 〈야고보의 원복음서〉는 신약성서라는 경전에 수용되지 않았지만, 마리아를 다룬 첫 번째 전설이었으며, 많은 그리스도인들이 이 문헌을 주의 깊게 읽었다.

이 전설은 마리아의 부모님에서부터 시작된다. 많은 양을 키우고 있던 부유한 요아힘Joachim과 그의 아내 안나Anna는 아이를 가질 수 없었다. 깊은 슬픔 속에 요아힘은 사막으로 가서 천막을 치고 40일 동안 밤낮으로 단식했다. 그런데 그의 아내 안나가 신부 예복을 입고 자신의 불임을 한탄하였을 때, 그녀에게 천사가 나타나 말했다. "주님께서 그대의 청을 들어주셨다. 그대는 임신하여 아이를 낳게 될 것이다. 그리고 그대의 아이는 온 세상에서 이름이 불리게 될 것이다."

9개월 후 안나는 한 여자아이를 낳았고 마리아라고 불렀다. 6개월이 지났을 때 이미 그 아이는 '일곱 걸음'을 걸을 수 있었다. 그 아이는 성전에서 자랐다. 마리아가 열두 살이 되었을 때, 한 천사가 한 사제에게 이스라엘 민족의 홀아비들을 모으라고 명하였다. 홀아비들은 자신들의 지팡이를 내놓아야 했다. 요셉이라고 불리는 목수의 지팡이에서 비둘기가 튀어나왔다. 그 사제가 말했다. "그대가 이 주님의 동정녀를 집으로 데려갈 사람으로 뽑혔소."

얼마 후 천사가 마리아에게 나타나 알려주었다. "두려워 마라, 마리아. 왜냐하면 그대는 주님 앞에서 모든 것에 대해 은총을 받았다. 그리고 말씀으로 잉태하게 될 것이다." 베들레헴에서 예수가 태어난 후 살로메Salome라는 산파가 마리아를 검사하고 여전히 처녀라는 것을 확인했다.

상대적으로 많은 원복음서의 사본들이 남아 있는 것을 보면 원복음서가 매우 널리 퍼졌었고, 많은 사랑을 받았다고 추론할 수 있다. 특히 동로마 공동체에서 그랬다. 그러나 동정녀 출산 교리에 반대하는 중요한 흐름이 초대 그리스도교 안에 이미 존재했다. 몇몇 그리스도인들은 이 교리를 거부했고, 요셉을 예수의 아버지로 보았다. 영지주의자들도 그렇게 생각했다. 유대교 학자들은 '잉태의 기적'을 비판하면서 그리스도교를 신빙성 없는 종교로 만들려고 노력했다.

그들은 처녀를 통한 출산이라는 생각이 영웅 페르세우스Perseus 탄생 설화라는 그리스 신화에서 단순히 빌려온 이야기일 뿐이라고 지적했다. 페르세우스의 어머니 다나에Danae는 아버지에 의해 감금되어 있었다. 그러나 그런 상황에서 제우스가 다나에에게 황금이 비처럼 쏟아지게 해서 그녀를 임신시켰다. 2세기 중반의 그리스도교 철학자인 순교자 유스티누스Justinus도 로마에 있는 황제와 원로원에게 보낸 호교론에서 두 이야기의 유사성을 지적하였다. "동정녀에서 그리스도가 태어났다고 우리가 설명할 때, 이 이야기는 또한 당신들의 페르세우스와 공통점이 있다."

180년경에 주교이자 신학자인 리옹의 이레네우스Irenaeus는 동정녀 출산을 믿지 않는 사람은 "옛 불복종의 노예 상태에서 죽을 것이고, 영원한 삶을 박탈당할 것이다"라고 썼다. 그는 예수의 신적 기원을 강조했다. "성스러운 동정녀 마리아로부터 육체가 된 말씀은 성령의 분출에서 생겨났고, 육체의 욕망이 아니라 하나님의 의지에 의해 태어났다."

그리스도교 지식인들과 설교가들은 마리아를 통한 예수의 탄생이 완전히 특별하다는 것을 증명하기 위해 끊임없이 다양한 설명을 내놓았다. 약 2세기 말에 편찬된 시가 모음집 〈솔로몬의 송가〉는 하나님의 가슴에서 나온 우유에 대해 언급한다. "처녀의 가슴이 받았다. 그리고 그녀는 잉태하고 낳았다. 그리고 처녀는 큰 은총 속에 어머니가 되었고 산통이 왔고 고통 없이 아들을 낳았는데, 이 출산은 아무 목적이 없기 때문이 아니다. 그리고 그 처녀는 산파가 필요 없었다. 그가 그녀에게 도움을 주었기 때문이다. 그녀는 남자처럼 단단한 의지로 출산했다."

초기 그리스도인들은 동정녀 마리아에 대한 공경에 대해 고대 종교의식과의 유사성을 근거로 댈 수 있었다. 실제 그리스인들에게 에베소는 사냥, 숲, 다산의 여신인 아르테미스Artemis의 도시였다. 에베소에 있던 아르테미스의 신전인 아르테미시온은 거대하고 화려해서 고대에 세계 7대 불가사의로 여겨졌었고, 그리스인들에게 사랑받던 순례지였다.

동시에 그리스도교도 이미 1세기에 에베소에 들어왔다. 사도 바울은 이곳에서 살면서 선교했다. 바울의 그리스도교 선교 활동은 순례자들에게 특별히 인기가 많았던 아르테미스 모형을 만들고 팔던 원주민들을 화나게 했다. 시간이 지난 후에 아르테미스의 한 성골함이 마리아의 유골로 공경받는데, 전설에 따르면 마리아가 에베소에서 죽었기 때문이다.

고고학자들에 따르면 가장 오래된 마리아의 그림은 로마에 있는 프리실라 카타콤베Catacomb of Priscilla에서 발견된다. 마리아는 벌거벗은 아기 예수를 가슴에 안고 있다. 마리아 옆에는 예언대로 예언자 이사야가 서 있다. 이 프레스코 벽화는 추측컨대

160년경에 그려졌고, 그 후 수없이 많은 작품들이 이 벽화를 따라 만들어졌다. 후기 고대의 가장 크고 중요한 교회인 하기아 소피아Hagia Sophia의 벽감은 아기 예수를 안은 마리아의 모자이크로 꾸며져 있다. 그 후 보티첼리Sandro Botticelli의 〈수태고지〉, 뒤러Albrecht Dürer의 마돈나 작품들, 라파엘로Raffaello와 다른 예술가들의 놀라운 그림들이 등장했다. 그러나 과장되고 통속적인 마리아 그림들도 대단히 많다.

마리아가 공식적으로 '하나님을 낳은 분'으로 격상된 에베소 공의회가 끝난 지 약 200년이 지난 649년, 로마에서 열린 한 주교 회의에서 마리아는 '셈페르 비르고semper virgo', 즉 언제나 동정녀라는 교리가 확정되었다. 마리아는 예수를 낳기 전에도 낳을 때도 낳은 후에도 처녀라는 말이다. 심지어 교황 비오 9세Pius IX는 1854년에 마리아는 아무런 흠 없이 잉태되었기 때문에 원죄로부터 자유롭다고 선포했다.

지금 시점에서 마지막으로 선포된 마리아 교의는 1950년 교황 비오 12세Pius XII가 확정지었다. 이 교의에 따르면 마리아는 '육체와 영혼'을 가진 채 하늘로 올라갔다. 이 교의는 성서와는 아무 상관이 없다.

위계질서를 중시하는 가톨릭교회는 마리아를 그의 아들 아래 두었지만, 천사와 성인들 위에 두었다. 오늘날 가톨릭교회에는 30개가 넘는 마리아 기념일과 축일이 있으며, 그보다 더 많은 명예로운 호칭이 있다. 천상의 여왕, 괴로워하는 이의 위로자, 오점 없는 어머니, 동정녀 중의 동정녀 등으로 마리아를 부른다. 그러나 비판적인 가톨릭 신자들은 이 상황이 지나치다고 생각한다. 예를 들면 신학자 한스 큉Hans Küng은 이미 오래전에 마리아 공경과 가톨릭교회 안에서의 여성의 낮은 지위 사이의 모순을 지적했다.

마르틴 루터가 강조한 성서 말씀으로의 전향 때문에 개신교는 마리아 신심과 마리아 숭배에 더 거리를 두고 주의하게 되었다. 독일에서 여전히 가장 영향력 있는 개신교 지도자인 독일 개신교 협의회EKD 전임 의장 마르고트 카스만Margot Käßmann은 2013년 슈피겔과의 인터뷰에서 마리아에 대해 이렇게 고백했다. "의학적 관점에서 마리아가 처녀라는 걸 나는 믿지 않는다."

글 미하엘 존트하이머

성서의 애무

어떻게 4세기 번역가 히에로니무스는 보편적으로 통용되었고, 오늘날까지도 논란을 일으키는 성서를 만들었을까?

은둔자는 달콤한 꿈을 꾸었다. 그는 기록했다. "나는 종종 소녀들의 춤을 생각했다. 나의 생각은 로마의 유흥가를 떠돌아다닌다." 전갈과 다른 짐승들 사이에서 이 은둔자는 고독을 참고 견뎠다. 단식으로 볼은 창백했고, 피부는 거칠고 까매졌지만, "차가운 몸 안에서 정신은 갈망으로 빛났다."

자신의 청소년 시절을 떠올리며 이에 대해 스스로 저주하던 이 인물은 고대 교회에서 막강한 영향력을 지녔었고, 동시에 다양한 측면을 지닌 인물이었다.

히에로니무스. 존경과 미움을 동시에 받는 이 인물은 347년 로마령 달마티아에서 태어났고 70세 이후에 죽었다. 히에로니무스는 교부이자 성서 번역의 원로다. 그의 사망일인 9월 30일은 세계 번역의 날로 지정되었고, 히에로니무스는 번역가들의 수호성인이 되었다.

히에로니무스의 작품은 수백 년 동안 그 의미가 지속되었다. 그의 신구약성서 라틴어 번역판은 많은 반대를 극복하고, 대중의 성서가 되었다. 1546년, 트리엔트 공의회는 '불가타(라틴어로 '널리 퍼져 있는')'본을 공식적으로 통용되는 성서로 선포했고 약 500년 동안 그 지위를 유지했다.

이런 책의 번역자는 어떤 인정을 받아야 할까? 결코 단순하지 않은 이 인물에게 어떤 영예를 주어야 할까? 뮌스터의 교회사학자 알폰스 퓌르스트Alfons Fürst는 히에로니무스를 다룬 책에서 그에 대해 이렇게 요약했다. "염세적 성향의 다혈질, 금욕적 이상을 선전하는 호전적인 선동가, 풍부하고 다양한 측면을 보여주는 생산적인 작가, 언어의 천재, 부지런한 번역가, 그리고 독창적인 학자." 교황조차도 그의 성격을 언급하지 않고는 이 성인을 평가하지 못했다. 베네딕토 16세는 "비록 그의 유명한 까다롭고 격한 성격에도, 자신의 긴 생애 동안 성서를 구체적으로 살아 있게 한" 히에로니무스의 노고를 칭송하였다.

로마의 부유한 가정에서 태어나 유명한 문법 교사의 학생으로 포괄적인 교육을 받았던 히에로니무스는 처음에는 성서에 큰 의미를 두지 않았다. "예언서 읽기를 시작했을 때, 나는 배우지 않은 언어 때문에 거북스러웠다"라고 썼다. 그러나 그 후 태도의 변화가 일어났다. 히에로니무스는 쾌락을 즐기는 청년에서 금욕적인 사람이 되었고, 가끔씩 은둔가가 되기도 했다. 그의 말에 따르면, 꿈에서 하나님이 나타나 "너는 키케로주의자일 뿐, 그리스도인이 아니다"라고 경고했다. 즉 이방 문학의 추종자일 뿐이라는 말이었다. 그 후 히에로니무스는 이방 문학들과의 관계를 끊었다.

성서는 그의 평생 작품이 되었다. 382년 교황 다마수스 1세 Damasus I는 다양한 라틴어 옛 번역본들의 혼란에 대응해 개선되고 통일된 하나의 판본을 편찬하라는 임무를 히에로니무스에게 주었다. 히에로니무스는 이미 존재하는 문헌의 수정에만 그치지 않았다. 그는 히브리어와 그리스어로 된 원문으로 돌아갔다. 먼저 그는 복음서에 관심을 기울였고, 그다음에는 신약성서의 다른 문헌들도 그리스어 원문의 도움을 받아 수정하였다. 구약성서의 첫 번째 미완성 판본은 여전히 그리스어 성서 "'셉투아진타'에 따라" 만들었다. 거의 완성본에 가까운 두 번째 판본은 "히브리어에서" 번역하여 완성시켰다고 그는 말한다.

의심의 여지 없이 대단한 업적임은 분명하지만, 여러 허점이 있었다. 또한 히에로니무스는 자주 허풍쟁이와 표절꾼으로 비판받았다. 그가 히브리어에 얼마나 능통했는지는 여전히 논란이 많다. 독일의 『신학백과사전Theologische Realenzyklopädie』[21]은 심지어 히

---

21 독일어권에서 가장 최근에 나온 저명한 종교학 및 신학 백과사전이다. 1977년에 1권이 처음 나왔고 2004년에 36권으로 완간되었다.

에로니무스가 "실제 그 언어를 거의 몰랐다"고 확언한다. 그리고 '도와주소서!'라는 의미의 히브리 단어 '호산나Hosanna'에 대한 그의 작업을 예로 든다. 히에로니무스는 여기서 '완전히 모험적인 철자법'을 보여준다고 한다.

미술가 미켈란젤로가 가장 유명한 불가타본의 오류를 대리석에 조각했다. 그의 모세상에는 빛나는 얼굴 대신 두 개의 뿔이 있다. 왜냐하면 히에로니무스가 히브리 원어를 '빛나는'이 아니라 '뿔이 난'으로 해석했기 때문이다. 이런 오류에도 불가타본은 비할 바 없는 성공을 거두었다.

분명한 사실은 불가타본이 히에로니무스의 단독 작품은 아니라는 점이다. 한편 히에로니무스는 많은 작품도 남겼는데, 그중에는 성서 주석도 많이 있다. 기꺼이 교황이 되고 싶었던 이 호전적인 남자는 성서학자였지만, 동시대인인 아우구스티누스만큼 뛰어난 신학자는 아니었다. 그러나 큰 영향력이 있는 성서 주석가였다.

"성경을 모르는 것은 그리스도를 모르는 것이다." 히에로니무스의 유명한 이 문장은 1965년 제2차 바티칸 공의회의『계시헌장』에서 또다시 인용되었다. 그러나 동시에 불가타의 지위는 다시 트리엔트 공의회 이전으로 돌아갔다. 불가타를 "언제나 존중하고 있"지만, 이제부터는 "특히 성서 원문에서", 즉 그리스어, 히브리어, 아람어에서 번역되도록 해야 한다. 2차 바티칸 공의회의 이런 결정으로 공동번역이 생겨났다.

그 이후 불가타는 트리엔트 공의회가 부여했던 가톨릭교회 안에서의 구속력과 권위를 더는 갖지 않는다. 그러나 그 의미는 여전히 막대한데, 단지 베네딕토회를 비롯한 여러 수도회들이 여전히 불가타본을 사용하기 때문만은 아니다. 이외에도 불가타는 여전히 논쟁을 가져온다.

불가타가 오늘날 어떤 무게를 지녀야 하느냐는 질문 때문에 2005년 독일 가톨릭교회와 개신교회에서는 다툼이 일어났다. 독일 개신교회는 새로운 공동번역을 위한 공동 작업을 중단했다. 특히 가톨릭교회가 불가타를 다시 더 강력하게 고려하려고 했던 점이 독일 개신교회를 어렵게 만들었다. 교회 일치에 재앙과 같은 일이었다. 그래도 이번에는 험담은 하지 않았다.

또 다른 성서 번역을 완성했던, 히에로니무스의 경쟁자 마르틴 루터는 과거에 이 과도한 금욕주의자에 대해서 말했다. 당시의 중세 독일어를 의역하면 이렇다. "만약 그가 한 여성이라도 가졌었다면, 그렇게 많은 멍청한 오류를 남기지는 않았을 것이다 Darumb wolt ich yhm gonnen, das er ein weyb het gehabt; so vil ding anders geschriben haben."

그러나 히에로니무스는 단호한 열정으로 완전한 금욕을 설교했고, 이를 실천했다. 섹스는 부부 사이에서조차(호산나!) 피해야 하는 일이다. "성관계를 참는 것은 부인을 공경한다는 의미다."

이런 금욕의 함양을 위해 히에로니무스가 성서 읽기 이외에 무엇을 권유하겠는가. "성서라는 학문을 사랑하라. 그러면 육체의 짐을 더는 사랑하지 않게 될 것이다." 그는 여성에게 조언한다. "성서를 존중하라. 그러면 그대는 성서의 애무를 받을 것이다. 성서는 그대에게 목걸이와 귀걸이 같은 존재가 될 것이다."

글 마르쿠스 베르베트

04

모두를 위한
성서

종교를 넘어 권력이 되다

사탄의 사자들

후기 중세 교회는 권력 계산 때문에 성서 본문을 평신도로부터 멀리 떨어뜨려놓았다. 그러나 성서가 여러 민족 언어로 번역되는 흐름을 막아내지는 못했다.

1415년, 보덴제에 인접한 자유 제국 도시 콘스탄츠에는 6000명의 시민이 좁은 담벼락 안에 살고 있었다. 오늘날에는 대략 2만 5000명에서 3만 5000명 정도가 살고 있다. 그해에 그리스도교 세계 곳곳에서 빠짐없이, 에티오피아, 발렌시아 또는 러시아의 노브고로드에서도 사람들이 콘스탄츠로 왔다. 추기경들과 대주교들, 수도자들, 지식인들과 마술사들, 그리고 좋은 돈벌이 냄새를 맡고 찾아온 은행가들과 자선을 기대하고 온 거지들도 있었다.

엄청나게 많은 사람들이 모였고, 여기에 창녀가 빠질 수 없었으니, 약 800여 명의 창녀가 콘스탄츠로 왔다. 시의회는 홍등가 방문 가격을 정해두었는데, 대단히 비싼 가격이었다. 시인이자 음악가인 오스발트 폰 볼켄슈타인Oswald von Wolkenstein은 명백히 이

중 의미로 기록했다. "보덴제를 생각하면, 지갑 때문에 나는 마음이 아프다."

1414년 11월부터 콘스탄츠에서는 정치적으로 매우 중요한 공의회가 열렸다. 과거에 그토록 막강했던 가톨릭교회가 마침내 분열 상태를 끝내려고 했다. 이 분열 상태는 이후 역사에 서구 대이교라는 이름으로 기록되었다. 교황이 동시에 3명이나 있었다. 베네딕토 13세Benedictus XIII, 그레고리오 12세Gregorius XI, 그리고 요한 23세Johannes XXIII. 말도 안 되는 상황이었다.

2014년 콘스탄츠에서 열린 전시회는 이 공의회를 "중세의 세계적 사건"이라고 불렀는데, 이 세계적 사건은 당시 수백만 신자들에게 중요한 또 다른 주제도 하나 다루었다. 바로 성서 해석의 권한 문제였다. 그리스도인들의 기초 서적인 성서는 중세 시대에는 세계를 설명하는 안내서였다. 그러나 이 해석과 주석 작업은 성직자와 그들의 특별한 권력이 독점했다. 성직자들의 이런 권리에 감히 의문을 표하거나 심지어 교황의 권위를 의심하면 이단으로 간주되었다.

바로 옥스포드대학교 신학 교수 존 위클리프John Wyclif처럼 되었다. 그는 1380년에 다른 여러 초안들을 참고하여 영어로 된 성서 번역을 내놓았다. 라틴어를 모르는 자기 나라 사람들이 하나님의 말씀에 접근할 수 있도록 하려는 목적이었다. 또는 프라하 대학교의 교수이자 열정적인 설교가였던 얀 후스Jan Hus의 경우도 있다. 위클리프는 후스의 모범이었다. 후스는 자신의 동료들을 맹렬히 비난했다. 후스에 따르면, 성직자들은 "평범한 사람들이 성서를 알게 되는" 일을 "권력을" 이용하여 막고 있는데, "사제가 아닌 사람들이" 성서를 읽고 있는 것을 "보고 싶지 않기" 때문이다. 민중은 성직자의 설교에서 "오류"를 알아 차리면 안 되는데, 그렇게 되면 성직자들은 "평신도로부터 더는 존경을" 받지 못하게 될 위험이 있기 때문이라고 후스는 덧붙였다.

이 불복종과 교회 지도층에 대한 비판의 결과는 끔찍했다. 오래전에 이미 파문당했던 후스는 콘스탄츠 공의회 교부들 앞에서 자신의 의견을 철회하라는 명령을 받았다. 놀랍게도 후스는 이 명령을 따랐고, 콘스탄츠로 왔다. 독일의 왕이자 황제의 아들인 지기스문트Sigismund가 그의 안전을 보장해주었기 때문이다. 이 안전 보장은 피고인이 어떤 판결을 받더라도 무사히 고향으로 돌아갈 수 있다는 것을 의미했다.

그러나 후스는 이단이라는 죄목으로 감옥에 갇혔고, 결국 그의 작품들과 함께 산 채로 불태워졌다. 후스는 한 고별 편지에서 자신의 박해자들에 대해 이렇게 썼다. "나는 그들이 성서보다 나의 글을 더 열심히 읽는다는 것을 알고 있다. 그들은 나의 글 안에서 잘못된 가르침을 발견하고 싶기 때문이다."

그의 친구이자 동지였던 프라하의 히에로니무스는 후스를 구하기 위해 콘스탄츠로 급히 달려갔지만, 그 또한 혹독한 고문을 당한 후 화형당했다. 이미 죽은 지 수십 년이 지났던 위클리프의 유골은 무덤에서 다시 파헤쳐져, 마찬가지로 장작더미 위에 던져졌다. 교회에 있는 복수의 천사들은 자신들의 독선적인 광기 속에 망자의 안식도 무시했다.

자기 민족의 언어로 성서를 번역하고 이를 통해 로마로부터의 해방 신호를 알렸던 자들은 즉시 교황청 종교 재판관으로부터 괴롭힘을 당했다. 심지어 이 성서를 둘러싼 전쟁도 있었다. 진짜 전쟁이었다. 예를 들면, 1419년부터 1434년까지, 후스파라고 폄하해 불리던 후스 추종자들과 가톨릭교회 옹호자들 사이에 전쟁이 있었다.

"중세의 가을." 네덜란드의 문화사학자 요한 하위징아Johan Huizinga는 콘스탄츠 공의회가 끝난 후 납처럼 무겁게 가라앉은 이 시대를 이렇게 불렀다. 이 긴 시대의 봄은 800년에 시작되었다. 이 시작은 새로운 성서의 표준화라고도 부를 수 있고, 진보로 가는 도약이기도 했다.

단순히 '널리 보급된 판' 또는 '대중적인 번역'을 의미하는 '불가타'본이 수백 년 동안 존재하기는 했다. 전문가들에 따르면, 불가타본은 확실히 "동질 작품"이 아니었고, "여러 곳에서 생긴 문헌들의 조합"이었다. 초기 판본들, 질이 떨어지는 사본들과 그곳에서 드러나는 독단성은 종종 단어 선택에 대한 의심을 일으켰다. 이런 상황의 정돈이 필요했다. 그리고 이 정돈을 위해서는 공

권력과 부유한 자의 꽉 찬 보석함이 필요했다. 프랑크왕국의 전
설적인 왕, 카롤루스Carolus 대제가 등장한다.

카롤루스 대제는 신뢰할 만한 성서 판본 만들기라는 엄청난 작
업을 시작했다. 작업의 지침은 '개정'이었다. 성서를 오류로부터
해방시킨다는 뜻이었다. 자신의 신하 가운데 최고의 두 명에게
이 과업을 주었다. 두 사람은 서로 독립적으로 작업해야 했다. 요
크 출신의 신학자 알퀸Alkuin 이 그중 한 명이었다. "찾을 수 있는
사람 중 가장 많이 배운 사람." 카롤루스 대제의 전기 작가 아인
하르트Einhard 는 알퀸을 이렇게 묘사했다. 그리고 서고트족이었
던 테오둘프Theodulf 가 다른 한 명이었다. 그 또한 높은 지력과 학
식에 독설까지 갖추었다.

아마도 테오둘프가 더 엄밀한 작업자였을 것이다. 그러나 알
퀸이 더 성공적이었다. 그는 이 일을 홍보 작업으로 이해했기 때
문이다. 그러니까 알퀸은 정확히 대제의 인생에서 가장 중요한
날에 자신의 성서 판본이 완성되어 왕에게 도달하도록 했다. 그
날은 카롤루스 대제가 로마에서 신성로마제국의 황제로 즉위하
던 800년 12월 25일이었다. 튀빙겐 학자 에바 슐츠-플뤼겔Eva
Schulz-Flügel 이 설명한 것처럼, 당시 유럽의 학문을 선도하던 파리
대학교의 학자들은 나중에 알퀸의 성서에 '표준 성서'라는 지위
를 부여했다.

제1천년기(기원후 1년~1000년) 말까지는 성서 필사본이 대단히

드물었지만, 1050년경에 엄청나게 많은 필사본이 쏟아졌다. 성서를 끊임없이 계속해서 필사했던 수도자들의 큰 열정 덕분이었다. 가끔씩 여러 권으로 내기도 했고, 종종 주석을 달아놓기도 했다(전문용어로 '표준 주석glossa ordinaria'이라고 부른다). 그림이나 연작 그림들로 성서를 꾸몄다.

예를 들면 12세기 말에 나온 어떤 화려한 그림 성서는 나바라의 왕들을 기쁘게 해주었는데, 이 성서 가운데 세 권이 아직 남아 있다. 또한 성서에 훌륭한 설명이 추가된 책도 있었다. 예를 들면 피에르 라이에Pierre Raye 라고도 불렸던 프랑스 랭스 출신의 의전사제 페트루스 드 리가Petrus de Riga 의 『아우로라Aurora』가 있다. 이 책은 성서의 거의 모든 책에 운문 형식으로 역사적 – 알레고리적 설명을 덧붙였다. 성서 연구자 알프레드 웩워스Alfred Weckwerth 의 발견에 따르면. 이『아우로라』는 "가장 오래된 중세의 시 문학 작품에 속한다."

알레고리는 중세 성서 해석에서 열쇠가 되는 개념이다. 문자 그대로 알레고리는 '생각한 것과는 다른 어떤 것을 말하는 것'을 의미한다. 성서의 구체적 사실성을 위해 신학자들은 '문자적 의미'라는 개념을 만들었다. 그러나 이 문자적 의미는 종종 이해하기 힘들었고, 모순되며 심지어 터무니없는 경우도 있었다. 하나님은 행위의 기초가 되었고, 더 높은 '정신적 의미'를 전달하고 싶어 하셨다고 한다. 하나님이 등장하는 경우에 성서 텍스트의 설명은 반드시 사실을 의미하지는 않는다. 예를 들면 이른바 세상을 6일 만에 창조했다는 이야기에서 이 6일이 인간의 날짜일 필요는 없다.

1209년에 사망한 드 리가는 자신의 작품에 의식적으로 의도를 갖고 아우로라라는 이름을 붙였다. 그 단어의 이중성 때문이다. 아우로라는 어스름과 여명이라는 뜻을 함께 갖고 있다. 그렇게 그는 "신약성서의 떠오르는 빛으로 구약성서의 어두운 구름을" 몰아내고 싶었다고 한 전문가는 평가했다. 구약성서와 신약성서의 대립, 신약성서를 통한 구약성서의 성취, 그리고 구약성서에 드러나는 신약성서의 전조는 오랫동안 아주 위험한 갈등 요소였다.

11세기에서 12세기로 넘어가는 즈음에 한 신앙 공동체가 형성되었고, 의미 있는 공동체로 빠르게 성장했다. 카타리파Cathari가 바로 그 공동체다. '카타로이Katharoi'는 그리스어로 '순수한 자들'을 의미하며, 이탈리아어어로는 '가짜리Gazzari'다. 독일어에서는 이 어원에서 이단이라는 의미의 '켓처Ketzer'라는 단어가 나왔다. 이 공동체의 신앙은 단순했고, 납득할 만한 것이었다. 선한 신이 천국을 창조했고, 악한 신이 죄로 물든 세계를 만들었다.

그리고 그들의 확신에 따르면 죄로 물든 사악한 세계는 구약성서의 많은 주인공들을 통해 드러난다. 그래서 그들은 구약성서의 인물들을 대부분 거부하거나 대단히 맹렬하게 비판했다. 아브라함과 모세, 이삭과 다윗은 살인자들이며, 사탄의 사자들이라고 봤다. 남부 프랑스, 피에몬테 지역, 사부아, 이탈리아, 스위스, 스페인, 그리고 남부 독일에 사는 수십만 명이 이런 생각을 따랐다.

여기에 또 다른 집단이 하나 더 생겼다. 발도파가 그들이다. 이 모든 사태가 가톨릭교회에 큰 압력을 주었다. 즉 이 종파들은 예컨대 초기 스콜라 신학자들처럼 "변증법적 일치를 통해 (…) 다양한 전통과 권위와의 조화"를 추구하지 않았다. 중세 연구가 헤르베르트 그룬트만Herbert Grundmann은 이렇게 표현했다. "대신 그들은 자신들의 독자적 성서 이해와 교회 전통 및 실천이 일치할 수 없다고 생각했다."

카타리파는 의례와 성서에 대한 이해를 근본적으로 바꾸기를 원했다. 여기에 더해 이들은 발도파와 마찬가지로 초기 그리스도인들의 사도적 가난을 추구했다. 이 두 공동체는 스스로를 파우페레스pauperes[22], 즉 가난한 자들이라고 불렀고, 카타리파는 파우페레스 크리스티pauperes Christi, 즉 그리스도의 가난한 자들, 발도파는 파우페레스 드 루그두노pauperes de Lugduno, '리옹의 가난한 자들'이라고 스스로 칭했다. 웩워스는 이렇게 진단했다. "이로써 로마 가톨릭교회는 자신들의 기초를 뿌리부터 위협하는 강력한 청빈 운동에 직면했음을 알게 되었다."

---

[22] '가난한'이라는 의미의 라틴어 형용사 '파우페르(pauper)'의 복수형이다.

교황 인노켄티우스 3세Innocentius Ⅲ는 1208년에 이 변절자들과의 전쟁을 선언했다. 그리고 남부 프랑스의 소도시 알비Albi가 이 이단자들의 중심지였기 때문에, 20년에 걸친 난폭한 탄압을 알비의 십자군이라고 부르게 되었다.

또한 교회를 신봉하는 무리들은 선전 작업에도 힘을 쏟았다. 그들이 생각하는 오류를 올바른 정통 교회의 세계관으로 명쾌하게 설명하기 위해 삽화를 넣은 문헌들이 생겨났다. 이 문헌들은 오직 하나의 의미를 담고 있다. 하나님의 구원은 구약성서에서 신약성서로 넘어간 것이다. 즉 신약성서는 구약성서를 전제하고 이를 완성시킨다. 알레고리적 성서 이해의 한 특별한 유형인 이 대립 명제를 예정론이라고 부른다.

하나의 예를 들면, 삽화에서 그리스도의 십자가는 가운데 있고, 번제물로 바쳐지려는 이삭이 왼쪽에, 구리뱀은 오른쪽에 있다. 그 밑에는 옆구리에 상처 있는 그리스도, 이브의 창조, 그리고 바위를 쳐서 물을 내고 있는 모세가 있다. 이 그림의 양쪽에는 이에 맞는 텍스트가 있으며, 판본에 따라 라틴어, 독일어 혹은 독일어와 라틴어가 함께 들어 있다.

이처럼 비블리아 파우페룸biblia pauperum, 즉 빈자들의 성서는 구약성서와 신약성서에서 눈에 띄는 유사한 장면들을 찾아 서로 연결시키면서 이를 폭넓게 활용했다. 전문가 웩워스에 따르면, 이 그림 성서들은 "소위 이단에 저항하는 사제와 설교자의 작업 도구가" 되었다. 대단히 매력 있는 설명이지만, 다른 종류의 독서 방식도 있었다. 빈자들의 성서는 말하자면 탁발승과 빈궁한 교구 사제들을 위한 장비였다. 이들은 돈도 없었고, 포괄적인 신학 교육도 받지 못했기에 그림 성서는 이들에게 유용했다.

또는 빈자들의 성서는 오로지 전적으로 마음이 가난한 사람들을 위한 것이었다. 그들은 교훈적인 그림으로 구성된 성서에서 성서 역사의 가장 중요한 사건들에 더 친숙하게 되었다. 이처럼 빈자들의 성서는 그들에게 올바른 성서로 알려지고 신뢰를 받았으며, 어떤 이들은 빈자들의 성서를 완전한 성서라고 부르기도 했다. 결국 대다수 일반 신자들은 라틴어를 몰랐던 것이다.

중세 필사본의 약 95퍼센트는 잃어버렸거나 사라졌다. 오늘날에는 다양한 곳에서 만들어진 약 80편의 빈자들의 성서만이 존재한다. 빈자들의 성서는 중세에 대단히 널리 보급되었음이 분명한데, 이를 만든 이면에 담긴 어떤 의도가 오늘날까지도 분명하게 느껴진다. 그 의도란 해석의 주권을 중앙의 교황 권력에게 안전하게 보장해주려는 것이었다. 교황의 권력을 보장해주는 다른 수단도 있었다. 제한과 금지다.

중세 기간 내내 성서는 다양한 대중 언어로 번역되었다. 고대와 중세 표준 독일어Mittelhochdeutsche로, 프로방스어로 번역되었고, 위클리프보다 훨씬 전에도 영어로 번역되었다. 폴란드어, 네덜란드어, 슬라브계 언어들로도 번역되었다. 그러나 교회 지도자들은 인준받지 않은 번역본들을 보면서 걱정했다. 이 번역본들이 가톨릭교회의 교리와 어긋나게 성서를 해석하거나, 독자들이 잘 못된 번역에 머물까 봐 걱정했다.

그래서 1199년에 교황 인노켄티우스 3세는 개인적 성서 읽기를 금지하면서, 이를 "더 사악한 모임들"이라고 불렀다. 알비의 십자군 이후, 1229년 툴루즈 공의회에서 그레고리오 9세Gregorius IX는 모든 평신도들에게 "구약성서와 신약성서의 책들을 소유"하는 일을 금지했다. 예외적으로 〈시편〉과 성무일도[23] 기도서는 인정했다.

곧 이에 대해 스페인 주교들은 타라고나에서 열린 주교 회의에서 훈령을 선포했다. "이런 책을 갖고 있는 사람은 이 책을 태워버릴 수 있도록 8일 안에 (…) 제출해야 한다." 왕은 성서 금지라는 규정을 다음과 같은 지침으로 보완했다. 성직자를 제외한 누구도 공적으로든, 혹은 사적으로든 신앙에 대해 토론해서는 안된다. 심지어 나중에 이 명령은 법률 형태로 만들어졌다.

14세기 오스트리아의 분노한 한 성서 번역가는 성직자들을 비난하였다. "그들은 자신들만이 하나님의 말씀을 이해한다고 주장한다. 정작 이렇게 많은 이들이 실제로는 아무 일도 하지 않으면서 말이다." 이 번역자의 이름은 알려져 있지 않다. 그는 틀림

---

[23] 시간 전례라고도 하며 천주교의 성직자, 수도자, 혹은 평신도 들이 매일 정해진 시간에 드리는 기도를 말한다.

없이 이름을 감추었을 테고, 그렇게 할 충분한 이유가 있었다.

스스로 성서에 관여하는 자는 목숨이 위태로웠기 때문이다. 콘스탄츠 공의회가 끝난 지 100여 년이 지난 후에 읽을 줄 아는 대부분의 사람들이 이제는 성서를 접할 수 있게 되었다. 여기에는 마르틴 루터의 공이 크다. 오늘날 역사가들에게 루터는 중세의 종말을 표시한 인물이다.

글 게오르크 뵈니쉬

금으로 된 계시록 - 오토 하인리히 성서

이 작업은 팔츠 지역의 영주가 의뢰했다. 1530년 크리스마스 직전에 라우잉겐의 화가 마티스 게룽Mathis Gerung 은 그림 성서 작업 계약서에 서명했다. 99개 삽화와 235개의 머리글자에 대해 70굴덴Gulden[24]과 겨울 궁중 의복 한 벌을 받기로 했다. 만약 화가가 계시록을 그리면 여름 정장과 20굴덴이 추가된다.

게룽은 걸작을 선보였다. 게룽이 자신의 기술을 한껏 발휘한 이 작품은 그의 삽화 중에서 대단히 유명하다. 가장 오래된 독일어(중세 바이에른어) 그림 신약성서 필사본은 장서가였던 팔츠-노이부르크Pfalz-Neuburg 선제후 이름을 따라 오토 하인리히 성서Die Ottheinrich-Bibel 라고

24 14~19세기에 사용하던 독일의 금화로, 1굴덴의 화폐 가치는 현재의 네덜란드 화폐 100센트에 해당한다.

불렀다.

송아지 가죽으로 만든 307장의 대형 양피지 위에 독일 르네상스 양식에 따라 황금색과 화려한 색상으로 비할 데 없이 훌륭하게 성서를 묘사했다. 궁정에 의해 이루어진 이 화려한 성서의 제작은 이미 1430년에 시작되었다.

바이에른 - 잉골슈타트Bayern - Ingolstadt 의 수염 많은 공작 루트비히 7세Ludwig Ⅶ는 화려한 색상의 독일어 성서를 원했다. 필사본은 루터의 번역본이 나오기 약 100년 전에 완성되었다. 그런데 책 장식과 삽화를 책임지고 있던 레겐스부르크의 장인 세 명은 알 수 없는 이유로 〈마가복음서〉까지만 그림을 그렸다.

수백 년 동안 이 귀중한 필사본의 소유자가 여러 번 바뀌었다. 30년 전쟁 때 전리품으로 약탈되었다가, 19세기에는 여덟 조각으로 나누어졌고, 2007년 이후 다시 전체가 바이에른 국립도서관 소유로 합쳐졌다. 헤로데 대왕의 향연은 가장 화려한 그림으로 통하는데, 궁정 예복을 입은 사람들이 식탁에 앉아 있고 헤로데 대왕은 모피와 코발트색 외투를 입고 있다.

마음의 욕구와 불세례

교황과 황제에게 쫓기던 젊은 신학자 마르틴 루터는 바르트부르크에서의 은신
생활 중에 성서 번역에 착수했다. 이 엄청난 작업이 교회와 독일어를 뿌리째 흔
들었다.

1521년 5월 4일, 마르틴 루터는 보름스Worms에서 열린
제국 의회에서 집으로 돌아가는 길에 튀링겐 숲을 지
나고 있었다. 전국적으로 유명한 교회 비판가와 그의 동행자들을
태운 마차는 중세의 성벽인 알텐슈타인 성을 막 지나고 있었다.
그러나 농촌의 아름다움을 즐기던 평온한 여행은 그곳에서 갑자
기 끝이 났다.

이들이 다음 구경거리인, 오늘날에는 폐허가 된 리벤슈타인 성
에 도달하기 직전에, 무장한 기사들이 길을 가로막았다. 함께 여
행하던 한 동료 수사는 숲으로 도망갔다. 두려움에 떨던 마부는,
눈앞에서 위협하는 석궁의 화살 끝 앞에서 자신의 승객이 마르틴
루터라고 바로 대답했다.

그러자 보병들이 욕설을 퍼부으며 루터를 마차에서 끌어내렸

다. 루터의 친구 니콜라우스 폰 암스도르프Nikolaus von Amsdorf가 큰 소리로, 그리고 아마도 용감하게 이 습격에 항의했다. 납치자들은 루터를 근처에 있는 바르트부르크로 데려갔다. 그곳에서 성주 한스 폰 베어렙쉬Hans von Berlepsch가 끌고 온 손님을 반갑게 맞이했다.

왜냐하면 루터는 강도의 습격을 받은 것도 신학적 적대자들에게 포획된 것도 아니었기 때문이다. 납치 부대의 지도자 부르크하르트 2세 훈트 폰 뱅크하임Burghard Ⅱ. Hund von Wenkheim은 루터를 보호하라는 제후의 명령을 수행 중이었다. 루터는 즉시 보호받아야 할 처지였다. 신성로마제국의 황제이자 "로마 독일의 왕"이었던 카를 5세Karl V가 이 교회 개혁가에게 전쟁을 선포했기 때문이다. 루터는 신앙을 쇄신하길 원했기 때문에, 황제는 5월 8일 보름스 칙령에서 그에게 국외 추방을 선고했다. 국외 추방은 더는 법률의 보호를 받지 못하고, 누구나 그를 체포해도 되며, 심지어 죽여도 된다는 뜻이다.

그러나 지혜의 프리드리히라고 불리는, 작센의 선제후 프리드리히 3세Friedrich Ⅲ는 루터의 비판적 신학에 공감했기에 이 반역자를 구하려고 했다. 프리드리히는 황제의 중앙 권력과 탐욕적인 교황권에 대항했다. 교황이 루터를 이단으로 단죄했던 1518년부터 이미 프리드리히는 루터를 변호했었다.

그렇게 프리드리히는 위장 납치극을 지시했다. 루터와 그의 몇몇 친구들에게만 계획을 알려주었는데, 그중에는 암스도르프에서 출발한 동행자도 있었다. 아무것도 모르는 마부가, 루터는 납치되었다고 확실히 보고할 수 있게, 그 동행자가 납치자들에게 욕을 했다.

보름스 회의에서 루터는 자신의 신학적 견해를 '성서'를 근거로 방어했다. 그는 스스로를 더 정확하고 확실한 성서 해석자로 봤다. 독일어를 쓰는 민족의 대중 다수가 여전히 성서를 접할 수 없었다.

공식적인 '불가타'본은 소수만이 읽을 수 있는 라틴어로 되어 있었다. 히브리어와 고대 그리스어 성서도 단지 전문가들만 이해할 수 있었다. 이때 인쇄술이라는 기술 혁명이 책자의 대량 확산을 위한 이상적인 조건을 마련했다. 15세기 중반에 마인츠의 금세공사 구텐베르크가 금속활자를 이용한 인쇄술을 발명한 다음부터 책을 여러 판으로 생산할 수 있게 되었다. 또한 당시에 이미 낡은 언어가 되었던, 중세 표준 독일어로 번역된 성서로는 많은 사람들이 아무것도 시작할 수가 없었다.

성서를 한 민족이 이해할 수 있는 언어로 번역하여 전국에 보급하는 일이 가능할까? 이 일이 교회 개혁을 위한 추진력이 될 수 있을까? 루터는 이런 질문들에 몰두했다. 그가 아니라면, 누가 이런 일을 수행할 수 있었겠는가? 그리고 그때가 아니었다면, 언제 이를 위한 시간이 왔겠는가? 바르트부르크에서 루터의 머릿속에는 성서와 해석에 대한 이런저런 생각들이 떠나지 않고 있었다. 그 성에 함께 사는 사람이 그를 사냥에 초대했을 때, 그는 교황과 사탄에 대해 생각하고 있었다. 몰이 사냥 대신, 성서 주석에 더 마음이 쏠렸다.

루터의 방에 있는 소박한 나무 책상 위에는 라틴어 불가타본 성서, 에라스뮈스가 편역한 고전 그리스어 성서와 라틴어 번역본이 있었다. 이 세 개의 판본으로 1521년 늦은 가을에 그는 신약성서의 독일어 번역 작업을 시작했고, 엄청난 집중력으로 11주 만에 번역을 끝냈다. 루터는 친구 게오르크 부르크하르트 슈팔라틴Georg Burkhardt Spalatin에게 자신의 준비 작업에 대해 알려주었다. "나는 히브리어와 그리스어를 배우고, 끊임없이 쓰고 있다네."

신약성서에서 루터는 〈요한복음서〉, 〈로마서〉, 〈베드로전서〉의 첫 번째 편지를 '핵심이자 정수'로 여긴다. 교회사학자 토마스 카우프만Thomas Kaufmann에 따르면, 루터는 이 책들이 어떻게 그리스도에 대한 신앙이 "죄, 죽음, 지옥을 극복하고, 삶, 정의, 구원을 받을 수 있는지"를 잘 설명한다고 보았기 때문이다.

성서에 대한 루터의 이해는 〈요한복음서〉의 맨 앞부분에서 압축적으로 드러난다.

태초에 '말씀'이 계셨다. 그 '말씀'은 하나님과 함께 계셨다. 그 '말씀'은 하나님이셨다.　　　　　　　　　　　　　　　（요한복음서 1:1）

이 바르트부르크의 은둔자는 친구들에게 보내는 편지에 서명할 때 "파트모스Patmos 섬으로부터"의 발신이라는 문구를 함께 썼다. 전승에 따르면, 〈요한계시록〉의 저자 요한은 에게해 동부에 있는 파트모스 섬에서 1세기에 계시의 환시를 받았다고 한다. 이처럼 루터는 스스로를 묵시론적 선지자이자 예언자인 요한의 역할을 수행한다고 봤다.

이 해방의 신학자를 추동했던 것은 무엇인가? 1521년 9월 친구 슈팔라틴에게 보낸 편지에서 그는 "옛 교회의 외형과 도덕을 복구시키기를" 원했다고 분명하게 밝혔다. 루터에 따르면, 이를 위해서 "인간의 모든 법 해석이 파괴되고 그 굴레에서 벗어나야 한다." 혁명적 잠재력이 있는 어떤 프로그램이 필요했던 것이다.

루터 안에는 세속에 물든 교회에 대한 엄청난 분노와 '그리스도의 자유'를 실현하려는 기대와 의지가 살아 있었다. 그는 독일인들의 땅이 끓어오르고 있음을 느꼈다. 상황이 부패했기 때문이다.

쇄신자 루터는 사람들에게 스스로 옳다고 여기는 것이 무엇인지 솔직하게 고백하라고, 그리고 거기에 따라 행동하라고 촉구했다. 그가 목표로 한 집단은 독일어를 쓰는 독일계 그리스도인들이었다. 당시 독일은 약 1000만~1200만 명 정도의 인구가 있었다. "나는 독일인을 위해 태어났고, 그들을 위해 봉사할 것입니다." 루터는 1521년 11월 스트라스부르 인문주의자 니콜라우스 게르벨Nikolaus Gerbel에게 쓴 편지에서 이렇게 썼다. 루터의 이 문장을 국가사회주의자들이 이용하는 바람에, 1945년 이후 교회사 학자들은 침묵하거나, "부끄러움 속에서만" 이를 언급한다. 루터 전기 작가 하인츠 쉴링Heinz Schilling의 말이다.

그러나 이 문장이야말로 루터라는 성서 번역가를 이해하는 열쇠다. 성서를 독일어로 전하는 일은 루터에게는 민족이라는 대중을 움직이기 위한 하나의 도구였다. 루터는 민족이라는 대중을 움직여 로마의 후견과 간섭에 저항하고, 독일의 문화 혁명을 추구하고자 했다. 루터는 독일을 교황권이라는 외부 권력의 희생자로 봤다.

1521년 4월 28일에 비텐베르크의 화가 루카스 크라나흐Lukas Cranach에게 보내는 편지에서 이런 입장을 보여주었다. 이 편지에서 개혁가는 자신이 참석했던 보름스 제국 의회에 대해 썼다. 그곳에서 황제는 스스로를 로마에 있는 교회 우두머리의 조력자로 보여주려고 했다고 한다. "오, 우리 눈먼 독일인들이여, 우리가 얼마나 어리석게 행동하고, 얼마나 비참하게 로마인들의 조롱과 놀림을 당하고 있던가!"

로마의 조작에 독일인들이 눈을 뜬다는 것은 "새로운 민족적 자존감을 형성하는 일이다"라고 신학자이자 루터의 전기 작가인 크리스티안 펠트만Christian Feldmann은 말했다. 이 일은 고립된 상류층의 단어장이 아닌 민중의 언어가 성서 번역의 기초가 될 때만 성공할 수 있었다.

그렇게 루터는 친구 슈팔라틴에게 궁중이나 귀족의 단어가 아닌 단순하고 대중적인 관용어로 도와달라고 청했다. 단순함과 쉬움이 성서의 장식품이 되어야 한다. 루터는 모든 사람들이 이해하기 위해서는 자신의 "어휘는 분명하고 명료해야" 한다고 끊임없이 강조했다.

루터는 독일어로 독일의 자유도 지키고자 했다. 루터의 언어는 사고의 독립을 반영하였고, 역사가 하인리히 폰 트라이치케 Heinrich von Treitschke가 지적했던 "독일인의 고집스러운 성격"도 속박에서 풀어주었다.

루터는 일상 독일어에서 문학적 언어가 구성되기를 원했다. 루터는 이렇게 적었다. "집에 있는 어머니들, 골목에 있는 아이들, 시장에 있는 남자들에게 이에 대해 묻고, 그들이 어떻게 말하는지 그들의 입을 봐야 한다. 그러고 나서 번역해야 한다. 그렇게 그들은 그것을 이해하게 되고, 그들과 독일어로 대화한다는 걸 깨닫게 된다."

이 성서 번역가는 수공업자에게 그 일과 도구를 설명하게 했고, 망치로 도살하는 푸주한을 관찰했다. 성서의 역사를 생생한 그림의 언어로 설명할 수 있기 위해서였다. 언어는 한 민족의 정신적 본질의 표현이라는 것을 루터는 알고 있었다. 그래서 루터는 번역 작업을 하면서 이렇게 불평했다. 이 일은 "히브리어를 쓰는 작가에게 독일어로 말하라고 강요하는 짜증나는 일이다."

루터는 많은 새로운 명사를 남겼다. 의심이 많은 사람들 Kleingläubige, 용병들Kriegsknechte, 잔소리꾼Splitterrichter, 임시방편Lückenbüßer, 평화 옹호자들Friedenfertige, 마음의 욕구(마음껏) Herzenslust. 그는 이런 단어들도 생각해냈다. 불세례Feuertaufe, 폭군Bluthund, 오점Schandfleck, 비방자Lästermaul, 그리고 미끼Lockvogel. 또한 동사들로 언어를 풍부하고 세련되게 만들었다. 흥분시키다erregen, 으스러뜨리다zermalmen, 수다떨다plappern, 따라하다 nacheifern.

'양의 가죽을 쓴 늑대Wolfen in Schafskleidern'와 같은 상징과 비유도 꾸준히 이용되었다. 루터는 두운도 좋아했다. 막대기와 지팡이Stecken und Stab, 벌벌 떨며 두려워하다Zittern und Zagen, 말과 행동 Rat und Tat. 이렇게 이 언어의 천재는 자신의 시대를 넘어 영원한 어떤 것을 만드는 데 성공했다. 루터는 성서 번역을 통해 교황 쪽 적대자들보다 우월해질 수 있다는 것을 알고 있었다.

1530년에 루터는 과거를 돌아보면서 『번역에 대한 공개 편지 Sendbrief Vom Dolmetschen』를 썼고, 여기서 그는 성서에 대한 자신의 작업에 대해 이야기했다. "나는 〈시편〉도 예언서도 주석할 수 있다. 그러나 그들은 하지 못한다. 나는 번역할 수 있다. 그러나 그들은 할 수가 없다. 나는 성서를 읽을 수 있다. 그러나 그들은 읽지 못한다."

루터는 20세 대학생 때 에르푸르트에 있는 대학 도서관에서 성서를 처음으로 읽었다. 그 이후 성서는 그를 다시는 놓아주지 않았고, 그는 1년에 두 번씩 꼼꼼하게 전부를 읽었다. 루터는 1483년 아이슬레벤에서 태어났고, 그의 아버지는 농부이자 광부이면서 작은 광산을 소유하고 있어서 어느 정도 윤택함을 가져다주었다. 루터는 만스펠트에서 성장했고, 그곳에서 시립학교를 다녔으며, 그 후 마그데부르크의 대성당 학교를 다녔다. 1501년 초부터 1505년까지 그는 에르푸르트 대학교에서 일반 교양 과정을 마쳤다. 그곳에서 문법, 수사법, 음악과 천문학을 배웠다.

　　'문학 석사' 시험을 통과한 후 법학 공부를 시작했지만, 끝마치지는 않았다. 루터는 법률가가 되는 대신 1505년 7월에 에르푸르트에 있는 종교적 열정자들의 피난처인 아우구스티누스 은수 수도회에 입회했다. 그곳에서 1507년 2월에 부제가 되었고, 4월에 사제 서품을 받았다. 아우구스티누스 은수 수도회는 1256년부터 존재했고, 1473년부터 수도회의 핵심은 엄격한 규율이 되었다. 수련 수사 때 루터는 난방이 되지 않는 작은 방에 살았다. 책상과 의자, 조명과 침대만 있는 공간이었다. 일상은 단식, 침묵, 합장 기도, 그리고 성적 금욕 생활에 대한 맹세가 지배했다.

　　그러나 루터는 배우고 싶었고, 설교를 하고 싶었다. 1508년 그는 비텐베르크대학교로 갔다. 그곳에서 로마 여행을 다녀온 후, 1512년에 신학 박사 학위를 받았다. 비텐베르크에서 성서에 통달한 이 달변가는 교구 대리직으로 올라갔다. 비텐베르크 아우구스티누스 수도회의 남쪽 탑에 있는 자신의 작업실에서 〈로마서〉를 명상할 때 신앙에 대한 루터의 생각은 근본적으로 변했다. 이것이 스스로 명명했듯이 "탑의 체험"이다. 루터는 이 성서 구절을 이렇게 해석했다. 하나님의 의는 믿음 안에서 드러난다.

의인은 믿음으로 살 것이다.   (로마서 1:17)

이렇게 루터는 성서에 대한 새로운 이해와 결합했다. 하나님의 의는 오직 예수 그리스도에 대한 믿음에서만 나오는, 자신의 능력으로는 어떻게 할 수 없는 은총의 선물이다. 이런 관점은 하나님의 은총은 '선한 행위'를 통해 얻을 수 있다는 당시 지배적인 교의와의 필연적인 갈등을 낳았다. 실제로 바티칸의 이런 신학은 부패를 낳았다. 왜냐하면 교황청의 고위 관직자들은 죄를 감면해주는 '면죄부'를 활발하게 거래했기 때문이다.

교회가 점점 더 빠져들고 있는 조작, 탐욕, 세속 권력의 추구라는 늪에서 빠져나오기 위해 루터는 성서라는 원천으로 되돌아갈 것을 요구했다. 1517년 10월, 면죄부 판매에 반대하며 공표한 루터의 95개 반박문은 이런 요구를 담고 있었다. 종교개혁이 시작되었다.

그러나 교회 권력층은 방어했다. 바티칸은 루터의 반박을 이단이라고 공격했다. 루터는 아우크스부르크에서 토마스 카예탄Thomas Cajetan 추기경으로부터 1518년 10월 이틀에 걸쳐 심문을 받았다. 결국 교황 레오 10세Leo X는 1521년 1월 루터를 파문했다. 파문당한 루터는 황제의 보호 아래 1521년 4월 보름스에서 열린 제국 의회에서 자신의 주장을 변호할 수 있었다. 그러나 그 후 황제는 자신이 교황편에서 루터와 싸우고 있음을 보여주기 위해 루터의 국외 추방을 선포했다.

그렇게 루터는 바르트부르크에서 안전했지만, 유례없이 고립되었다. 성의 가장 바깥쪽 안마당 너머 밝은 나무판자로 지은 작은 방에서 그는 엄격하고 검소하게 생활했다. 성으로 새롭게 이사 온 사람이 누구인지는 성의 사령관인 베어렙쉬만이 알고 있었다. 위장을 위해 루터는 '융커 외르크Junker Jörg'라는 가명을 썼고, 덥수룩한 수염과 긴 머리를 그냥 길렀다. 망명 생활 몇 주 후부터 이미 루터는 힘들었다.

그의 방은 창문으로 우거진 숲과 "가지 위에서 사랑스럽게 노래하는" 새들이 보이는 멋진 전망을 갖고 있었다. 그러나 숯가마에서 푸른 연기가 올라오는 풍경과 경치는 자신을 위로하지 못한다고, 1521년 5월 친구 필립 멜란히톤Philipp Melanchthon에게 보낸 편지에 썼다. "나는 여기서 하루 종일 무료하게 멍한 머리로 앉아 있다." 같은 달 친구 슈팔라틴에게 보낸 편지에 나온 내용이다. 7월에는 성에서의 외로움에 대해 친구 멜란히톤에게 불평했다. 그는 몸무게가 늘었고 소화불량에 걸렸다.

유배지에는 친구들과의 대화와 논쟁이 없었다. 그리고 신앙인들을 대상으로 한 설교도 없었다. 신자들의 눈과 얼굴을 보며 그들이 복음을 얼마나 이해했는지를 읽어낼 수 있었던 설교. 베를린의 의학자 한스 요아힘 노이만Hans-Joachim Neumann은 루터의 병력을 정밀하게 연구했고, 종교개혁가가 "큰 우울감"에 시달렸다는 것을 발견했다.

심지어 유령이 나타나는 환각에 시달리던 루터는 이 환각을 정신적인 문제가 아닌 사탄의 시험으로 해석했다. 가끔 광기의 경계까지 가는 이 천재는 어떤 사명에 사로잡혀 있었기 때문이다. "내 책들은 성서라는 명쾌하고 분명한 증거에 근거하고 있습니다." 루터는 1521년 4월 황제 카를 5세에게 이렇게 썼다.

교황의 교회는 성직 제도 밖에 있는 신앙인인 평신도들이 성서 본문과 친숙해지는 데 아무 관심이 없었다. 그렇게 되면 성서에 대한 교권의 해석 독점권이 위험해질 수 있기 때문이었다. 독일인들에게 이해할 수 있는 성서를 자유롭게 보급하는 일은 발트해와 알프스 사이에서 로마의 권력 기반을 파괴할 수밖에 없었다. 여기에 루터의 대단한 업적이 더해졌다. 그는 통일된 독일어 문자언어를 만들었고, 이로써 독일인들이 서로를 더 잘 알고, 자신들을 하나의 민족으로 이해할 수 있는 기초를 놓았다.

1522년 2월, 루터는 신약성서 번역을 끝냈다. 3월 1일에 루터

는 바르트부르크를 떠나 비텐베르크로 갔다. 그곳에서 그의 지지
자들은 교황을 옹호하는 자들과 격렬한 논쟁을 벌였다. 그 후 루
터는 신약성서와 몇몇 편지의 서문들을 작성했다.

뒤러의 제안에 따라, 멜란히톤의 격려 속에 크라나흐는 〈요한
계시록〉에 대한 21개의 그림을 완성했다. 1522년 9월, 비텐베르
크 인쇄업자 멜키오르 로터 주니어Melchior Lotter der Jüngere는 루터
작품의 첫 번째 판 3000부를 완성했다. '독일어 신약성서Das Newe
Testament Deutzsch.' 루터의 이름은 들어 있지 않았고, 그는 원고료도
요구하지 않았다. 그러나 루터가 저자라는 소문이 곧 돌았다.

미제본판이 0.5굴덴이라는 높은 가격에도 며칠 만에 완판되었
다. 이 돈이면 농부는 쟁기 두 자루를 살 수 있었다. 많은 이들에
게 그만큼 가치가 있었다. 12월에는 벌써 2판이 나왔다. 그러나
독일의 선제후 밑에 있던 루터의 반대자들은 이 새 성서를 금지
시키게 했다. 작센주의 공작, 수염 많은 게오르크Georg가 이 일을
시작했다. 그는 이 책의 판매와 소유에 처벌 규정을 만들었다.

이런 조치에 루터는 전혀 주눅 들지 않았다. 신약성서 인쇄를
준비하는 동안에 루터는 히브리어 원전에서 구약성서 번역을 시
작했다. 이를 위해 그는 12년 동안 친구들과 함께 일했는데, 그중
에는 멜란히톤과 비텐베르크의 히브리어 전문가 마태우스 아우
로갈루스Matthäus Aurogallus도 있었다.

이 작업은 1523년부터 나뉘어서 출판되었는데, 처음에는 모세

오경이 출판되었고, 1524년에는 〈여호수아기〉부터 〈에스더기〉까지의 역사서가, 같은 해에 마지막으로 〈시가〉와 〈시편〉이 나왔다. 1534년 가을에 완전한 '루터 성서'가 선제후의 인쇄 특권을 받고 처음으로 나왔다. 크라나흐의 작업장에서 나온 117개의 목판화도 삽입되었다. 초판 3000부는 다시 금방 완판되었다.

루터 성서는 비교할 수 없는 성공을 거두었다. 1546년 2월, 루터가 죽기 전까지 1판으로 약 430쇄를 찍었고, 부분과 전체를 합쳐서 50만 권이 인쇄소에서 떠나갔다. 마그데부르크에서 베른까지, 스트라스부르에서 그리마까지 여러 곳에서 이 작품은 생산되었다. 한 사람에 의해 민족을 위해 만들어진 작품이 이제 민족의 소유물이 되었다.

루터가 남긴 업적의 위대함은 그가 죽은 지 200년 이상이 지난 후에 드러났다. "그는 독일어라는 잠자는 거인을 깨워 결박을 풀어주었다." 1767년 철학자 요한 고트프리트 폰 헤르더Johann Gottfried von Herder는 이렇게 루터를 찬양했다. 괴테는 1819년에 이 언어 장인에 대한 놀라움을 한 편지에서 이렇게 표현했다. "그렇게 독일인들은 루터를 통해 처음으로 하나의 민족이 되었다." 루터 추종자였던 프리드리히 2세Friedrich II는 군종 성직자들이 배낭에 루터 성서를 가지고 다니는 군대의 도움으로 프로이센을 거대한 권력으로 바꾸어놓았다.

루터 성서는 독일을 지배하던 봉건 권력과 로마교황청에 조종을 울렸다. 1850년 독일 농민 전쟁에 대한 글에서 엥겔스Friedrich Engels가 분석한 대로, 루터가 "당대의 봉건제 그리스도교와 1세기의 검소한 그리스도교를 대조시키면서 평민들의 운동에서 강력한 무기를 손에 쥐어주었기" 때문이다.

독일 민족의 신성로마제국이 1806년 해체되고, 그 후 개신교적 프로이센이 몇몇 독일 국가들이 되는 과정도 루터의 영향력이 남긴 결과였다. 바르트부르크에 있던 민족의 번역가는 이를 위한 기초를 마련했다. 프로이센 개신교 사학자 트라이치케는 19세기 말에 자기 시대의 격정 안에서 이렇게 평가하였다. "로마 신정 정치의 마지막 부패한 잔해가 세속화되었고, 이와 함께 로마의 황제관도 파괴되었다."

글 우베 클루스만

신이여, 국왕을 지켜주소서!

제임스 1세는 자신만의 영어 성서 번역을 원했다. 이 번역본은 미국까지 가는 데 성공했다.

로버트 바커Robert Barker는 더 조심했어야 했다. 실제로 그는 힘이 있는 사람이었다. 국왕 제임스 1세James Ⅰ가 1604년에 새로운 성서 번역을 결정했을 때, 바커는 영어 성서를 인쇄할 수 있는 특권을 소유하고 있었다. 그러나 나중에 나온 한 특별판에 두 가지 오류가 발견되면서 이 런던의 인쇄업자는 엄청난 곤경에 빠졌다.

하필 한 계명에서 가장 핵심적인 단어 'not'이 빠졌기 때문이다. 이제 그 계명은 '너는 간통해야 한다'가 되었다. 나중에 식자공은 또 몇몇 구절에서 하나님의 '위대하심greatnesse'을 '그의 위대한 엉덩이 / 당나귀his great asse'로 잘못 수정했다. 오늘날 이 구절을 '하나님의 위대한 엉덩이' 혹은 당시처럼 '위대한 당나귀'로 읽는지와 상관없이, 둘 다 순전히 신성모독으로 들렸다.

특별히 이 실수가 곤혹스러운 점은 이 새 번역이 이전 번역본들의 오류를 없애기 위해 나왔기 때문이다. 오늘날 통용되는 이름처럼, 자신의 공적으로 인준된 '킹 제임스 성서'로 그 통치자는 영어 성서를 둘러싼 모든 논쟁을 끝내고 싶었다. 특히 완고하게 성서를 믿는 청교도들은 늘 반복해서 옛 번역의 오류를 비난했다. 그들 중 몇몇은 왕이 새 번역 작업의 높은 비용을 두려워하여, 차라리 바로 1560년에 나온 청교도들의 '제네바 성서'를 새로운 표준으로 선포하기를 희망하기도 했다.

그러나 제임스 왕에게 이 해결책은 생각할 수 없는 방법이었다. 제네바에서 온 성서는 이스라엘에게 이집트 권력에 저항하여 봉기할 권리가 있다고 과감하게 주장한다. 이 청교도 성서본은 심지어 왕을 단호하게 "어리석다"고 규정하기도 했다. 권력이 뭔지를 아는 왕이 민중들의 폭동에 대한 이런 법적 정당화를 받아들일 수는 없었다.

그렇게 제임스는 새로운 시작을 결정했고, 1604년부터 1611년까지 공식적인 영어 성서본이 생겨났다. 54명의 지명된 번역자들은 히브리어, 아람어, 그리스어와 같은 성서 언어의 전문가들과 영국 성공회의 대표자들이었다. 심지어 몇몇 청교도들도 여기에 이름을 올렸다.

랜슬롯 앤드루스Lancelot Andrewes는 지명된 자들의 대표자 가운데 한 명이었고, 1605년부터 치체스터의 주교이자 왕의 측근이었다. 제임스는 심지어 주교 폐하의 설교를 들으면서 잠이 들었다고 한다. 이 교회의 인물은 궁정으로 가는 어떤 전용선을 준비했다. 그렇게 안전하게 성서의 새 번역본은 왕의 생각과 일치하게 되었다.

번역 작업에서 번역자들은 충성을 조금 과하게 보여주었다. 제네바 성서에서 '왕'를 지칭하는 '폭군tyrant'이라는 단어를 그들은 그냥 자신들의 어휘에서 지워버렸다. 서문에서 왕을 제네바에서 온 '먹구름'을 몰아내는 '태양'이라고 찬양했다.

새로운 번역본은 지배자의 기념물이 되어야 했다. 그러나 이를 위해 먼저 너무 많은 말은 하지 않았다. 그 대신 전문가들은 자주 진부한 옛 언어에서 벗어나 신선하고 거침없는 표현을 썼다. 영어라는 자신의 모국어가 좋은 글을 쓸 수 있는 언어인지 누구도 알지 못했다. 번역가들이 히브리어와 그리스어 원전을 모방하려고 더욱더 시도할수록, 그들의 영어는 더욱더 삐걱거렸다. 이미 당시 사람들에게 새 번역의 언어는 충분히 아직 발달하지 않은 채 작동해야만 했다.

그러나 킹 제임스 성서 본문은 오늘날까지 유지되고 있고, 영어 성서의 기본 문헌으로 존중받고 있다. 신학자 앨리스터 맥그래스Alister McGrath는 이에 대해 재치 있게 설명한다. 번역자들이 가능한 정확하게 옮기려고 노력했기 때문에, 언제나 수사법과 운율에 가치를 두게 되었고, 이에 따라 의도치 않게 그들은 새로운 형태의 문학적 화음을 만드는 데 성공했다는 것이다. 실제로 킹 제임스 성서는 낭독했을 때 가장 강한 인상을 남겼다. 더 이후 세대에게는 마치 음악처럼 들렸다.

이 성서에서 나온 많은 관용구들이 일상적인 영어 표현으로 자리 잡았다. '절대로!God forbid'부터 '불난 집에 부채질하다To add fuel to the fire'까지, 그리고 나중에 영국 국가의 제목이 되는 '신이여, 국왕을 지켜주소서/임금님 만세!God save the King'(사무엘기상 10:24)도 이 성서에서 나왔다.

또한 번역자들 대다수가 이전 번역자들과는 달리 몇몇 외래어를 기꺼이 사용한 것은 미래를 위한 지침이 되었다. 그때까지는 새로운 단어를 만들기 위해 매우 힘든 시도들을 했었다. 예를 들면, 정의definition 대신 '세이왓saywhat', 결론conclusion 대신 '엔드세이endsay' 같은 새로운 단어를 창조했었다. 킹 제임스 성서 이후에는 새로운 단어를 창조하는 대신 그냥 라틴어 단어를 사용하게 되었다.

영국의 신심 깊은 식민주의자들은 미국으로 갈 때 대부분 킹 제임스 성서를 챙겨서 갔다. 이로써 이 성서는 세계적 의미를 얻게 되었다. 그곳에서 어떤 이름이 필요할 때, 이주민들은 종종 인디언들의 어휘 대신 자신들의 신앙의 언어 상자에서 골라서 정했다.

그 이후 사람들은 다음과 같은 말을 사용하게 되었다. 전쟁

하러 가는 길warpath, 창백한 얼굴paleface 또는 평화의 담뱃대peace pipe. 영국의 작가 멜빈 브래그Melvyn Bragg가 확언했듯이, 킹 제임스 성서의 언어는 다양한 종족이 있는 아메리카에서 '결속력'을 처음으로 제공한 언어였다.

실제 킹 제임스 성서의 영향력은 여전히 거대하다. 예를 들어 아버지 조지 부시George Bush 대통령과 지미 카터Jimmy Carter 대통령은 1767년에 나온 킹 제임스 성서에 손을 얹고 대통령 선서를 했는데, 이미 조지 워싱턴George Washington 대통령이 이 성서에 손을 얹고 맹세했었다. 버락 오바마Barack Obama 대통령은 에이브러햄 링컨Abraham Lincoln 대통령이 사용한 책을 놓고 선서했다. 그리고 영화 속 임종의 순간에 킹 제임스 성서의 〈시편〉에 나오는 위로의 구절, "주님은 나의 목자시니"(시편 23:1)가 흘러나오는 것은 할리우드에서 오래전부터 흔한 장면이었다.

1631년의 이 사악한 인쇄 오류본을 오늘날 미국의 수집가들이 엄청나게 탐하는 것은 그리 놀랄 일이 아니다. 공공 도서관에는 이 인쇄본 몇 부만이 있다. 그러나 대부분의 인쇄본에서 'his great asse'의 'asse' 위에 잉크 번짐을 발견할 수 있다. 오늘날 1631년판의 가격은 무려 9만 달러에 달한다.

오늘날 당당한 인쇄본과 달리 인쇄업자 바커는 불명예와 조롱을 당했다. 나중에 발견된 오류는 그에게 재앙이 되었다. 당국은 그에게 가혹하게도 너무도 큰 금액인 벌금 300파운드를 부

과했다. 이 때문에 그는 채무자를 수감하는 감옥에 가야 했고,
1646년에 그곳에서 죽었다. 성서 때문에 파신한 한 직업인의 삶
이었다.

글 마르틴 스코에리스

"너희들의 마음은 죄로 가득 찼다"

존 엘리엇은 청교도 선교사로 영국에서 미국으로 갔다. 원주민을 그리스도인으로 만들기 위해 그는 인디언 성서를 만들었다.

보스턴, 매사추세츠주, 1656년 8월. 52세의 남자가 고통스러운 표정으로 침대에 누워 있다. 과민한 좌골 신경이 그를 괴롭혔다. 거의 1년 동안 그는 거의 움직이지 못했다. 그러나 그의 병력은 북미 대륙으로 넘어올 때 함께했던 극적인 운명과 비교하면 진짜 아무렇지도 않게 들린다. 한편 이 남자의 허리 문제는 유일무이한 결과를 낳았다. 이 남자 존 엘리엇John Eliot은 침대에 누워 있던 회복의 시간을 어떤 선구적인 일에 이용했기 때문이다. 그는 성서를 매사추세츠에 있는 원주민 부족의 언어로 번역했다.

어떤 삶의 고통이 작은 병실 침대로 그를 보내, 그곳에서 누운 채 이 주목할 만한 작품에 전력을 쏟게 했을까? 엘리엇은 1604년 영국에서 태어났다. 당시 지구는 대단히 황량했다. 스튜어트 왕조의 찰스 1세Charles I 치하에서 부유하거나 귀족이 아니었던 모든 이에게 삶은 짐이었다. 지배사는 높은 세금으로 백성들의 마지막 1페니까지 짜내려고 압박했다. 임대료와 생계비는 감당할 수 없는 수준에 도달했다. 마구잡이식 구금이 일상이었다.

이런 핍박의 상황이 엘리엇처럼 스스로 청교도인이라고 여기는 신앙인들에게 더 거칠게 느껴졌다. 청교도 운동은 제네바의 장 칼뱅Jean Calvin 의 모범에 따라 영국 국교회의 개혁을 추구했다. 교황과 가톨릭교회의 영향을 그들은 완전히 없애고 싶어했다. 그러나 당시에 최소 몇 년 동안 영국의 시대 정신은 가톨릭의 편에 있었다. 찰스 1세는 대주교 윌리엄 로드William Laud 에게 왕국에 있는 청교도 무리를 사냥하라고 다그쳤다.

그렇게 1631년에 에식스 시골 출신의 젊은 가정교사이자 성직자였던 엘리엇은 12주 동안의 여행 후 완전히 낯선 세계에 도착하기 위해 범선 '리옹Lyon '에 올랐다. 옛 고향 잉글랜드에서 그는 어떻게 굶주림이 육체를 여위게 만드는지를 보았다. 또한 전염병이 자주 창궐하는 바람에 남자는 53세보다 더 나이 먹는 것을 기대하기 힘들었다. 여자는 45세 이상이 드물었다.

새로운 고향은 이와 반대로 낙원을 약속했다. 새로운 이민자는 가족을 먹여 살리기에 충분한 땅을 받았다. 찰스 왕국의 완고한 정치와 비교하면 그곳에는 어떤 미지의 자유가 지배했다. 그러나 엘리엇에게 아메리카는 더 많은 것이 있었다. 이 땅이 그를 기다리고 있었다고 엘리엇은 믿었다. 마침내 그는 분명한 임무를 찾았다.

찰스 1세가 1629년에 공포한 매사추세츠만 거주자를 위한 헌장에서 엘리엇의 여행 규칙이 발견되었다. 그 규칙에 따르면, 왕은 이주민들에게 다음 과제를 위임했다. 이주민들은 "그 땅의 원주민들이 유일하고 참된 하나님이자 인류의 구원자에게 복종하고, 그리스도교 신앙을 받아들이도록 격려해야 한다."

그러나 쉽게 말해 구대륙에서 온 극단적으로 경건하고 신앙심이 깊은 남성들은 신대륙의 거주민들에 대해 우호적인 느낌을 갖지 못했다. "죽은 인디언만이 선한 인디언이다." 많은 청교도들이 공공연하게 말하던 금언이었다. 미국에서 태어났던 성직자 코튼 매더Cotten Mather는 1721년까지도 인디언을 "불행한 동물들"이라고 모욕했다.

매사추세츠만에 새로 온 이주민들에게는 인디언들과 거래를 하고 그들의 땅을 속임수로 빼앗는 것으로 충분했다. 원주민들은 개방적이었고 전투를 즐기지 않는 것처럼 보였다. 왜냐하면 유럽인들이 두 가지 병균을 신대륙에 끌고 왔기 때문이다. 이 두 병균이 인디언들을 재빨리 무력하게 만들었다. 바로 전염병과 알코올이었다. 상황이 이러하니 무엇 때문에 인디언들이 하나님의 말씀에 관심을 가지겠는가?

엘리엇은 선교 임무를 실제 진지하게 받아들였던 소수에 속했다. 그는 또한 자신의 과업을 정당화해주는 성서 구절을 발견했다.

> 이스라엘 백성이 들어가 살고 있는 그 여러 민족 속에서 내가 그들을 데리고 나오며, 사방에서 그들을 모아다가, 그들의 땅으로 데리고 들어가겠다.　(에스겔서 37:21)

초기 정착민들은 마을을 만들고 밭을 경작하는 일에 몰두하면서 인디언들이 스스로 깨닫게 될 것이라고 믿었다. 영국에서 온 새로운 자신들의 이웃과 비교하면서, 자신들의 삶이 얼마나 가치 없는지를 인디언들 스스로가 알게 될 것이라고 생각했다. 그러나 놀랍게도 인디언들은 다른 삶의 양식에 적응하고 싶어 하지 않았다.

반대로 원주민들은 바로 비그리스도교적인 습관들을 보호했다. 남자들은 머리를 길렀고 여자들이 밭을 경작하는 동안 빈둥거렸다. 분노한 엘리엇은 이렇게 기록했다. "그들의 마음은 죄악으로 가득하다. 특히 탐욕이라는 죄로 가득 찼다."

처벌 목록을 만들어 원주민들을 훈육해야 했다. 여태껏 사업상 거래 상대였던 인디언을 이제 백인들이 다양한 벌칙금으로 위협했다. 그중에는 간음도 있었다. 남자들은 이에 대해 20실링의 벌금을 내야 했다. 여성들이 자신의 가슴을 드러내면, 2실링 6펜스를 벌금으로 내야 했다. 풍성하고 아름다운 머리에서 머릿니를 골라 먹는 인디언들의 습관을 처벌하는 규칙도 있었다.

본질적으로 유럽인과 원주민의 공동생활은 명령과 금지가 규정했다. 1644년 보스턴 시장은 인디언들에게 청교도들의 관리 아래 종교 수업을 받아야 한다고 지시했다. 곧 이어서 원주민들의 고유한 자연 신앙 행위가 금지되었다. 이로써 샤머니즘은 완전히 철폐되었다.

이제 선교가 시작될 수 있었다. 1646년 9월, 엘리엇은 처음으로 설교를 했다. 그러나 이 설교는 참사에 가까운 실패였다. "인디언들은 나에게 전혀 관심을 주지 않았고, 권태와 경멸로 가득차 있었다." 엘리엇은 이렇게 기억했다.

그러나 다행히 그는 당시 다른 청교도들과는 다르게 생각했다. 다른 이들은 등나무 회초리를 원주민들에게 마구 휘둘렀지만, 엘리엇은 조용히 인디언들의 언어를 배웠는데, 이때 한 젊은 원주민이 그를 도와주었다. 그는 자신의 부족과 백인들의 전쟁 때 감옥에 갇혔었고, 당시에는 한 식민지 통치자 가족의 하인으로 일하고 있었다.

"그는 읽을 줄 알았고, 나는 그에게 방금 배웠던 것의 쓰기를 가르쳤다. 그는 나에게 단어를 가르쳐주고, 나를 위해 번역을 해주었던 첫 번째 사람이다." 엘리엇은 나중에 이렇게 적었다. 한 단계씩 그는 알곤킨족Algonkin의 언어를 배웠다. 알곤킨족은 초기 매사추세츠만 정착민들이 만났던 다양한 부족으로 구성된 인디언 종족이다.

그러나 엘리엇은 인디언 언어로 성서를 번역하는 자신의 과업을 비관적으로 전망하고 있었다. "내가 살아 있는 동안 성서를 번역하리라는 희망은 없다. 하물며 인쇄는 더 말할 것도 없다." 엘리엇은 이렇게 한탄했다.

그러나 더욱 놀랍게도 엘리엇은 1658년 12월에 신구약성서의 번역을 내놓았다. '마무세 우네투파나타음베 업-비블룸 갓 Mamusse Wunneetupanatamwe Up-Biblum God'이라는 이름의 이 부지런한 작업 대부분이 누워 있는 상태에서 이루어졌다는 사실을 당연히 누구도 알지 못했다.

1661년까지 신약성서 1500부가 매사추세츠 인디언 언어로 인쇄되었다. 1663년까지 구약성서 1000부가 추가되었는데, 선교비에 굉장한 부담을 주는 양이었다. 인디언 성서 2판을 찍을 돈을 만들기 위해 엘리엇은 심지어 자신의 급여 일부를 기부해야 했다.

또한 내용적으로도 몇몇 기이함이 비판을 불러왔다. 예를 들어 다음의 〈출애굽기〉 구절에서 엘리엇의 번역은 원문에서 많이 벗어났다.

하나님이 모세에게 대답하셨다. 나는 곧 나다.　(출애굽기 3:14)

'있다'라는 의미의 동사 '자인sein'은 아메리카 원주민들에게 생소하므로, 엘리엇은 이 구절을 이렇게 바꾸었다. "나는 살아 있다, 나는 살아 있다."

〈마태복음서〉에 나오는 슬기로운 처녀와 어리석은 처녀의 비유도 번역자를 곤란하게 만들었다. 인디언들은 순결을 남성들의 덕목으로 여겼기 때문이다. 그래서 원주민을 위한 성서에서 처녀는 기적처럼 성을 바꾼다.

어찌 됐든, 엘리엇은 당시 대부분의 청교도 성직자들보다 더 많은 활동 영역 안에서 자신의 역할을 분명히 이해했다. 서서히 그는 원주민들과의 관계에서 엄격하지만 친절한 아버지의 역할을 맡아가게 되었다. 그는 언제나 "가난한 인디언들"이라고 말했고, 또한 설교 이후에는 언제나 사과와 담배를 자신의 인디언들에게 나누어주었다. 가발 착용 이외에 흡연만큼 경멸하는 일이 없음에도 엘리엇은 그렇게 했다. 인디언들의 후견자로서 엘리엇은 영국에 원조 편지를 썼다. 그 편지에서 그는 공구, 의복, 약품을 요청했다.

엘리엇은 회심한 인디언들이 이제는 머리도 단장하게 자르고 정숙한 청교도 복장에 적응해서 기쁘다는 기록을 남겼다. 그러나 그의 선교 열정은 의복 문제에만 머물지 않았다. 자칭 발전의 조력자 엘리엇은 보스턴에서 서쪽으로 약 30킬로미터 떨어진 곳에 인디언 그리스도인들을 위한 모범 촌락 공동체를 만들었다. 그곳

존 엘리엇의 활동 영역

미국

매사추세츠

매사추세츠 만

네이틱 ● ● 보스턴

75 km

DER SPIEGEL

이 바로 네이틱Natick이다.

여기서 원주민들이 콩, 호박, 옥수수, 그리고 삼을 경작하고, 건초를 보관하며, 돼지, 암소, 염소와 황소를 사육하는 모습을 엘리엇은 깊이 만족하며 보았다. "그들은 마치 영국인처럼 일한다." 엘리엇은 짧게 이렇게 요약했다.

엘리엇은 아이들의 성서 지식을 평가했고, 성인을 위한 성서 문답회를 조직했다. 한편 인디언들이 하나님 말씀에 더 친숙해지도록 그는 종종 현실 세계에서 예를 들려고 노력했다. 그는 영원한 지옥의 고통을 고문 및 감옥 생활과 비교했고, 갱신이라는 개념을 더러운 관을 청소하는 일에 비교했다.

영국에서 온 이 사도가 만들어 준 사고의 연결고리에도 불구하고, 인디언들은 종종 당혹스러움에 빠졌다. 주님 육체의 부활이라고? 그들에게는 도저히 이해가 되지 않는 생각이었다. 일상에서도 많은 질문들이 생겼다. 손님들을 위한 일요일 식탁에 올라갈 너구리를 잡기 위해 이웃은 주님의 날에 나무를 베어도 될까? 일요일에 세상과 관련된 일을 이야기하기 위해 추장 부인의 허락을 받아야 할까?

실제로 엘리엇은 "가난한 인디언들"이 자발적으로 그리스도교 신앙을 자신들의 것으로 만들 것이라고 확신했을까? 어떤 극적인 만남 장면에서 메타카멧Metacamet 추장은 엘리엇의 외투 단추를 움켜쥐고 말했다. "그리스도교 복음은 나에게 이 단추만큼 큰 흥미를 주네요." 그렇다면 수십 명의 원주민들이 자발적으로 '기도하는 인디언'이 되기 위해 엘리엇의 마을에 이주했던 이유는 무엇일까?

미국 역사가 리처드 커글리Richard Cogley의 논증에 따르면, 매사추세츠만의 원주민들은 모순적인 상황에 빠져 있었다. 한편으로 원주민들의 상황은 유럽인들이 도착한 이후에 확실히 나빠졌다. 다른 한편으로 엘리엇의 공동체는 이 변화된 상황에서 최고의 것을 얻을 수 있는 가능성을 제공했다. 그곳에는 집이 있었고, 먹을 것이 충분했다.

그밖에도 엘리엇은 많은 것을 용인해주었다. 그곳에서 원주민들은 대체로 계속해서 집 대신 인디언들의 전통적인 천막에서 살았다. 그리스도교 예배 안에서도 그들은 반복적으로 샤머니즘의 핵심 요소들을 가져올 수 있었다. 머리를 단정하게 자르고 모두 제 시간에 일터에 나타나기만 하면 엘리엇에게 다른 것은 문제가 되지 않았다.

80세가 넘어가면서 엘리엇은 점점 기력을 잃어갔고, 그는 원주민으로부터 감동적인 공감의 말을 들었다. '그의 인디언들'은 분명히 그를 점점 사랑하게 되었다. 식민지에 거주하는 원주민 6분의 1만이 그리스도교로 개종했다는 사실에는, 그 선한 성직자 엘리엇도 틀림없이 슬퍼했을 터다. 자신과 자신의 세계에 대해 모든 것을 이해하고, 엘리엇은 1690년 5월 20일에 "환영합니다, 기쁨"이라는 말을 하고, 숨을 거두었다.

글 프랑크 타도이츠

05

성서 비평:
믿음과 실제

의심과 확신의 과정들

환희의 눈물

가장 오래된 성서 필사본 가운데 하나는 1844년 시내 산의 나무줄기로 만든 바구니 안에서 발견되었다. 흥미진진한 발굴 이야기다.

이 독일 청년은 미친 것이 틀림없다. 아니면 과대망상에 걸렸다. 어쨌든 그가 계획하고 있는 일은 완전 불가능한 일이라고 파리 국립도서관의 사서는 확신했다. 라이프치히에서 온 스물다섯의 청년 신학자는 '에프라임 사본Codex Ephraemi Rescriptus'을 해독하길 원했다. 에프라임 사본은 아주 오래된 성서 필사본이며, 몇몇 혁신적인 연구자들이 이미 완전히 포기했던 필사본이 아니던가! "젊은 초보자인 당신이 그것을 더 잘 이해할 수 있다고 믿는다면, 한번 행운을 시험해보시든지요." 사서는 그 낯선 이에게 속삭였다. "미리 말해두건대, 당신은 그 일을 성공하지 못해요!"

이 초보자가 이른바 콘스탄틴 티셴도르프Constantin Tischendorf다. 그는 1840년, 그러니까 겨우 1년 전에 교수 자격 논문에 통과하였고, 그 후 모든 돈을 투자하여 파리로 연구 여행을 갔다. 그는 자신이 하려는 일을 정확히 알고 있었다. 에프라임 사본은 읽을 수 없는 필사본으로 여겨졌는데, 양피지 위에 여러 번 겹쳐 썼기 때문이다. 비싼 양피지를 절약하기 위해 12세기에 5세기 그리스어 철자들을 긁어내고 그 위에 새로 적었다. 1834년 새롭게 개발된 화학적 과정으로도 원래 문자를 다시 보이게 하는 데 실패했다.

티셴도르프는 야심과 엄격한 규율로 이 작업을 시도했다. 매일매일을 그는 희미해진 철자들 위에서 시작했다. 얇은 선들을 따라 그렸다. 그가 확인한 글자들 사이의 틈에 얼마나 많은 철자가 있을 수 있었을까를 계산하였고, 생각해볼 수 있는 모든 가능성을 따져보았다. "단지 작은 햇빛에서도 숨어 있는 문자의 흔적을 종종 알아챘다"라고 그는 나중에 기록했다.

고생한 보람이 있었다. 티셴도르프는 대단한 학문적 화젯거리를 만드는 데 결국 성공했다. 그는 에프라임 사본을 한장 한장씩 풀어낼 수 있었다. 2년이 지난 후 그는 에프라임 사본을 완전히 읽고 복사했다. 바티칸은 심지어 이 라이프치히 청년에게 훈장을 수여했고, 네덜란드에서는 금메달로 그의 업적을 인정해주었으며, 브로츠와프대학교는 그에게 명예박사를 주었다.

이런 찬사에 아랑곳하지 않고 티셴도르프는 이미 새롭고도 무모한 계획을 세웠다. 그는 세계에서 가장 오래된 성서 필사본을 찾으려고 했다. 대단한 성공을 등에 엎고 그는 후원자를 찾을 수 있기를 희망했다. 독일 신학자들 사이에 있었던 한 격론이 그를 이런 계획으로 이끌어갔다. 그 논쟁의 핵심은, 예수의 생애에서 역사적인 것은 무엇이고 나중에 미화되어 추가된 것은 무엇이냐는 질문이었다. 특히 이 싸움에 불을 지핀 것은 루트비히스부르크의 신학자 다비트 프리드리히 슈트라우스David Friedrich Strauss였다. 그는 1835년에 나온 자신의 책『예수의 생애, 비판적으로 다루기Das Leben Jesu, kritisch bearbeitet』에서 신약성서의 대부분은 근거가 없고, 역사적으로 증명할 수 없는 신화이며, 그 신화 이야기의 뿌리는 구약성서에 있다고 주장했다.

당시 대학 신입생이었던 티센도르프는 이 책에 대해 분노했다. 보수적인 그리스도인인 그에게 신약성서는 문자 그대로 하나님의 말씀이었다. 그는 슈트라우스의 주장에 논박할 수 있는 단 한 가지 가능성을 봤다. 그는 가장 오래된, 그래서 가장 적게 조작된 자료에서 신약성서의 "성스러운 원문"을 "가능한 확실하게" 재구성하고 싶었다고 밝혔다. 그는 후기의 변화를 증명할 수 있고 삭제할 수 있다고 생각했다. 이것은 하나님의 말씀을 역사가의 도구로 증명하려는 시도다. 온전히 선교적 열정으로 티센도르프는 자신이 '주님의 이름으로' 교회에 영광을 주게 될 어떤 보물 문서를 찾고 있다고 믿었다. 이 선교적 열정이 평생 동안 발견되지 않은 성서 필사본을 찾아다니게 되는 그의 쉼 없는 활동을 설명해준다.

그러나 먼저 그는 그리스도교의 가장 유명하고 오래된 자료인 '바티칸 사본Codex Vaticanus'을 연구하려고 했다. 이 필사본은 로마에 보관되어 있었고, 공공으로부터 엄격하게 보호받고 있었다. 티셴도르프는 실망했다. 교황 그레고리오 16세Gregorius XVI가 그를 친절하게 맞이했지만, 티셴도르프는 4세기에 나온 이 가치 있는 양피지를 단 여섯 시간만 볼 수 있었다. 음모론의 냄새가 났고, 티셴도르프는 로마를 떠났다. 그다음부터 그는 아예 직접 옛 자료를 찾고자 했다.

티셴도르프는 근동 지역의 수도원에 희망을 걸었다. 그곳에서는 성서가 일찍부터 '부지런한 수사들의 손을 통해' 필사되었다고 한다. 이 성서 연구자는 "그곳에 있는 수도원들의 구석에는 여전히 하나 혹은 또 다른 문서 유물이 숨겨진 채 남아 있지 않을까?"라는 꿈을 기록해두었다. "5세기, 6세기, 7세기의 서체가 남아 있는 모든 양피지 낱장들은 그리스도교 학문을 대단히 풍성하게 해주는 작은 보물이 되지 않겠는가?"

실제로 티셴도르프는 1843년 작센의 왕궁을 설득하여 근동 탐사를 위한 재정을 지원받는 데 성공했다. 그는 '환희의 눈물'로 그 지원을 받아들였다. 그러면서도 연구 여행 때문에 몇 년 동안 보지도 못했던 자신의 연인 안젤리카Angelika에게는 어떤 위로의 말도 남기지 않았다. "운명이 나를 강력히 끌어당겼고, 나는 따를 수밖에 없소." 티셴도르프는 안젤리카에게 단호하게 통보했다.

1844년 초에 티셴도르프는 이집트로 가는 길에 올랐다. 극적인 것을 좋아하는 그는 형제 율리우스Julius에게 깊은 감동 속에서 작별의 편지를 썼다. 이 편지에서 그는 이 위험한 여행에서 생길 수 있는 자신의 죽음에 대해 사유하였다. 배 멀미에 고생하고, 거친 폭풍 때문에 두려움에 떨었지만, 마침내 1844년 초, 티셴도르프는 카이로에 도착했다. 5월 12일 카이로에서 세 명의 베두인과 네 마리의 낙타와 함께, 티셴도르프는 시내 산에 있는 그리스 정교회 카타리나 수도원으로 떠났다.

이 작센인은 내리쬐는 열기 속에 12일 동안 사막을 행진했다. 그는 자신의 형제에게 독사를 본 이야기를 편지로 알려주었다. 독사는 비정한 베두인조차도 겁에 질리게 만들었고, 결국 총으로 쏴 죽여야 했다. 그밖에 티셴도르프는 공상을 했고, 하나님의 땅에서 성서는 늘 손에 잡히는 곳에 있었다.

일곱째 날 티셴도르프는 생각했다. "확실히 성서에 나오는 엘림Elim을 다시 알아볼 수 있다." 4일 후 그는 "감격 속에 말을 잃은" 모습을 보여준다. "여기는 성스러운 땅임을 나는 느낀다. 여기는 하나님의 천사가 지배했다." 또한 티셴도르프는 베두인의 한 연회에 대해서도 자랑스럽게 언급하는데, 그 연회에서 사람들이 "거대한 천막 가운데에 있는 족장의 자리를" 자신에게 내주었다고 한다. 수염이 덥수룩한 원주민들 가운데 중요한 연구자가 앉아 있었다. 그는 스스로를 그렇게 여겼다.

반면 수도원에서는 그를 그렇게 반기시 않았다. 높은 수도원의 장벽은 이 독일인에게 마치 들어갈 수 없는 요새 같은 느낌을 주었다. 수사들은 처음부터 의심을 갖고 자신을 만났다고 티셴도르프는 기록했다. 한 편지에서 그는 "거짓말 잘하고, 무식하며, 신뢰가 가지 않는 그리스인들"에 대해 큰 불만을 털어놓는다. 그들은 그렇게 뻔뻔하여 자신에게 가치가 큰 복음서 사본을 넘겨주지 않는다고 불평했다. 덧붙여 수도원 도서관에 낱장으로 흩어져 있는 문서들을 보며 당황한 티셴도르프는 불만을 토로하고 안타까워했다. "이 고대의 값나가는 언셜체Uncial[25] 문서들이 수도원 거주자들의 무지함과 경솔함 때문에 폐기되는 상황이 얼마나 미개하고 야만적인가." 그는 도서관 사서 키릴로스를 유일한 친구처럼 생각했다.

그리고 그에게 아주 적대적인 그곳에서, 티셴도르프는 엄청난 업적을 이룬다. 그는 나무줄기로 엮은 한 바구니에서, 양과 송아지 가죽으로 만든 고급 양피지 위에 쓰인 고대 성서 필사본의 일부를 진짜로 발견했다. 다만 라이프치히 출신의 티셴도르프를 성서학계의 스타로 만들었던 그 발견의 정황에 대해서는 아직까지도 논란 중이다. 티셴도르프는 회고하면서 도서관 가운데에서 갑

---

25 4~8세기에 라틴어와 그리스어에서 사용되던 둥근 대문자 필사체를 말한다.

자기 그 바구니를 봤다고 말했다. 사서 키릴로스는 이 바구니에 쌓여 있던 양피지들이 벌써 두 번이나 불 속으로 들어갔다고 티셴도르프에게 설명했다. "그러니까 지금 외관이 거의 같은 양피지들이 세 번째 바구니를 채운 상황이었다. 내가 그곳에서 대문자 그리스어로 쓰인 양피지들을 끄집어내었을 때, 그리고 그 양피지들이 고문서학적으로 가장 오래된 문서들의 모습을 띄고 있을 때 나는 놀라지 않을 수 없었다."

티셴도르프는 마치 감전된 것 같았다. 놀라움 속에 그는 '빛이 비치는 얇은 양피지' 위에 쓰인 그 세심하고 날카로운 철자들을 연구했다. 몇 년 동안 그는 유럽의 도서관에서 고대 성서 본문을 연구했다. 그래서 그는 누구도 자기만큼 "그리스어 서체에 능통하지" 않았다고 한다. 지금 막 자신이 "가치를 따지기 힘든 보물"을 발견했고, 이 보물은 4세기 중반에 나온 것이며, 그 유명한 바티칸 문헌만큼 오래된 것이라고 이 젊은 신학자는 확신했다.

이 점은 논란의 여지가 없는 티셴도르프의 업적이다. 수도원의 지도자들은 자신들의 도서관에 있는 보물의 가치를 몰랐던 반면, 이 독일인은 자신의 뛰어난 성서 지식으로 즉시 그 양피지의 가치와 연대를 올바르게 추측했다. 그러나 과연 그가 이 중요한 문화재가 불 속에 던져지는 것을 마지막 순간에 막아낸 진정한 구조자였을까?

오늘날에도 이 점에 대해서는 정당한 의문이 있다. 여러 번 반복해서 사용했을 정도로 값비싼 물건인 양피지를 수사들이 태울 이유가 무엇이 있겠는가? 자신의 주장처럼 티셴도르프는 '손상된 필사본'이 들어 있던 그런 쓰레기통까지 샅샅이 찾아다녔을까? 아니면 혹시 오래전부터 두루마리를 보관하고 있던 자료 바구니들 가운데 하나를 찾은 것은 아니었을까? 말하자면, 자신의 능력을 더 미화시키기 위해 수도원을 이른바 '미개한' 상태로 묘사하여 문화적 우월을 과시하는 전략은 아니었을까? 어쨌든 티셴도르프는 이 발견을 어떤 기적적인 성서 사본 구출 이야기로 발표하면, 큰 반향을 일으킬 것이라는 사실을 잘 알고 있었다.

그러나 그는 발견한 일부에 우선 만족해야 했다. 티셴도르프가 "가장 두드러진 잘못"이라고 폄하했던 수도원 책임자는 흥분하여 그를 신뢰하지 않게 되었고, 티셴도르프에게 발견한 129장 중 43장만 건네주었다. 독일로 돌아가기 전에 티셴도르프는 자신이 믿고 있는 키릴로스에게, 남아 있는 양피지들을 잘 보호하고 다른 쪽들도 찾아보라고 부탁했다. 수도원에는 '엄청 많은 필사본들이' 남아 있다고 추측했기 때문이다. 지금까지 발견된 양피지는 모두 구약성서였다. 그러나 실제로는 가능한 오래된 신약성서 사본을 찾고 있었다.

그의 귀향은 개선 행렬이 되었다. 티셴도르프는 이 여행이 "친구와 적들의 기대를 모두 넘어섰다"고 기록했다. 그리고 자신의 연인에게 작센의 왕이 함께하는 식사 자리에서 얼마나 자신을 칭송했는지 알려주었다. 라이프치히에서 티셴도르프는 철학과 특별 교수로 임명되었다. 서둘러서 그는 가져온 43장의 양피지에 대한 주석을 발표했고, 오랫동안 소홀하게 대했던 안젤리카와 결혼했으며, 곧 아빠가 되었다. 그러나 생각의 대부분은 멀리 있는 사막의 수도원에 가 있었다. 나머지 86장은 무엇이었을까?

작센 왕궁의 후원자는 1853년 그의 두 번째 시내 산 여행을 가능하게 해주었다. 그러나 이번에는 티셴도르프가 실망했다. 그의 친구 키릴로스가 이상하게 행동했다. 이 도서관 사서는 그 나머지 양피지에 대해 기억할 수 없다고 주장했다. "아니, 나는 그 위대한 고대 보물을 다시 보지 못했소." 티셴도르프는 아내에게 이렇게 썼고, 아이들에게 조개껍질과 사막의 돌을 가져가겠다고 약속했다. 그러나 겉으로 그는 완벽한 셀프 마케터의 모습을 유지했다. 누군가 자신이 발견한 것을 가져갈지 모른다는 두려움이 커지는데도, 자신의 근동 여행의 결과가 아주 "대단해서", 성서 전문가들이 "경탄에 빠질" 것이라고 주장했다.

이제 그는 다시 한번 그 사본에 접근하기 위해 끈질기게 자신의 모든 관계를 활용했다. 국제 외교에서도 성서 본문 비평에서처럼 대단히 능숙했고, 러시아의 차르에게 그 필사본을 사라고 권유했다. 차르를 설득하기 위해 그는 같은 독일인이자 러시아 황태자의 영향력 있는 교육자였던 아우구스트 테오도어 폰 그림

August Theodor von Grimm 을 끌어들였다. 그리고 러시아 교육부 장관을 성공적으로 꾀어냈다. 오스만제국의 그리스도교 소수 종파로서 카타리나 수도원 수사들은 러시아 정교회 형제들의 보호에 의존하고 있었다. 한편으로 차르는 성서 사본을 구매함으로써 신망이 엄청나게 커지게 될 것이다. 여기에 티셴도르프는 희망을 걸었다.

무수히 많은 청원 편지, 몇 년 동안의 비밀 협상과 몇 번의 등락 후에 티셴도르프의 고집은 다시 한번 빛을 발했다. 1859년 그는 세 번째 카타리나 수도원 여행을 했고, 이번에는 차르 알렉산드르 2세Alexander Ⅱ의 외교적 지원과 금을 통한 재정적 지원을 받고 있었다. 그래서 "작센주 교수보다는 러시아 왕자로" 행동했다고 이 독일인은 자랑스럽게 기록했다.

그의 등장은 큰 인상을 주었다. 당장 수도원 책임자는 그에게 잃어버렸다는 86쪽뿐 아니라, 그 사이에 온전히 묶은 346쪽짜리 필사본을 바로 보여주었다. "거기서 나는 처음으로 전체 신약성서가 들어 있는 것을 보았다. 그것은 이 세상에서 둘도 없는 필사본이다!" 신학자 티셴도르프는 환호하면서 썼다. 그 유명한 바티칸 사본 조차도 신약성서 전체가 들어 있지는 않다. "나는 눈물을 흘렸다. 그렇게 감동적인 순간은 없었다."

티셴도르프는 목표에 도달했고, 지금 "그리스도교 문헌에서 잊을 수 없는 역사적 사건"에 와 있다고 믿었다. 그는 진짜로 가장 오래된 완전한 신약성서 필사본을 손에 넣었고, 이 필사본은 '시내 사본Codex Sinaiticus'으로 역사에 기록되었다. '루터 성서'에는 완전히 빠져 있는 문서를 발견했을 때, 티셴도르프는 더욱 흥분했다. 지금까지 단지 불완전하고 불확실한 단락으로만 존재했던 〈바르나바의 편지Epistula Barnabae〉, 마찬가지로 후대에 성서에서 제외되었던 〈헤르마스의 목자Pastor Hermae〉가 시내 사본에 들어 있던 신약성서 외경이다.

반대로 이 사본에는 예수의 승천에 대해 묘사하고 있는 〈마가복음서〉 열한 개의 절이 빠져 있다. 그러므로 이 구절은 분명히 후기에 추가되었다. 그밖에도 티셴도르프는 한 단어 혹은 문장의 일부에서 드러나는 약 1만 2000개의 작은 차이들을 발견했다. 이 모든 차이의 기원에 대한 질문에는 티셴도르프도 살아 있는 동안 다 대답하지 못했다.

이 필사본을 구매하려던 계획은 수도원 책임자의 반대 때문에 실패했다. 대신 차르에게 바치는 선물에 초점을 두었고, 이에 대해 수도원은 돈과 정치적 지원을 희망했다. 그때까지 티셴도르프는 이 가치 있는 책을 카이로에서 베껴 쓸 수 있다는 허락을 받았다. 13만 2000줄, 일주일짜리 일이었다. 상트페테르부르크, 예루살렘, 그리고 콘스탄티노플의 협상은 더 힘들었다. 그리스 정교회의 최고위층들이 선물에 합의하지 않았기 때문이다. 타협안으로 이 필사본을 먼저 차르에게 대여하는 데 합의했다. 1859년

시내 사본의 발견

카이로

시내

이집트

카타리나
수도원

100 km

DER SPIEGEL

9월에 티셴도르프는 이 책을 언젠가 손상되지 않은 채 반납한다
고 서명해야 했다.

　이 약속 때문에 티셴도르프는 죽은 후에도 오랫동안 비난받았
는데, 왜냐하면 이 오래된 성서는 시내Sinai로 다시 돌아오지 않
았기 때문이다. 상트페테르부르크로부터 엄청난 압력과 협박을
받은 다음 이 사본은 1869년, 대여 후 10년 만에 9000금루블에
차르에게 양도되었다. 이 양도 후에 티셴도르프는 상속권이 있는
귀족 신분으로 올라섰다. 오늘날까지도 여전히 카타리나 수도원

에 있는 몇몇 수사들은 이 소동을, 이 독일인이 교활한 사기꾼 역할을 한 예술품 도난 사건으로 본다.

반대로 티셴도르프는 성서 사본을 "어둠에서 구해냈고, 그리스도교 학문의 영광을 위해" 가져왔다고 자랑스러워했다. 티셴도르프의 1만 5000개 주석이 달린 시내 사본의 호화판 양장본이 곧 유럽에 있는 모든 궁정들에 꽂혔다.

그러나 이 라이프치히 사람은 그 영예를 오랫동안 누리지는 못했다. 1873년에 아마도 맹렬한 노동 의욕의 대가로, 티셴도르프는 뇌졸중으로 쓰러졌다. 1년 반 후에, 59세의 나이로 티셴도르프는 죽었다.

정확히 59년 후에 티셴도르프의 흥미진진한 발견이 다시 한번 열광을 불러일으켰다. 1933년 말에 영국은 독재자 스탈린Iosif Vissarionovich Stalin으로부터 10만 파운드라는 엄청난 금액에 시내 사본을 구매했다. 이 유명한 성서에 감탄하기 위해 그다음 달부터 영국인들은 대영박물관에 구름처럼 몰려와 줄을 섰다. 단지 이 정열적인 발견가의 조국에서는 이 위대한 사건을 무시했다. 낡은 양피지에 큰돈을 낭비하는 것보다 국가사회주의자들을 널리 알리는 더 중요한 계획이 있었기 때문이다.

글 크리스토프 군켈

황제를 위한 무덤

이스라엘에서의 성서고고학은 한 신심 깊은 여성, 모험가, 그리고 대담한 개척자들과 함께 시작했다.

팔레스티나에서 성서 시대 증거를 찾아 땅을 판 첫 번째 사람은 여성이었다. 로마 황제 콘스탄티누스 1세Constantinus I의 어머니이자 1세대 그리스도인이었던 헬레나 Helena가 예루살렘으로 여행을 갔던 326년을 그해라고 기록한다. 76세였던 헬레나는 그곳에서 예수 그리스도의 생애와 죽음의 흔적들을 찾을 수 있을 것이라고 믿었다.

무엇을 찾아야 하는지 그녀는 알고 있었다. 바로 예수의 무덤이다. 예수의 무덤은 바로 비너스 성전 밑에 있다고 헬레나는 예루살렘 주교 마카리오스Makarios에게 설명했다. 하드리아누스 Hadrianus 황제가 135년에 그 도시에서 번성하는 그리스도교 종파에 반대하여 바로 예수의 무덤이 있는 곳에 비너스 성전을 세우게 했다. 전설에 따르면, 헬레나의 임무를 받고 성전 테라스를 발굴했던 일꾼들은 한 무덤을 발견했다. 황제의 어머니에게 그 무덤은 그리스도의 안식처일 수밖에 없었다. 더욱이 십자가도 발견되었다. 그곳에서 예수가 죽었음이 틀림없었다!

아마추어 고고학자로서 헬레나는 비교적 쉽게 원하는 결과를 얻었다. 헬레나가 찾으려고 했던 흔적을 남긴 사건들은 당시에는 그리 오래된 일들이 아니었다. 유기 물질들은 완전히 부패하지 않았고, 여전히 거리와 길은 그리스도의 시대처럼 뻗어 있었으며, 사건과 장소는 여전히 예루살렘 거주민들의 집단 기억 속에 단단히 자리 잡고 있었다.

헬레나가 실제로 예수의 무덤을 발견하는 일은 전혀 불가능한 일이 아니었다. 그 광장은 당시에 여전히 성벽 밖에 있었고, 하드리아누스 황제에 의해 이교도 성전이 바로 그 자리에 건립되었다는 것이 그곳이 그리스도 지지자들에 의해 열렬하게 숭배되던 자리라는 것을 알려준다. 그러나 그 후 수백 년이 지나면서 팔레스티나는 중요하지 않은 지방으로 전락했고, 유물들은 부패하여 사라졌으며, 마을과 거리는 변했고, 옛 역사는 망각되었다.

1799년에 나폴레옹Napoléon Bonaparte이 이 거룩한 땅에 진군해왔을 때, 이 지역은 유럽에 오랫동안 잊혀진 곳이었다. 그래서 나폴레옹은 지도 제작자, 제도사, 그리고 연구자 들도 데리고 왔다. 그러나 몇 달 동안의 포위 공격 끝에 항구도시 아크레를 정복하는 데 실패한 후, 다시 이집트로 돌아가야 했다.

그럼에도 그 문은 열렸다. 유럽에서는 개별적인 순례자만이 성지로 가는 길 위에 있는 것이 아니었다. 점점 더 많은 연구자와 발견자 들이 거룩한 땅, 팔레스티나로 왔다. 그들 중 한 명이 젊은 스위스인 장 루이 부르크하르트Jean Louis Burckhardt였는데, 그는 니제르로 가는 길을 찾으려고 했다. 그는 아랍어를 배웠고, 스스로를 셰이크 이브라힘 이븐 압둘라Sheikh Ibrahim Ibn Abdallah라고 부르면서 무슬림처럼 옷을 입고, 다양한 대상들에 결합하여 함께 다녔다. 1812년 8월 22일, 그는 그곳에서 몇몇 전문가들만 전설을 통해 알고 있던 한 도시의 폐허를 우연히 만났다. 페트라Petra, 성서를 통해 알려진 나바테아왕국의 옛 수도였다.

같은 시기에 또 다른 빛나는 인물이 이 성스러운 땅에 살았다. 그녀는 그보다 겨우 3년 후에 팔레스티나에서 첫 번째 근대 고고학적 발굴을 이끌었다고 한다. 영국의 귀족인 헤스터 스탠호프Hester Stanhope 부인은 런던 상류 사회의 티 파티보다 사막에서 확실히 행복감을 더 느꼈다.

청소년 시절에 그녀는 악명 높은 정신병원 베들럼Bedlam에 있던 한 수용자로부터 예언을 들었다. 그 수용자에 따르면, 그녀는 언젠가 여왕으로 사막을 지배하고, 예루살렘을 재정복하게 될 것이다. 여기에 사로잡혀 그녀는 그곳을 여행했다. 하루는 한 프란치스코회 수사가 그녀에게 오래된 문서를 보여주었다. 그 문서에는 고대 항구도시 아슈켈론Aschkelon에 있는 한 이슬람 사원의 폐허 아래 300만 개의 금화가 묻혀 있다고 적혀 있었다.

스탠호프 부인은 금화를 발견하지는 못했다. 대신 일꾼들은 폐허 아래에서 어떤 고대 상을 발견했다. 실물보다 크고, 머리가 없는 로마 황제의 상이었다. 땅에서 나온 것은 이 석상뿐이었다. 일꾼들은 그곳을 아주 꼼꼼하게 파헤쳤지만, 몇 주 동안 더 진행된 수색에서 아무 성과가 없자, 부인은 매우 분노하여 대리석 황제를 조각내어 바다에 던져버리라고 명령했다.

이렇게 고고학의 위대한 시간은 팔레스티나에서 시작되지 않았다. 놀랍게도 런던, 파리, 그리고 베를린에 있는 사람들이 이집트와 메소포타미아의 땅속에서 고고학자들이 가져온 화려한 고대 유물들에 경탄했다. 1822년, 장프랑수아 샹폴리옹Jean François Champollion은 고대 이집트 상형문자를 해독한 결과를 내놓았다. 얼마 후, 오스틴 헨리 레이어드Austen Henry Layard는 대영박물관의 큰 방들을 니느웨Ninive와 님루드Nimrud에서 가져온 보물들로 채우기 시작했다. 그러나 유럽인들은 계속 거룩한 땅에서 땅의 측량에 집중했다.

1867년 영국의 '팔레스티나 탐사 기금Palestine Exploration Fund'은 예루살렘에도 주목을 받을 수 있는 가치 있는 유물들이 묻혀 있을 수 있다는 것을 어렴풋이 알게 되었다. 이를 위해 왕립 공병 부대의 27세 중위 한 명이 차출되었는데, 그는 이미 매우 위험한 지브롤터의 바위 측량에서 명성을 떨쳤다.

그러나 찰스 워런Charles Warren 중위가 예루살렘에 왔을 때는 멀리 콘스탄티노플에 있는 술탄도, 지역 총독도 그의 탐사 계획에 흥미를 보이지 않았다. 이 영국인은 대담하게 바위돔과 모스크가 있는 하람 알샤리프Haram-al-Scharif의 발굴을 허락해달라고 했기 때문이다. 예전에 그곳은 유대교의 성전산이었고, 이제는 메카Mecca와 메디나Medina에 이어 이슬람교의 세 번째 성지가 되었다. 지역 사령관은 워런이 바로 장벽 옆에서 삽을 꽂을 수 있도록 그냥 허락해주었다.

유감스럽게도 발굴 작업의 소음이 건너편 알아크사Al-Aqsa 모스크에서 기도하는 신자들을 괴롭혔다. 분노한 모스크 방문자들이 일꾼들을 향해 돌세례를 퍼붓는 바람에 워런의 첫 번째 시도는 중단되었다. 그러는 사이에 콘스탄티노플로부터 소식이 도착했다. 술탄은 종교 성지 주변의 모든 발굴 활동을 금지했다. 워런은 새로운 계획이 필요했다.

위기에 강한 '왕립 기술자'를 예루살렘에 파견한 일이 얼마나 영리했었는지가 이제 드러나기 시작한다. 워런은 성전산과는 상당히 떨어져 있는 곳의 땅을 임차했다. 거대한 작물들을 은폐물 삼아, 그 뒤에서 워런은 땅속 깊이 수직 갱도를 팠다. 그리고 성전산의 장벽까지 지하 동굴을 만들었다. 1867년 3월과 6월 사이에 워런의 일꾼들은 하람 알샤리프 내부로 가는 27개가 넘는 지하 통로를 파냈다.

이 작업은 대단히 무모한 일이었다. 왜냐하면 성전산 주변의 토양은 수천 년 동안 쌓인 혼잡스러운 공사 쓰레기, 망가진 빗물통, 오랫동안 잃어버린 하수도 길, 그리고 버려진 자갈 들로 구성되었기 때문이다. 터널 벽이 무너지는 것을 방지하기 위해 좁게 세워둔 나무판자만이 어느 정도 안정을 유지할 뿐이었다. 그러나 나무가 귀한 성스러운 땅에서 목재는 구하기 힘든 물건이었다. 워런은 모든 중고 목재들을 매점했고, 그렇게 나무를 손에 넣을 수 있었다. 그러나 그 나무들은 지하 통로에서 아주 필요한 곳만 지탱하는 데 충분했을 뿐이었다. 지하 통로의 벽이 일꾼들 위로 끊임없이 쏟아졌다. 동굴 작업 동안 한 명도 사망하지 않은 일은 기적이었다.

그러나 이런 고생은 보람이 있었다. 워런은 암포라Amphora[26]의 손잡이를 발견했는데, 그 손잡이에는 "왕의 소유물"이라는 히브리어 인장이 찍혀 있었다. 이 물건은 실제 성서 시대에서 온 첫 번째 고고학적 발굴 유물이었다. 더 중요한 것은, 헤로데 대왕 시대의 성전 연단의 위치와 크기를 특정하는 데 성공한 일이다. 그리고 워런은 성전 건립 이전에 실제로 이 지역에 거대한 개축 사업이 있었다는 것을 증명할 수 있었다. 그전까지는 이 사실을 단지 추측만 하고 있었을 뿐이었다. 그는 고대 상수도 시설의 일부

---

26 고대 그리스와 로마에서 흔히 사용했던 손잡이가 두 개 달린 항아리를 말한다.

도 발견했는데, 이 발견은 고고학 역사에 워런의 수직 갱도라는 이름으로 올라 있다.

예루살렘과 그리고 고향 영국에서도 워런은 자신의 대담한 작전에 대해 축하받았다. 그러나 워런은 나중에 런던 경찰의 총책임자로서는 완전히 실패했다. 아일랜드의 실업에 직면하여 발생한 '피의 일요일Bloody Sunday'의 혼란 때도, 연쇄 살인범 잭 더 리퍼 Jack the Ripper 추적 때도 그는 제대로 대처하지 못했다.

예루살렘에서의 워런의 임무가 끝난 후 몇 년이 지나고, 고고학이라는 최신 학문이 빠르게 성장하기 시작했다. 트로이아에서 하인리히 슐리만은 평평한 풍경 속의 언덕이 과거 도시의 집단 가옥이 될 수도 있다는 것을 보여주었다. 팔레스티나 탐사 기금은 이런 언덕들이 성스러운 땅에도 있다는 것을, 그것도 아주 많다는 것을 문득 알게 되었다. 그리고 이집트에서 윌리엄 메슈 플린더스 피트리William Matthew Flinders Petrie는 다양한 발굴지에서 나온 도자기 파편들을 자세히 관찰하고 비교하여 상대적인 연대표를 만들 수 있다는 것을 보여주었다. 팔레스티나 탐사 기금은 이 젊고 야심찬 고고학자를 팔레스티나로 데려왔다.

투탕카멘Tutankhamen 무덤의 발견자인 하워드 카터Howard Carter가 자신의 수련 기간 몇 년 동안 몸소 경험했듯이, 피트리와 함께 일하는 것은 산책이 아니었다. 해가 뜨면, 피트리는 일꾼들을 깨우기 위해 직접 호루라기를 불었다. 피트리는 가족들을 고용했다. 남편들은 땅을 파야 했고, 아내와 아이들은 파낸 흙을 깨끗이 한 다음 수고스럽게 체로 꼼꼼하게 걸러야 했다. 누군가 전력을 다해 일하지 않는다는 인상을 주면, 바로 해고되었다.

작업 중 노래는 엄격히 금지되었다. 음식은 비상식량만 있었다. 선박용 건빵과 통조림 고기만 먹었다. 그러나 그가 식사 시간 때 마호가니 책상에 앉아 마찬가지로 건빵을 섭취하고 있으면, 사람들은 이 정상이 아닌 발굴 책임자도 다른 것을 먹지 않는다는 것을 믿을 수밖에 없었다. 그럼에도 피트리 밑에서의 고된 훈련은 자신을 연구자로 "바꾸어놓았다"고 카터는 나중에 말했다. "피트리는 발굴과 연구를 체계적으로 가르쳤다고" 한다.

피트리는 텔아비브 남쪽에 있는 텔엘헤시Tell el-Hesi를 발굴지로 선택했는데, 그는 이곳을 성서에 나오는 라기스로 착각했다. 몇 주 후에 그는 처음으로 성스러운 땅에서 나온 유물들의 연대 측정를 위한 과학적 틀을 완성하는 데 성공했다. 이집트에서의 경험 덕분에 그는 팔레스티나의 도자기를 위한 연대표를 작성할 수 있었고, 이 연대표를 이집트의 연대표와 문제없이 결합시킬 수 있었다.

그러나 오스만제국의 동양적 구조는 통제 강박이 있는 피트리에게 심각한 문제들을 일으켰다. 결국 헤브론 근처에서 강도들의 습격을 받았을 때, 그는 도망쳐 영국으로 돌아갔다. 영국인들이 통치권을 넘겨받은 지 약 30년이 지난 후, 피트리는 팔레스티나로 돌아왔고 자신의 고고학 작업을 계속했다.

그러나 그사이에 피트리는 훌륭한 후계자를 교육시켰다. 미국인 프레더릭 존스 블리스Frederick Jones Bliss 는 1891년 초에 한 달 동안 피트리와 함께 메이둠Meidum 에 있는 고대 이집트 피라미드 주변에서 일했고, 그 후 텔엘헤시에서의 작업을 계속 진행해도 된다는 허락을 받았다.

블리스가 언덕에서 얻어낸 정보들은 엄청났다. 그는 거대한 공공건물과 방어 시설의 하부구조를 발굴했을 뿐 아니라, 엄청나게 많은 도자기도 채굴했는데, 이 도자기로 피트리의 연대표를 더 정교하게 만들 수 있었다. 그러나 가장 흥미로운 발견은 한 작은 토기판이었다. 기원전 14세기에 이집트 관리가 이 토기판에 메모를 남겼다. 이로써 블리스는 이집트의 가나안 도시들 지배를 고고학적으로 증명하였다.

팔레스티나 탐사 기금은 블리스의 작업에 대단히 매료되어, 그 후에 영국 건축가 아치볼드 디키Archibald Dickie 와 함께 예루살렘 발굴을 허락했다. 계속된 프로젝트에서 블리스는 텔자카리야Tell Zakarija , 텔사이Tell Sai , 텔유데이다Tell Judeida , 그리고 텔산다하나Tell Sandahanna 의 동굴들, 즉 유다왕국의 옛 도시 마레사Mareshah 에 있는 동굴들을 조사했다. 그곳에서 블리스는 로버트 알렉산더 스튜어트 매칼리스터Robert Alexander Stewart Macalister 와 함께 일했는데, 매칼리스터는 나중에 켈트 고고학에서 유명한 교수가 되었다. 그들은 언덕의 봉우리를 깎아 처음으로 헬레니즘 도시의 완전한 도로 방향을 밝혀냈다.

1898년 10월 29일, 술탄의 친구인 독일 황제 빌헬름 2세Wilhelm II는 예루살렘 거리에서 백마를 탔다. 황제 옆에는 황비 아우구스테 빅토리아Auguste Victoria가 있었다. 오랫동안 충분히 독일은 영국과 프랑스에 뒤쳐져 있었다. 이제 황제는 베를린 박물관들도 런던과 파리처럼 고대 유물로 채우려고 했다. 곧 독일 팔레스티나 연맹에게 고대 도시 메기도 연구를 위한 4만 마르크의 예산이 책정되었다. 메기도는 선과 악의 최후의 대결장인 신약성서의 아마겟돈으로 알려져 있었다. 그전까지 팔레스티나에서 진행된 고고학 탐사 가운데 이보다 많은 재정을 사용한 적은 없었다. 이 가운데 절반 이상이 독일의 국고에서 나왔다.

연맹에서는 발굴의 책임을 건축가 고틀리프 슈마허Gottlieb Schumacher에게 맡겼다. 그는 독일식 철저함으로 일을 처리하는 인물이었다. 사막의 바람 속에 펄럭거리는 흑 - 백 - 적 깃발 아래 그는 지금까지 이런 작업은 없었다는 듯이 발굴 작업을 지휘했다. 매일 200명의 남자, 여자 그리고 아이들이 체계적인 작업 계획에 따라 녹초가 되도록 일했다. 영국의 팔레스티나 탐사 기금은 화제가 될 만한 고고학적 유물을 땅에서 끄집어내려고 슈마허가 황제의 돈을 어떻게 쓰는지를 무력하게 봐야만 했다.

메기도의 엄청난 성벽, 가나안인들의 제단, 성서에 언급된 지배자 여로보암의 이름이 들어 있는 벽옥으로 만든 인장 등이 나왔다. 슈마허의 일꾼들이 텔메기도에서 한 층씩 벗겨낼 때미다 성스러운 땅에서 영국인들이 갖고 있는 고고학적 영향력도 그만큼씩 줄어들었다.

슈마허는 독일 혈통이지만, 생애 초기를 미국에서 보냈다. 1907년 11월에 미국 하버드대학교의 한 위원회가 사마리아에서의 발굴 작업을 이끌 생각이 있냐고 물었을 때, 그는 동의했다. 메기도에서 슈마허는 특히 거대하고 큰돈이 준비된 발굴을 권위적으로 이끄는 방법을 배웠다. 이 방식으로 그는 사마리아에서의 작업을 계속 진행했다. 과거보다 두 배로 늘어난 400명이 넘는 일꾼이 그를 위해 쉴 틈 없이 일했다. 그들은 헤로데 대왕이 로마의 황제 아우구스투스Augustus를 위해 그곳에 건축했던 거대 성전의 잔해를 재빨리 발굴했다.

발견의 기쁨에 취한 나머지 슈마허는 그곳에서 모든 학술적 요구를 무시했다. 곧 그에게는 보물의 사냥만이 중요해졌다. 실망한 미국인들은 그를 면직시켰다. 슈마허는 별다른 인상을 남기지 못한 채 여리고로 갔고, 내키는 대로 파헤친 사마리아 언덕을 미국인 조지 앤드류 라이스너George Andrew Reisner에게 넘겨주었다.

라이스너는 제대로 된 고고학자였고, 슈마허가 첫 번째 발굴 작업에서 일으켰던 문제들을 외과 수술과 같은 정확함으로 해결할 수 있었다. 그는 성서 시대의 도시 역사를 시대별로 정밀하게 복원했다. 라이스너와 그의 팀이 사마리아 작업을 마쳤을 때, 성서고고학은 어린아이처럼 끓어오르던 열정을 잃어버렸다. 그러나 라이스너는 새로운 학문적 기준을 세웠다.

황제의 어머니 헬레나가 예루살렘에서 발견한 석실형 고분 위에는 유명한 순례지가 된 그리스도교 무덤 교회가 여전히 서 있다. 예수가 그곳에 실제로 묻혔는지는, 오늘날까지 입증되지 않았다.

글 안젤리카 프란츠

아담의 갈비뼈

미국 남부에 사는 한 젊은 여성은 성서에 따라 1년 살기를 왜 중단했을까?

데이턴Dayton 사람이라면 누구나 데이턴의 반항녀 레이첼 헬드 에반스Rachel Held Evans를 안다. 그녀가 카페 하모니에서 청바지와 정숙하게 목까지 덮는 티셔츠를 입고 자신의 사명에 대해 이야기를 하고 있을 때, 사람들은 그녀에게 인사한다. 그거면 충분했다. 그러나 "안녕, 레이첼" 이상의 말은 없고 호기심 어린 눈으로 그녀와 누가 함께 앉아 있는지를 볼 뿐이다. 이곳 남부 테네시주에서는 아무도 그녀에게 곁을 주지 않는다.

누구도 크게 말하지는 않더라도, 레이첼은 데이턴에서 아웃사이더이고, 고향의 명예를 더럽히는 자다. 그녀는 1년 동안 여성으로서 성서의 율법에 따라 살았다. 하나의 실험이었고, 이에 대해 레이첼은 글을 쓰고 블로그를 운영하며 강연을 한다. 그리고 거기서 문제가 시작되었다. 레이첼은 말했다. "남부 이 골짜기에 사는 사람들은 친절해요. 그러나 그들은 하루 종일 날씨와 미식축구 이야기만 하지요. 감정이나 정치에 대해서는 누구도 이야기하지 않아요. 그냥 이런 주제는 그들 게 아니지요." 그리고 누구도 그곳에 사는 복음주의자들이 실천하는 경건한 신앙에 대해서 공적 공간에서는 먼저 따져 묻지 않는다.

소도시 데이턴은 소위 '성서 허리띠'라고 부르는 '성서 벨트'에 위치한다. 성서 벨트란 극보수 개신교의 영향을 강하게 받는 텍사스에서 플로리다까지의 미국 동남부 지역을 일컫는 말이다. 데이턴은 허리띠의 '버클', 즉 중심으로 여겨지는데, 80여 년 전에 이곳에서 전설의 '원숭이 재판'이 열렸다. 1925년에 성서를 신봉하는 그리스도인들이 찰스 다윈Charles Robert Darwin의 진화론 확산을 막으려는 소송을 걸었고, 재판에서 이겼다.

그 이후로 이곳은 크게 변하지 않았다. 남자들은 청바지의 허리띠 고리에 카라비너를 달고 있고, 픽업트럭을 운전하며, 무거운 남부 억양으로 말한다. 그들의 아내들은 낯선 사람을 자기 sweetheart라고 부른다. 이곳에 사는 많은 이들은 세상이 약 6000년 전에 하나님에 의해 창조되었다고 믿는다. 그들은 천국과 지옥을 믿으며, 혼전 성교를 죄악이라고 비난한다.

이곳에서 사람들은 그냥 교회에 가고 기도하는 것이 아니다. 종교는 이곳에서 살아 있다. 날마다, 가족 안에서, 일터에서, 여가 생활에서. 테네시에 속하는 이 지역에는 3만 명 인구에 140개의 교회가 있으며, 어떤 교회들은 마치 슈퍼마켓처럼 보인나. 꾸미지 않은 강당은 네온 조명이 비추고 있고, 바닥에는 양탄자가 깔려 있으며, 그 강당 앞에는 엄청나게 큰 주차장이 있다.

그 교회들은 은혜로운 성서 교회Grace Bible Church 또는 하나님의 구원 교회Deliverance Church of God 라고 불리는데, 그 교회 안에서 침례교, 감리교, 오순절파, 복음주의적 장로교 신자들이 기도한다. 부흥회에서 신자들은 서로 손을 잡고 박자에 맞추어 몸을 흔들며 "오, 주님!"을 노래한다. 그들은 빔프로젝터를 통해 강당의 벽에 비추어지는 가사를 열정적으로 외친다.

이 경건한 세계를 레이첼은 잘 안다. 그녀는 성서 교사의 딸이기 때문이다. 그런데 4년 전 그녀는 계획을 하나 세웠다. 그녀는 어린 시절 주일학교에서 그녀에게 주입되었던 성서를 문자 그대로 받아들이려고 했다. 성서에 나오는 문자 그대로 살아보려고 했다. 그것도 여성으로서. 성서의 계명을 지키고, 이에 대한 책을 쓰기로 했다. 왜? 단순한 이유다. 그녀는 작가이고, 언제나 좋은 이야깃거리를 찾고 있었기 때문이다.

2010년 10월부터 2011년 9월까지 12개월 동안 그녀는 여성을 위한 성서의 도덕에 따라 살아가려고 시도했다. 복종, 가사 생활, 정결, 생식력, 침묵. 매달 그녀는 이 주제 가운데 하나를 과제로 정했다.

368일 후 그녀의 머리는 헝클어졌고, 누룩을 넣은 빵에 대한 식욕이 커졌으며, 엉덩이에 6킬로그램의 살이 붙었다. 레이첼은 유대인들의 유월절 축제처럼 누룩을 넣지 않은 빵을 구웠고, 그리고 성서에 따라 요리했으며, 예루살렘에 있는 유대인 친구로부터 코셔 요리법을 받았다. 아침마다 해가 뜨기 전에 침대에서 힘들게 일어나야 했고, 머리를 더는 자르지 않았으며, 생리를 하는 '불결한 날'에는 앞마당에 텐트를 치고 그 안에서 잤다. 남편을 '주인님'이라고 불렀다.

매우 단정한 옷을 입었고, 〈신명기〉 말씀에 따라 바지를 입지 않았다.

> 여자는 남자의 옷을 입지 말고, 남자는 여자의 옷을 입지 마십시오. 주 당신들의 하나님은 이렇게 하는 사람을 싫어하십니다.
>
> (신명기 22:5)

"겉치장을 하지 말"(베드로전서 3:3)라는 여성에 대한 베드로의 금언대로 장신구를 달지 않았다.

요약하면, 레이첼은 정통 유대교 여성들이나 따르는 생활 방식에 따라 살았다. 인터넷, 핸드폰, 성 평등, 자동차, 피임약이나 비키니 등과 같은 현대의 가치와 성과들을 거부했다. 레이첼은 왜 이런 일을 했을까? 그녀는 한 신앙심 깊은 그리스도인의 여성 되기를 시험해보고 싶었고, "여성으로서 말하고 가르치는 허락"을 받고 싶었다고 한다. "성도들의 모든 교회에서 그렇게 하는 것과 같이, 여자들은 교회에서는 잠자코 있어야 합니다. (…) 율법에서도 말한 대로 여자들은 복종해야 합니다"(고린도전서 14:33~34)라고 고린도인들에게 보낸 편지에 나와 있지 않던가.

어릴 때부터 레이첼은 당돌했고, 질문하기를 좋아했다. 많은 선한 사람들이 성서에서 그렇게 고통을 받는 이유가 무엇인지 레이첼은 물었다. 이브는 진짜 아담의 갈비뼈로 만들었을까? 유대인인 안네 프랑크Anne Frank는 강제수용소에서 죽은 후 지옥에 가야만 했을까? 그랬다면 이건 정의롭지 못하다고 생각했다. 부모님은 놀랐지만, 그녀를 막지는 않았다. 레이첼은 오늘날까지도 이 점에 대해서 부모님을 높이 평가한다고 말한다.

학교를 졸업하고 레이첼은 브라이언대학교에 입학했다. 그곳에서 그녀의 아버지는 오늘날까지도 일하고 있다. 브라이언대학교는 데이턴 위쪽의 애팔래치아 산맥 언덕 위에 있다. '무엇보다도 그리스도를Christ above all'이라는 문구가 대문자로 입구에 적혀 있고, 그 옆에 미국 국기가 펄럭인다. 브라이언대학교는 개신교 대학이자 성서에 충실한 대학이며, 엄격한 규율이 지배하는 곳이다. 혼전 성교 금지, 신성모독 금지, 약물 금지, 동성애 관계 금지, 일주일에 네 번의 예배. 그곳에서 레이첼은 남편 댄 에반스를 만났고, 21세 이른 나이에 결혼하기 전까지 섹스를 미루었다.

지금 그녀는 33세이고, 21세기 자신의 신앙에 대해 책을 쓴 베스트셀러 작가다. 그녀는 막 미국 교회에 대한 이야기를 다룬 세 번째 책『교회를 찾아서Searching for Sunday』를 마무리 지었고, 25만 명의 팔로워가 있는 인기 있는 블로그를 운영하며, 댄과 함께 베란다와 흔들의자가 있는 시 외곽 나무집에서 살고 있다. 그녀는 자신의 오래된 침례교 공동체를 떠났다고 한다. 오래전부터 환영받지 못한다는 느낌을 받았기 때문이다. 그녀가 다니는 새 교회는 차로 몇 시간 떨어져 있지만, 더 자유로운 곳이다. 정기적으로 그녀는 성서 학회들과 여성 위원회 모임들에 참석하기 위해 여행한다. 호모와 레즈비언, 그리고 그들의 하나님에 대한 권리를 이야기하며, 남부에 있는 공동체들을 방문한다. 그러나 그녀의 옛 대학에서 그녀는 배교자 취급을 받고, 발언이 금지되어 있다. 레이첼은 여전히 이 사실에 화가 난다.

레이첼은 도발하고, 불편하게 만든다. "교회를 괴상하게 유지하자." 이처럼 그녀는 강연에서 교회를 이상하게 내버려두자고 촉구한다. 세속적인 그리스도인은 레이첼의 성서 실험을 순진하다고 생각한다. 신앙심 깊은 척하는 정신 나간 여자의 자화자찬이라고 보기도 한다. 복음주의자들은 그녀의 책을 악마의 도구라 생각하고, 레이첼을 급진적 페미니스트로 여긴다.

레이첼은 쿨한 태도를 보인다. 그러나 갑자기 자신을 공격하는 독자 편지나 블로그의 댓글에 나타나는 혐오와 분노에는 아직 익숙하지 않다. 가끔 그녀는 출력한 이메일로 종이를 접어 작은 백조와 돛단배를 만든다. 성서 벨트에서 저항자로 살다가 돌에 맞을 수도 있음을 그녀는 잘 알고 있었다. 그렇지만 그녀는 여기에 머물렀다. 특히 남부에서 그녀는 하나님 안에 있듯이 집에 있다는 느낌을 받기 때문이다.

레이첼의 신앙심은 깊다. 하나님 없는 삶은 그녀에게 공허해 보인다. 그러나 그녀는 죽음 이후의 삶도 믿어야 하는지는 확신하지 못한다. 그녀는 스스로를 "완전히 성서 중독자"라 부른다. 여전히 성서를 많이 읽지만, 옛날에 읽은 성서 책으로는 거의 읽지 않으며, 스마트폰에 있는 다양한 성서 앱으로 읽는다.

레이첼에게 성서는 그리스도인으로 어떻게 살아야 하는가에 대해 대답을 주거나 훌륭한 처방전을 주는 그런 책이 아니다. 그녀에게 성서는 수천 년의 세월과 문화에서 수집한 '편지, 법률, 시가, 속담, 철학 등의 성스러운 모음집'이다. "성서는 하나님과 인간의 관계에 대한 영원한 이야기"이며, "하나님으로부터 영감은 받았지만, 하나님이 불러준 걸 받아쓴 책은 아니다"라고 레이첼은 생각한다.

책에 대한 그녀의 생각은 샤워 중에 그녀가 블로그에서의 논쟁에 대해 생각할 때 나왔다고 한다. 여성이 설교하고 가르치는 것을 금지하는 바울의 가르침에 대한 논쟁이었다. 레이첼은 이에 대해 만족하지 못했다. "여성을 억압하기 위해 성서 구절을 찾는 사람은 그런 구절을 찾게 될 겁니다." 그녀는 안다. "여성 해방을 위한 구절을 찾아도 마찬가지입니다."

그렇게 그녀는 성서에서 여성 인물들을 어머니, 딸, 과부, 영
웅, 희생자, 예언자, 창녀로 분류하고 샅샅이 수색하기 시작했다.
세계 전역에서 여성들이 성서 구절을 어떻게 해석하는지 연구했
고, 정통 유대교 공동체, 메노나이트Mennonite, 가톨릭 수녀들과
퀘이커Quaker 교도들을 조사했다. 그녀는 스스로 '경건한 광신도
처럼' 긴 민속 치마와 목까지 오는 모직 상의만을 입었으며, 머
리를 가렸다. 그리고 밤마다 남편 옆에 누운 채 성서와 역사적 자
료들, 그리고 주석을 뒤적거리며 연구했다.

그렇지 않을 때 그녀는 요리를 많이 했고, 바느질을 배웠으며
('불쌍하여라!'), 봄 청소 때 냄비와 프라이팬 사이에서 하나님을
찾았고, 자신의 입에서 악담과 저주가 나올 때마다 2센트씩 '다
툼의 돼지저금통'에 넣었다. 추가적으로 '다툼' 행위를 속죄하기
위해 몇 시간 정도 지붕 위에 올라가 있었다.

직업 계획을 머릿속에서 지우고, '부드럽고 고요한 영혼'을 발
전시키려고 노력했다. 오랜 세월 동안 여성의 입을 막아왔던 신
약성서의 두 구절처럼 완전히 그렇게 살려고 했다. 〈디모데전서〉
에는 이렇게 나와 있다.

여자는 조용히, 언제나 순종하는 가운데 배워야 합니다. 여자가
가르치거나 남자를 지배하는 것을 나는 허락하지 않습니다. 여자

는 조용해야 합니다. 사실, 아담이 먼저 지으심을 받고, 그다음에 하와가 지으심을 받았습니다. 아담이 속임을 당한 것이 아니라, 여자가 속임을 당하고 죄에 빠진 것입니다. (디모데전서 2:11~14)

쉬운 시간은 아니었다. 그녀와 남편은 많이 싸웠다. 아내가 그렇게 만족하지 못하고 모든 일에 불만을 드러내는 데 남편은 짜증이 났다. 그러나 저녁마다 아내가 흡수하고 있는 책은 군데군데 수용하기 힘든 내용들이 있었다. 어떤 부분에서 성서는 마치 살인, 치사, 폭력이 난무하는 추리소설처럼 읽힌다.

스스로 만든 추모예식에서 그녀는 그리스도교 전설에서 학대받은 모든 여성 인물들을 상기시켰다. 그녀들은 돌에 맞아 죽거나 능욕당했는데, 순종하지 않았고, 조신하지 않았으며, 전리품이었기 때문이다. 거기에는 결혼 대신 재산을 가난한 사람들에게 나누어주었기 때문에 처형당한 루시아Lucia가 있다, 남편 대신 예수를 섬겼다는 이유로 참수당한 아녜스Agnes도 있다. 또는 시칠리아의 집정관과의 결혼을 거부했다는 이유로, 불에 태워지고 갈고리로 몸이 갈가리 찢어진 아가타Agatha 이야기도 있다.

2월에 레이첼은 성서가 여성의 성에 대해 어떻게 말하는지를 조사했다. 이와 관련해서 "대단히 놀라운 일로 성서는 가득 차 있다"고 레이첼은 말한다. 성서에는 섹스 장면이 잔뜩 들어 있을 뿐 아니라, 성생활과 도덕에 대한 규정들로 가득 차 있다. 청소년 시절 레이첼은 몰래 〈아가〉에 나오는 에로틱한 시를 읽었고, 흥분했었다.

그대의 늘씬한 몸매는 종려나무 같고, 그대의 가슴은 그 열매 송이 같구나. "이 종려나무에 올라가 가지들을 휘어잡아야지." 그대의 가슴은 포도송이.　　　　　　　　　　　　　　(아가 7:7~8)

성서에 나오는 지시에 따라 레이첼과 다른 소녀들은 공동체의 통제를 받았으며, 자신들의 육체가 자신들에게 속하지 않으며 남편의 처분에 맡겨야 한다는 말을 들어야 했다. 이곳 성서 세계의 다른 어린 소녀들처럼 레이첼도 15세 때 순결 서약에 서명했다고 한다. 이는 이곳의 도덕적 이중성을 보여준다. 소녀들은 수년 동안 성에 대해 생각해서는 안 되고, 성생활에 대해 침묵해야 한다. 그리고 첫날밤에는 말하자면 섹스의 여신으로 변신하여, 남편을 만족시킨다. 남편이 원할 때는 언제나 그렇게 해야 하며, 그렇지 않으면 남편은 도망갈 것이다.

레이첼은 어린 양 떼들에게 설교하던 어떤 복음주의 목사에 대해 알려준다. "남편들에게 오럴 섹스를 제공하십시오. 그것은 성서적이며, 예수께서 이를 명하셨습니다. 침대에서 지저분해지십시오. 그것이 남편들을 행복하게 만듭니다."

예수가 오럴 섹스를 명령했다고? 계몽된 이들의 귀에는 흥미롭게 들리는 이야기다. 그러나 레이첼의 고향에서만 남편들이 성서를 권력의 도구로 사용한 것은 아니다. 남녀 평등은 사악한 도구다.

레이첼은 말한다. "우리는 이슬람에서의 여성 억압에 분노합니다. 그러나 성서에서의 여성의 역할이나 우리 공동체에서의 여성의 역할에 대해선 침묵합니다."

성서에서 여성의 생식력에 가해지는 압력보다 더 강하게 여성을 억압하는 것은 없다고 레이첼은 확신한다. 모성은 여성에게 최고의 소명이라고 한다. 〈창세기〉에서는 말한다.

생육하고 번성하여 땅에 충만하여라.　　　　　　　(창세기 1:28)

또한 마르틴 루터보다 더 냉정하고 잔인하게 말할 수는 없을 것이다. "여성은 집에 머물러야 하고, 조용히 행동해야 하며 우리에게 아이를 낳아주어야 한다. 어떤 여성이 소진하여 결국 출산 때문에 죽었다 해도, 신경 쓸 일이 아니다. 이를 위해 그녀는 존재하는 것이다."

다른 달에 레이첼은 기대하던 엄마 역할을 준비하려고 시도했다. 레이첼과 댄은 아이를 진정 가져야 하는지, 그리고 언제가 가장 좋은 시점인지에 대한 대답을 성서에서 찾지 못했다. 연습을 위해 그녀는 유피에스UPS를 통해 배터리로 작동하는 육아 시뮬 레이션 아기 로봇 '씽크 잇 오버Think it over'를 주문했다. 로봇을 돌보는 일이 지루했던 레이첼은 이틀 만에 인형을 반송한 후, 수녀원으로 가서 침묵 속에 기운을 얻었다.

석 달 후 레이첼의 성서 실험은 끝났다. 실험이 끝났다는 데 그녀는 기뻤다. 그렇게 사는 일은 매우 힘이 든다고 생각했다. 그녀는 10개 원칙을 작성했다. 그중 첫 번째 원칙은 남성 지배적인 성서 읽기에 계속해서 싸우기다. 이를 위해 공동체 안에서 여성들이 더 많은 영향력을 갖고 귀감이 될 수 있도록 싸우는 것이 두 번째 원칙이다. 세 번째 원칙은 계속해서 성서를 사랑하고, '그 일이 얼마나 힘드냐와는 상관없이' 성서에 계속 싸움을 거는 것이다. 레이첼을 만난 사람은 그녀가 성서를 존경한다는 것을 느낀다. 그리고 가끔은 대단히 순진한 미국인처럼 요리법과 에티켓에 큰 관심을 보인다. 그러나 레이첼은 성서를 일대일로 삶에 옮겨오지 않는다.

레이첼은 신학자가 아니다. 그녀는 뉴욕의 기자 A. J. 제이콥스Arnold Stephen Jacobs Jr.의 성공작 『성경 말씀대로 살아본 1년The Year of Living Biblically』의 자극을 받았다. 제이콥스도 비슷한 실험을 진행했었다. 그러나 그의 실험이 더 쉬웠다. 제이콥스는 재미있는 이야기를 선택했고, 남자이며, 그리스도교 신자가 아니었기 때문이다. 레이첼은 반대로 사명이 있었다. 성서는 그녀에게 영감과 위로를 주고, 그녀를 도발하고 사고의 자극을 준다. 여성을 주님의 이름으로 복종시키려는 모든 것에 대항하여 무장하기 위해 그녀는 성서를 연구한다.

미국 남부 출신의 한 여성에게 이런 공개적인 성서 실험이 어떤 걸음인지 이해하기 위해서는 그녀의 고향이 지닌 역사를 알아야 한다. 테네시의 가장 변두리 지역에 있는 극보수적 동네. 정치적으로도 마찬가지다. 이 지역에서 마지막으로 민주당 후보가 이겼던 경우는 1976년 지미 카터 대통령 때다. 단지 그가 옆 동네 조지아주 출신이자 자신들과 같은 농부였기 때문이었다.

"구닥다리와 근본주의 네안데르탈인들로 가득 찬 도시." 1925년에 시 가운데 있는 빨간 벽돌로 된 법원에서 '세기의 재판' 이 시작될 때, 컬럼리스트 헨리 루이 멘켄Henry Louis Mencken은 데이턴을 이렇게 경멸적으로 표현했다. 그 재판은 성서에 대한 맹목적인 믿음과 과학의 이성적 인식, 그리고 하나님의 창조 역사와 다윈의 대결이었다.

이 '원숭이 재판'은 "성스러운 전쟁과 서커스가 합쳐진 잡종" 같다고 당시 《타임》은 규정했다. 200명의 기자들이 이곳으로 왔고, 전신 시설을 이웃 도시에 설치했으며, 이 작은 도시 데이턴에서 숙소를 비싸게 임차했다. 이 재판은 역사상 처음으로 미국 전역에 라디오로 생중계되었다.

이 격렬한 갈등의 동기는 이미 65년 전에 발표된 다윈의 진화이론서 『종의 기원On the Origin of Species』이었다. 테네시에 있는 학교에서는 생물학적 지식이 환영받지 못했고, 주정부는 학교에서 〈창세기〉와 다른 내용을 가르치는 일을 금지시켰는데, 이를 어기는 교사에게는 벌금 500달러가 부과되었다.

자유주의에서 나온 동기였을까? 아니면 홍보 효과를 위해 소도시 신문 표제에 자신들의 이름을 올리고 싶었던 것일까? 그 이유와 상관없이 어쨌든 데이턴의 상인들은 풋볼 코치이자 생물학 보조교사였던 당시 24세인 존 스콥스John Scopes를 설득하여 학생들에게 하등한 종에서 나온 자신들의 기원을 알려주게 했다. 즉시 그들의 계획대로 스콥스는 기소되었다.

레이첼은 자신의 책 『성경적 여성으로 살아 본 1년A Year Of Biblical Womanhood』에 대해 직접 이야기를 나누려고 온 방문자들을 기꺼이 그 재판이 열렸던 법원으로 안내한다. 오래된 법정에 줄서 있는 의자들은 당시에도 나무 마룻바닥에 삐걱거리고 있었을 것이다.

그리스도의 이름으로 참여하는 원고 측 대변인은 윌리엄 제닝스 브라이언William Jennings Bryan이었다. 성서에 복종하는 대중 연설가이자 대중 정치가였고, 민주당 후보로 대통령 선거에 세 번 출마했으며, 토머스 우드로 윌슨Thoma Woodrow Wilson 대통령 시절 외무부장관을 지냈다. 브라이언의 도전자는 유명 변호사인 클래런스 대로우Clarence Darrow였다. 그 또한 브라이언 못지않은 달변가였다. 나중에 이 재판은 할리우드에서 〈신의 법정Inherit the Wind〉

으로 영화화되었는데, 스펜서 트레이시Spencer Tracy가 그의 역할을
했다.

　대중의 즐거움을 위해 성서 신봉자들은 원숭이 가족을 등장시
켰다. 원숭이들은 작은 더블 버튼 정장을 입었고, 인간이 원숭이
의 친척일 수 없다는 증거로서 피아노의 건반을 마구 두드렸다.

　대로우 변호사는 반대 심문에서 상대편 브라이언에게 예언자
요나가 3일 동안 고래의 배 속에서 살아 있었다는 것을 정말 믿
느냐고 물었다. 지구는 진짜 6 곱하기 24시간 만에 창조되었나?
브라이언은 말 그대로 탈탈 털렸고, 조롱당하는 느낌을 받았다.
그럼에도 브라이언은 재판에서 이겼다. 스콥스는 유죄로 판단되
었고, 100달러 벌금형을 선고받았다.

　법원에서는 성서가 다윈을 이겼지만, 이 공개 재판을 통해 교
회의 위신은 엄청나게 깎였고, 신앙인들과 현세적인 사람들 사이
의 간극은 더 커졌다. 데이턴의 성서 신봉자들은 스스로를 더욱
고립시켰다. 이들은 1930년 브라이언대학교를 설립하고, 재판이
끝난 지 75년이 되던 해에 기념비를 세워 자신들의 영웅에게 경
의를 표했다. 이 대학에서 레이첼은 나중에 영문학을 공부했다.

　신앙과 이성의 이 오래된 싸움은 오늘날 데이턴에서도, 그리고
또 다른 곳에서도 해결되지 않았다. 미국 전역에 성서에 엄격한
창조주의자들이 널리 퍼져 있다. 현재 약 15개의 주가 학교에서
다윈의 진화론을 가르치는 데 반대하는 이들과 법정 싸움을 하고

있다. 미국 전역에서 빅뱅 이론을 수업에서 가르치는 데 반대하는 부모들의 시위가 열리고, 이들은 자신의 아이들을 수업에 빠지게 한다. 브라이언대학교 학생들은 가정적인 구조, 신앙 안에서의 버팀목, 흩어짐으로부터의 보호를 갈망한다고 한다. 이 소도시에서는 그렇다고 한다.

브라이언대학교 본부는 2월에 어떤 신앙고백에 교수들이 서명하게 했는데, 이 신앙고백의 내용은 아담과 이브는 "역사적 인물"이며, 이들은 이전에 이미 존재하는 작은 생명 형태에서 유래하지 않고, "하나님의 어떤 형성적 행위로 창조되었다"는 것이다.

유럽인들에게는 레이첼의 주제와 주장들이 몇몇 지점에서 단순하게 들릴 수도 있지만, 그녀는 먼 길을 왔고, 아직 끝나려면 멀었다. 그러나 저녁에 별이 빛나는 남부의 밤이 데이턴 하늘에 몰려오면, 레이첼은 이제 다시 남편 댄 옆에 앉아 텔레비전을 보면서 잠시 동안 하나님께 모든 것을 맡기고 아무 근심 없이 시간을 보낸다.

글 피오나 엘러스

신화적 차원

성서 영화는 극장 영화의 고전에 속한다. 리들리 스콧 감독은 영화 〈엑소더스〉에서 이스라엘의 이집트 탈출을 3D 화면으로 장대하게 영상화했다.

아서 맥스Arthur Max는 마치 어떤 박람회에서 새로운 매력을 홍보하는 사람처럼 말한다. "당신이 스크린에서 보게 될 것은 수백 마리의 진짜 개구리와 수천 마리의 고무 개구리, 그보다 더 많은 디지털 개구리 들입니다. 성서와 관련된 영화에서 중요한 건 규모입니다. 열 개의 재앙은 성서의 탑 텐입니다."

68세의 맥스는 리들리 스콧Ridley Scott 감독의 기념비적인 영화의 프로덕션 디자이너다. 영화 〈엑소더스Exodus: 신들과 왕들Gods and Kings〉은 지난 수십 년 동안 가장 많은 제작비를 쓴 성서 영화다. 배트맨의 주인공 크리스찬 베일Christian Bale이 모세 역을 맡았고, 조엘 에저턴Joel Edgerton이 파라오 람세스를, 시고니 위버 Sigourney Weaver가 왕의 어머니 투야Tuja 역을 맡았다. 76세인 스콧

감독은 3000명 이상의 단역 배우를 카메라 앞에 세웠다. 이 영화
는 2014년 크리스마스 시즌에 개봉했다.

성서 영화 장르는 놀라운 르네상스를 경험했다. 2014년 초
에 상영된 대런 애러노프스키 감독의 영웅 서사시 〈노아〉는 3억
6000만 달러 이상의 수익을 올렸다. 11월 초에 개봉된 〈천국
에 다녀온 소년Heaven is for real〉과 같은 그리스도교의 복음을 담은
멜로드라마는 오늘날 가장 수익을 많이 남기는 영화 제작에 속
한다. 2013년 역사 채널에서 방송된 텔레비전 시리즈 〈성서The
Bible〉는 편당 1500만 명까지 시청자를 모았다.

할리우드는 신앙심 깊은 그리스도인들을 오랫동안 무시해왔다
고 관련 전문가들은 꾸짖는다. "50년 이상 세계대전이 없었습니
다. 이 시기에 사람들은 물질적 재화에, 자기 자신에 집중했죠."
〈천국에……이자 감독인 랜들 월리스Randall
Wallace는……상황은, 요즘 우리가 경험하듯이
필연적……을 이끈다고 한다.

모든……〈엑소더스〉는 극한의 경험이었다고 프로
덕션 디……"당연히 이 영화는 그리스도인
관객을 만족시켜야 합니다. 그러나 또한 무신론자와 다른 종교
인들에게도 다가갈 수 있어야 하죠." 제작에 들어간 많은 비용
을 다시 벌어오기 위해서 〈엑소더스〉는 전 세계적인 흥행을 해야
한다.

재앙은 어떻게 표현했을까? 맥스에 따르면, 어떻게 성서적 고통을 오늘날 화면으로 옮길 수 있을까에 대해 제작팀은 많은 회의를 했다. "우리는 영화에서 이 재앙들이 거의 다큐멘터리처럼 보이게 하려고 노력했습니다." 맥스의 말을 더 들어보자. "지금 우리 눈앞에서 일어나는 재난처럼 보이게 말이죠. 몇몇 재앙들은 화산 폭발의 결과로 나타날 수도 있다는 결론을 내린 과학 연구들이 있었습니다. 기원전 1600년경에 지중해권에서 화산 폭발이 있었고, 그 때문에 몇몇 재앙들이 생겼다는 말이지요." 예컨대 3일 동안의 어둠은 화산재 때문에 생긴 현상일 수도 있다는 뜻이다. 또한 영화 속 인물들도 처음에는 이 재앙이 자연적인 현상이라고 생각했다. "그러나 연속된 재앙은 언젠가부터 하나님의 의도가 숨어 있다고 그들도 추측했죠."

〈엑소더스〉는 자연적인 설명을 의심하기 시작하고, 그렇게 신앙인이 되어가는 인간들에 대해 설명한다. 맥스는 말했다. "관객들은 원하면 이 재앙들 뒤에 하나님이 숨어 계신다고 믿을 수도 있습니다. 그러나 반드시 그럴 필요는 없죠. 성서를 늘 새롭게 해석되는 문학 작품으로 이해할 수도 있으니까요."

그리스도교의 가치를 위해 영향력을 행사하려고 노력하는 소비자 모임인 '페이스 드리븐 컨슈머Faith Driven Consumer' 같은 단체들에게 이런 문장들은 신성모독으로 의심받는다. 이 영화가 성서의 내용을 제대로 재현하지 못하면, 미국의 그리스도인 70퍼센트는 〈엑소더스〉를 보지 않을 것이다. 페이스 드리븐 컨슈머가 주장하는 설문 조사 결과다. 영화제작자들에게 가하는 은밀한 위협이다.

실제로 그리스도교 단체와 블로거들이 영화 〈노아〉를 공격할 때 패러마운트 스튜디오는 상당히 곤혹스러웠다. 이 영화가 주인공을 대단히 어둡게 묘사했다고 그들은 비난했다. 장면들을 다시 찍었고, 새로운 편집본에 집어넣었다. 그러나 마지막에는 감독이 이른바 자신의 의도대로 편집했다고 한다. 한편 〈노아〉는 몇몇 이슬람 국가에서 검열을 통과하지 못했다. 이 영화가 성상 금지법을 어겼기 때문이란다. 성상 금지법에 따르면, 예언자는 결코 형상화해서는 안 되는데, 노아는 코란에서 예언자로 보기 때문이다.

64세의 의상제작자 잰티 예이츠Janty Yates는 〈엑소더스〉같은 영화도 뜨거워질 수 있다고 확신한다. 예이츠는 스콧 감독과 이전에 이미 걸작인 〈글래디에이터Gladiator〉와 〈킹덤 오브 헤븐Kingdom Of Heaven〉에서 함께 일했다. "나도 기꺼이 시내 반도에서 조사를 하고 싶었지만, 그건 그냥 너무 위험했습니다." 성서 영웅을 다루는 할리우드 영화의 촬영은 손쉬운 공격 대상이 될 수 있기 때문에, 이 영화는 대부분 스페인 안달루시아 지방과 푸에르테벤투라섬Fuerteventura에서 촬영했다.

성서에 대한 존중은 다양한 방식으로 증명할 수 있을 것이라고 예이츠는 말한다. "나는 가능한 정확히 재현하려고 노력했습니다. 당시 의복 양식에 대해 가능한 많은 정보를 얻었죠." 예이츠는 런던에 있는 대영박물관이나 베를린에 있는 페르가몬박물관을 방문했고, "무수히 많은 도서관과 두꺼운 책들과" 씨름했다.

그녀가 조사한 바로는, 모세는 아마포로 된 T자 모양의 긴 옷을 걸쳤을 것이라고 한다. 겉옷의 길이는 분명히 모세가 원래 천을 적당한 길이로 잘라서 스스로 쉽게 정했을 것이다. 예이츠는 모세와는 달리 부유한 이집트인들에게는 비단옷을 재단해주었다. 그들도 합성섬유를 사용했을까? "절대 사용하지 않았습니다! 농담하신거죠?"

예이츠에 따르면, 고대 이집트인들의 의복에 대해서는 잘 알려져 있다고 한다. "특히 19세기 초에 영국인 하워드 카터가 왕의 계곡을 발굴하면서 많은 걸 알게 되었습니다. 그는 파피루스 두루마리들을 발견했는데, 그 두루마리에는 소매 없는 숄 형식의 의상들의 재단과 생산 방법이 아주 상세하게 서술되어 있었죠. 심지어 이 옷들에 맞는 장신구 추천도 들어 있었습니다."

예이츠와 맥스에 따르면, 영화를 찍을 때 고대 연구가들이 함께 있었다고 한다. "그들은 우리에게 당시의 생활 습관과 사회적 의례에 대해 알려주었습니다." 영화에서 사용할 문서 양식을 만들기 위해 한 서체 전문가도 참여했다고 한다.

맥스는 말한다. "우리는 정확히 재현하려고 했습니다. 그건 분명합니다. 그러나 완전한 재현이 우리의 목표는 아닙니다. 성서에 나오는 이야기들은 어떤 신비한 차원을 갖고 있습니다. 스크린 위에 진정한 거대 서사시를 실현하기 위해서는 이 신비한 차원에 바로 현대 기술을 투입해야 합니다. 우리는 컴퓨터 그래픽의 황금시대를 살고 있고, 이를 이용해야 합니다!"

스콧 감독은 몇몇 사막 장면을 푸에르테벤투라섬에서 찍었다. 그러나 그 섬에서 적당한 언덕을 찾지 못해서 맥스는 요르단에 있는 시내 산과 비슷한 산을 촬영하였고, 디지털 기술을 이용하여 섬에서 촬영한 부분과 하나로 만들었다. "과제는 동질한 화면을 만드는 일입니다. 사람들이 이 화면에서 이런 결합들을 알아차리지 못하게 하고, 진짜 촬영분과 컴퓨터로 만든 화면을 구분하지 못하게 하는 일이지요."

맥스는 오늘날 관객들이 고대 이집트에 대해 가지고 있는 이미지들은 엘리자베스 테일러Elizabeth Taylor와 리처드 버턴Richard Burton이 나오는 〈클레오파트라Cleopatra〉 같은 서사 영화의 영향을 받았다고 생각한다. 10대 때인 1950년대 말에 부모님과 함께 극장에서 찰턴 헤스턴Charlton Heston이 모세 역할을 하는 〈십계The Ten Commandments〉를 어떻게 봤는지를 맥스는 기억하고 있다. "당시에 나는 완전히 압도당했습니다." 그러나 영화 〈엑소더스〉를 준비하면서 〈십계〉를 다시 봤을 때, 그는 실망했다고 한다. 그에게 많은 것들이 "어쩐지 작아" 보였다.

"관객들은 점점 더 큰 그림을 원하는 것처럼 보입니다. 왜 그럴까요? 아마도 우리가 현대를 과거에 투영하기 때문일 겁니다. 우리는 높이가 거의 1킬로미터에 달하는 두바이 건물을 봅니다. 그리고 피라미드를 여기에 비교하죠. 그러나 고대 이집트에서 가장 높았던 건축물은 150미터에 불과했습니다."

여기서 나온 맥스의 결론은 "진짜처럼 보이기 위해서는 우리는 아주 많이 과장해야 합니다."

글 라스-올라프 바이어

하늘에 계신 아버지

정신분석가들 또한 성서를 해석했다. 프로이트는 원죄에서 인간의 원초적 범죄를 봤다.

비판적 사고를 거스르는 모든 강렬한 감정과 마찬가지로, 종교는 사랑과 비슷하게 "합리와 논리에서는 나올 수 없는 어떤 마법을 삶에" 가져온다. 미국의 실용주의 철학자 윌리엄 제임스William James 는 1902년에 종교를 이렇게 규정했다.

　개신교 신학자 파울 요하네스 틸리히Paul Johannes Tillich 가 "거룩함의 체험Erfahrung des Numinosen "이라고 바꾸어 표현했던 것은 성스러움 혹은 감동과 다르지 않다. 감정적으로 아주 깊은 곳까지 건드리지만, 합리적으로 논증하지 못하는 어떤 것을 경험하는 일 혹은 보는 일이라고 할 수도 있겠다. 이런 체험은 종교적 상징으로 표현되는데, 구상화된 형태로는 이를 이해하지 못하기 때문이다. 틸리히는 인격신이 이런 상징의 하나라고 생각한다. 그렇다면 가장 높으신 존재라는 표현은 인간보다 위대한 어떤 '힘'을 나타내는 상징일 것이다. 우리의 상상력이 이를 이해할 수 있도록 하기 위해 이 힘을 인격으로 생각했다.

유일신에 대한 경전으로서의 성서는 아주 초창기부터 인간과 동반했던 이 종교성을 역사 이야기 속에 풀어보려는 대담한 시도다. 그 내용을 가장 높은 권위에서 나온 논박할 수 없는 계시로, 문자 그대로 받아들일 수도 있다. 어린이가 동화를 받아들이듯이 그렇게 순진하게 믿을 수도 있다.

다른 한편으로 성서를 역사 비판적으로 해체해보려고 할 수도 있다. 그리스도교를 실제 일어났던 사건에 기초하는 역사적 종교로 이해하면, 자신의 역사적 상황을 새롭게 인식할 때마다 신앙의 기본 전제가 바뀌기 때문이다. 그러나 이런 관점은 하나님 말씀의 영원성에 의문을 제기한다.

19세기에서 20세기로 넘어가는 시기에 생겨난 정신분석이라는 젊은 학문은 이 딜레마에서 벗어날 길을 찾고 있었다. 흥미롭게도 정신분석의 설립자와 중요 대표자들은 각자의 방식으로 종교성을 설명하려고 시도했다.

무신론자였던 프로이트Sigmund Freud, 개신교로 개종한 유대인이었던 아들러Alfred Adler, 그리고 목사의 아들이자 신비주의 경향이 있었던 융Carl Gustav Jung이 그들이다. 이들은 심층심리학적 관점에서 성서를 읽으면서 신앙과 과학 사이의 깨어진 합의를 회복하려고 했다. 이들은 하나님의 계시를 인간 자신 안으로 옮겨놓으면서 이 작업을 진행했다.

결국 정신분석적 해석은 신 없는 믿음을 허락하게 된다. 이 해석은 종교적 무신론이라는 모순에서 절정에 이른다. 종교적 무신론에서는 인간 정신이 자신을 만나는 것이다. 이때 정신분석적 성서 해석은 프로이트와 융의 전형적인 꿈 해석 방법론을 따른다. 신화, 동화, 전설, 설화가 이들이 주석하는 문학 장르다. 이 문학들의 상징과 은유 안에서 인류의 원체험이 드러난다.

성서는 역사적 사건을 설명하지 않는다. 대신 '연속된 원형적 행동들'을 상징 형태로 제시한다. 신학자이자 정신분석학자인 오이겐 드레버만Eugen Drewermann의 정의다. 구약성서와 신약성서에 나오는 이스라엘 민족의 역사와 예수의 생애는 보편적으로 적용되는 틀 안에 기억을 배치한다. 성서에 대한 심층심리학적 해석은 의식과 무의식에 들어 있는 내용 사이의 지속적인 싸움이다.

하나님을 성서에서 인격으로 표현한 것은 기능적으로 유용했다. 인격적 하나님은 우리에게 양심의 목소리로 말한다. 인격적 하나님은 우리의 영향력을 넘어서는 운명을 조정하고, 영원한 존재로 자신을 드러낸다. 말하자면, 인격적 하나님은 죽음을 넘어선다. 인간은 이런 하나님을 사랑할 수도, 두려워할 수도 있다. 이런 직접적인 관계는 철학이 생각하는 '절대'나 그리스인들의 '로고스' 같은 어떤 추상적인 원칙으로는 수용되지 않는다.

성서 전통의 영감을 받은 유일신론적 해석은 신을 인격으로서의 절대성으로 이해했다. 이렇게 신은 자신의 신비적 기원에 가까이 머문다. 신은 세상의 일부가 아니다. 그러나 이 세상에서 신의 흔적과 신에 대한 증거는 발견될 수 있다. 그 흔적과 증거는 모든 과학적 합리성을 거슬러 여기에 있다. 아주 단순한 문제다. 왜냐하면 인간들이 이를 느끼고, 보고, 발견하기 때문이다.

신의 존재 여부에 대한 질문은 심층심리학적 해석에서는 중요하지 않다. 그러므로 이런 질문은 잘못된 질문이다. 말하자면, 심층심리학은 초기 근대의 논리적 신 증명에서 등을 돌렸다. 최상의 존재인 신이 실재하기 때문에 인간이 신을 생각하는 것이 아니라, 인간이 신을 사유하기 때문에 신은 존재한다. 비록 신이 존재하지 않더라도 인간은 신에 대해 이야기할 수 있다. 아마도 인간은 오히려 합리적으로만 신에 대해 이야기할 수 있을 것이다. 프로이트는 스스로를 무신론자라고 생각했지만, 종교적인 것에 여전히 매력을 느꼈다.

성서 본문을 인간 정신에 깊이 뿌리내리고 있는 원형 체험의 설명으로 받아들이면, 이해를 위해 성서 본문들이 제시하는 터무니없는 요구들이 해소된다. 예를 들면 동정녀 출산 같은 난제는 해소된다. 동정녀 출산은 인간 예수가 온전히 하나님의 작품이라는 것을 의미하게 된다. 가톨릭교회는 더는 동정녀 출산이 실제 일어났다는 교리를 고집해서는 안된다. 설명된 성서 사건의 의미의 무게는 실제 진실에 달린 것이 아니다. 이 주장에 따르면, 성서가 전해주는 내용의 역사적 진실성 여부도 아무 상관이 없다.

프로이트는 1913년에 나온 자신의 책 『토템과 터부Totem und Tabu』에서 성서의 유일신 신앙의 기원에 대해 전통적이면서도 모험적인 설명을 시도한다. 만들어진 신은 하늘로 올라간 선조다. 이 신화에 따르면, 초기에 인류는 강력한 아버지가 지배하는 무리 또는 부족으로 살았다. 이 아버지는 무리에 있는 여성들을 혼자 소유하기 위해 젊은 남성들을 종종 내쫓았다.

그러나 아들들이 힘을 합쳐 마침내 아버지를 때려죽이고 그를 먹어치웠다. 그런데 그다음에 죄책감과 참회에 대한 욕구가 아들들을 덮쳤다. 요제프 라트너Josef Rattner가 말한 이 "원시시대 소설"에 따라 종교와 도덕의 형성을 분명하게 설명할 수 있다고 프로이트는 생각했다. "사회는 이제 함께 일으킨 범죄에 대한 공동 책임에 기초하고 있다. 종교는 죄의식과 이에 대한 참회에 기초하고, 도덕은 부분적으로는 그 사회의 필연적인 것들에, 다른 한편으로 죄의식이 요구하는 속죄에 기초한다."

프로이트에 따르면, 원죄 교리에서 이 원형적 원범죄가 은연중에 전승된다. 이 이론에 따르면, 그리스도교는 그리스도가 죄 많은 인간들을 원죄로부터 해방시켜준다는 약속 덕분에 성공했다. 예수 그리스도가 모든 인간의 죄를 스스로 짊어지고 자신의 희생적인 죽음으로 대속한다는 약속이 그리스도교 성공의 요인이다.

자주 화를 내고 폭력적인 신이 지배하는 구약성서의 아버지 종교는 신약성서의 아들 종교로 변환된다. 신은 사랑과 선의 총괄 개념이 되고, 하늘에 계신 자비로운 아버지가 된다. 아버지를 죽인 자들이 함께 인육을 나누어 먹었던 카니발 식사에 대한 기억은 빵과 포도주가 신의 아들의 몸과 피로 표현되는 그리스도교의 최후의 만찬에서 여전히 다시 드러난다. 이렇게 구약성서에서 신약성서로의 이전은 개인적이고 집단적인 인간 정신의 문화적 성숙 과정으로 이해된다.

프로이트의 동료이자 경쟁자인 융은 하나님 아들의 죽음을 프로이트와는 다르게 해석한다. 구약성서의 〈욥기〉에서 아버지 하나님은 자신의 피조물들에게 강압적이고 불의한 모습을 보여주었다. 자신의 권능을 인간들의 무능 앞에서 자랑하며, 아무 죄를 짓지 않은 자신의 충직한 백성 욥을 역병으로 괴롭혔다. 융은 하나님 아들의 희생적인 죽음을 구약성서에 나오는 아버지 하나님의 어떤 화해 행위로 해석한다. 융 또한 하나님 이해와 하나님과 인간의 관계는 문명의 진보와 함께 변했고 변해야 했다는 논제를 따른다.

신은 단순히 인간 생각의 투사일뿐이고, 성서는 심리적 기본 경험과 상처들의 상징 보물들에 불과할까? 신은 단순히 인간 정신의 자기기만이 아니라, 인간 정신이 스스로 자신을 비추어보는 거울이라고 심층심리학은 확신한다. 그리고 이런 심층심리학의 확신에 따르면, 성서는 신을 통해 자신을 찾으려고 노력하는 인류의 매력 넘치는 이야기이자, 인간 영혼의 꿈 같은 탐험일 것이다. 이 탐험에서 인간은 기쁨과 고통을 환상적인 사건들의 결과로 다루게 될 것이다.

글 로마인 라이크

망치를 든 선구자 – 구텐베르크 성서는 어떤 가치가 있나

깨끗한 글씨는 시간과 노력이 필요하다. 기계로 복사를 하면 훨씬 이익일 것이다. 이런 생각에서 마인츠의 사업가 헤네 겐스라이쉬Henne Gensleisch, 즉 구텐베르크는 약 1440년경부터 금속활자 인쇄술을 발전시켰다. 자신의 기술을 시험할 때, 그는 바로 성서 전체의 인쇄를 시작했다. 두 권으로 구성된 이 거대한 작업은 이 발명가를 빚이라는 곤경에 빠뜨렸고, 그가 이 비슷한 일을 다시는 시도하지 않게 만들었다. 이때 인쇄된 종이책 약 150질과 양피지책 30질 가운데 오늘날 총 마흔아홉 권이 알려져 있고, 1996년 이후로 더 이상 판매가 되지 않는다.

　마지막 거래에서 도쿄에 있는 게이오대학교가 〈창세기〉부터 〈시편〉까지 실려 있는 1권만 가져갔다. 게이오대학교는 책을 가져가기 9년 전에 539만 달러를 지불해야 했고, 이 성서는 세계에서 가장 비싼 책에 속하게 되었다. 1978년에 1, 2권 모두를 마지막으로 구할 수 있었는데, 신기하게도 한꺼번에 세 질이 18만 달러에서 24만 달러 사이에서 낙찰되었다.

하나는 마인츠에 있는 구텐베르크박물관이 뉴욕의 판매자 한스 피터 크라우스Hans Peter Kraus로부터 구했고, 다른 하나는 바덴뷔르템베르크주가 뉴욕에 있는 경매 회사 크리스티스Christie's에서 구매했다. 1996년에 렌츠부르크Rendsburg에서 발견되었던 129쪽짜리 부분본은 그 사이에 슐레스비히chleswig 주립박물관에서 감상할 수 있게 되었다.

구텐베르크 성서의 낱장들도 이제는 거의 구할 수가 없다. 2013년에 한 상인이 한 장에 무려 10만 달러를 요구했었다. 가장 싼 물건은 오래전에 한 골동품 상인에게서 나왔다. 그 가게는 1793년에 프랑스혁명의 혼란 속에서 구텐베르크의 성서 1, 2권을 말도 안 되는 가격 60프랑에 획득했다. 1803년에 그는 이 성서를 여전히 수수한 가격 400프랑에 파리의 거대 출판업자이자 수집가인 피르맹 디도Firmin Didot에게 넘겼다. 오늘날 이 값비싼 두 권짜리 성서는 뉴욕 공공 도서관에 있다. 당연히 구매는 불가능하다.

다리를 놓는 사람들

선조 아브라함처럼 유대교, 그리스도교, 이슬람교의 존경을 동시에 받는 성서의 인물은 없다. 그래서 이 족장은 이 종교들 사이의 화해자가 될 수 있을까?

성서에 나오는 선조 아브라함은 진정한 슈퍼맨이었다. 어쨌든 성서의 설명에 따르면 그렇다. 아브라함은 수천 킬로미터 이상을 돌아다녔다. 가끔은 낙타를 탔지만, 대부분 걸어 다녔고, 자신의 기록집을 만들기에도 충분할 만큼의 일을 해냈다. 그렇게 그는 파종 기계를 발명했고, 신의 은총을 받은 건축가로서 메카에 카바Kaaba 신전을 세웠다. 은총을 받은 점성술사로서 별의 운행에서 언제 다음에 비가 내릴지를 읽을 수 있었다.

그리고 이 노인은 위대한 생존의 예술가이기도 했다. 아브라함은 자신의 아버지가 판매하여 생계를 꾸렸던 우상들을 파괴하였기 때문에 화형을 당해야 했지만, 불꽃은 그에게 아무런 해도 끼치지 못했다. 성서에 나오는 모든 영웅들 중에서 선조 아브라함은 확실히 가장 두드러진 인물이고, 또한 가장 슬픈 인물이다. 비록 모든 직업을 포기한 지 오래인 75세에 그의 삶이 제대로 시작되었지만 말이다.

성서에 따르면 아브라함은 이미 800킬로미터를 지나왔는데, 고향을 떠나 터키 동남부에 있는 하란으로 이동해서 신이 그에게 재촉할 때까지 그곳에 머물렀다.

너는, 네가 살고 있는 땅과, 네가 난 곳과, 너의 아버지의 집을 떠나서, 내가 보여주는 땅으로 가거라.   (창세기 12:1)

보상으로 마침내 후손이 생겨난다고 한다. 이것은 매혹적인 약속이었는데, 아브라함과 그의 아내 사라Sarah는 적장자에 대한 희망을 오래전에 포기했기 때문이었다.

지극히 높은 곳에서 온 행군 명령과 함께 성서 속 선조의 실제 역사는 시작된다. 그의 삶과 활동은 고대 시대 이후 인류를 매료시켰고, 그의 믿음과 생각은 예술가, 철학자, 정치인을 사로잡았다. 그의 이름 아래 전쟁이 벌어지고, 평화 또한 추구되었다. 그는 유일신을 처음 믿었다. 그는 예언자 모세, 예수, 모하메드 Mohammed의 선임자로 여겨진다. 그는 3대 유일신 종교인 유대교, 그리스도교, 이슬람교의 시조로 존경받는다.

"찬미받으소서, 주님, 아브라함의 방패여", 유대인들의 아침

기도인 샤카리트Shacharit에서는 이렇게 기도한다. 그리스도인들의 저녁기도는 "아브라함과 그의 후손들에게 영원히" 내린 하나님의 은총에 감사하며 끝을 맺는다. 무슬림들은 아브라함의 아랍어 이름인 이브라힘Ibrahim을 통해 하루에 다섯 번 기도한다. "신이시여, 이브라힘과 그의 후손들을 축복하셨듯이 모하메드와 그의 자손들을 축복하소서."

세 개의 종교, 한 명의 조상. 그러나 공통된 아브라함의 유산이 행복을 가져다주지는 않았다. 이 싸움이 시작되었을 때, 이스라엘의 시조는 성서에 나오는 나이 175세로 이미 오래전에 죽었다. 헤로데 대왕이 기원전 1세기에 웅장한 기념물 건축을 지시한 이후에.

예루살렘에서 남쪽으로 30킬로미터 떨어진 헤브론에 있는 소위 아브라함의 무덤은 늘 분쟁의 중심에 있다. 이 유대인 왕은 로마의 봉신 군주로서 팔레스티나를 통치하고 있었다. 이 모래로 만든 거대한 정육면체 건물은 예루살렘의 통곡의 벽이 일부를 이루고 있었던 성전과 눈에 띄게 닮았다. 이 예루살렘 성전 또한 헤로데 대왕이 명령하여 만든 건물이었다.

선조 아브라함의 마지막 안식처는 유일신 신앙의 신봉자들에 의해 피로 물들었다. 로마인들은 유대인들을 추방했고, 헤브론을 잿더미로 만들었으며, 그리스도교를 나중에 국가 종교로 승격시켰다. 638년, 칼리프 오마르Omar의 지도 아래 무슬림들은 헤브론

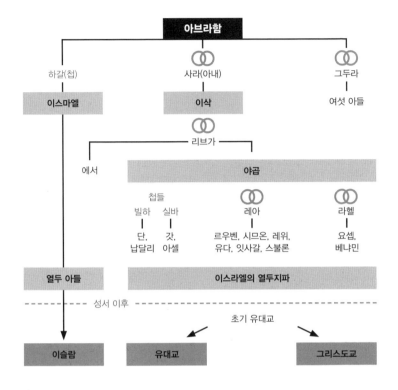

아브라함

하갈(첩) — 이스마엘

사라(아내) — 이삭

그두라 — 여섯 아들

리브가

에서

야곱

첩들
빌하　실바
단,　　갓,
납달리　아셀

레아
르우벤, 시므온, 레위,
유다, 잇사갈, 스불론

라헬
요셉,
베냐민

열두 아들

이스라엘의 열두지파

------ 성서 이후 ------

초기 유대교

이슬람

유대교

그리스도교

을 점령했고, 무덤 벽 안에 모스크를 세웠다. 1099년에는 십자군
지도자 고드프루아 드부용Godefroy de Bouillon이 흰 바탕에 빨간 십
자가가 그려져 있는 자신의 깃발을 헤로데 대왕의 건축물에 꽂았
다. 이 신앙의 기사들은 기념물의 가운데에 교회 회랑을 만들었
는데, 그 지붕이 오늘날까지 벽 위로 솟아 있다.

　헤브론은 오늘날 이스라엘인과 팔레스티나인들 사이의 충돌
때문에 지속적인 비상 상황에 빠져 있는 도시다. 이곳에는 100명

이 안되는 이스라엘 정착민이 15만 명의 팔레스타인들 사이에서 살고 있다. 서요르단에 사는 정착민 가운데 이들보다 더 급진적인 무리는 거의 없다.

테러 집단 알카에다 조차도 서구에 대한 전쟁의 비열한 구실로서 족장 아브라함을 내세운다. 2001년 9월 11일 공격의 지도자였던 모하메드 아타Mohammed Atta는 자신의 유언장에서 명시적으로 아브라함을 증인으로 소환한다. 이 테러 파일럿에 따르면, 모든 무슬림들은 "자신(아타)을 기념하며" 행동해야 하고, "자신의 아들에게 명령했던 아브라함의 모범에 따라 좋은 무슬림으로 죽어야 한다."

실제로 아브라함은 이 모든 세 종교에서 중심적인 역할을 한다. 유대인들은 이 경외하는 족장을 '아브라함 아비누Avraham Avinu'라 부르는데, '우리 아버지 아브라함'이라는 뜻이다. 왜냐하면 유대교의 경전에 따르면 하나님은 아브라함에게 두 개의 약속을 주었는데, 이 약속이 없었다면 '선택된 민족'도, 이스라엘이라는 나라도 없었을 것이기 때문이다. 성서가 시작되는 모세오경의 첫 번째 책 〈창세기〉에 이렇게 나와 있다.

내가 너와 세우는 언약은, 나와 너 사이에 맺는 것일 뿐 아니라, 너의 뒤에 오는 너의 자손과도 대대로 세우는 영원한 언약이다.

(창세기 17:7)

위대한 미래 외에 하나님은 아브라함에게 새로운 고향도 준다.

네가 지금 나그네로 사는 이 가나안 땅을, 너와 네 뒤에 오는 자손
에게 영원한 소유로 모두 주고, 나는 그들의 하나님이 될 것이다.

(창세기 17:8)

많은 유대인들은 오늘날 이 성서 구절을 마치 팔레스티나의 토
지 대장 등기부처럼 읽기 때문에, 이는 이스라엘과 팔레스티나
사이의 끊이지 않는 전쟁의 한 원인이 된다.

그리스도인들도 메소포타미아에서 온 이 남성을 자신들의 소
유물이라 칭한다. 신약성서는 이렇게 시작한다.

아브라함의 자손이요 다윗의 자손인 예수 그리스도의 계보는 이
러하다.

(마태복음서 1:1)

아브라함에 대한 권리를 이보다 더 분명하게 표현한 곳도 없
다. 〈마태복음서〉가 꼼꼼한 족보에서 제시했듯이, 시조 아브라함
의 가계 형성 없이는 예수의 탄생도 없었을 것이다. 가톨릭교회
의 성탄 전례에서는 이렇게 말한다. "아브라함 일가의 자손이자
하나님을 두려워하는 그대 아들들" "이 거룩한 분의 말씀이 우리
에게 보내졌습니다."

전기 작가 이븐 이스하크Ibn Ishaq에 따르면, 예언자 모하메드조차도 이 시조의 직계 후손이다. 무슬림들은 '이브라힘'을 자신들의 시조 중 한 명으로 본다. 코란에서 약 245절이 이브라힘과 관련이 있다. 무슬림 경전에서는 이슬람교를 '밀라트 이브라힘Millat Ibrahim'이라고도 하는데, '아브라함의 종교'라는 뜻이다.

마인츠의 종교학자 토마스 히케Thomas Hieke에 따르면, 30억 명이 넘는 유대인, 그리스도인, 무슬림 중 선구자들이 "신앙 역사에서 가장 오래된 논쟁거리"인 이 아브라함에서 문명의 충돌을 막을 수 있는 어떤 기회를 봤다. 마인츠의 카를 레만Karl Lehmann 추기경처럼, 앞에 나서지 않은 신학자들조차도 아브라함에 대해 "세계 평화를 위한 정치적 의미"가 커지고 있다고 말한다.

이 새로운 메시지는 명료하면서도 혁명적이다. 선조 아브라함의 역사를 배타적으로 하나의 신앙을 위해 해석하는 대신, 그 안에 들어 있는 연결들을 고려하자고 요구한다. 자유주의적 유대교 신자와 그리스도인, 그리고 진보적인 무슬림 들도 이런 요구를 한다. 튀빙겐의 신학자 카를 조세프 쿠셸Karl-Josef Kuschel은 이를 "아브라함적 종교 가족Ökumene"이라고 명명했다. 그의 아브라함 관련 서적들은 종교 부분 베스트셀러다. 쿠셸 교수는 아브라함이 "우리가 공유하는 종교 역사에서 가장 가치 있는 보물"이라고 생각한다. 유일신 종교에서 "이렇게 많은 시험을 통과하고, 믿을 수 없는 축복과 쓰디쓴 실망 사이에서 갈팡질팡한" 인물은 없다고 쿠셀은 말한다.

하나님은 후손에 대한 자신의 약속을 천천히 이행했기 때문에, 아브라함은 아내 사라의 몸종인 이집트 여인 하갈Hagar과 함께 아들 이스마엘Ishmael('하나님이 듣고 있다')을 낳았다. 아내 사라가 항의하자, 아브라함은 자신의 첩 하갈을 아들과 함께 사막으로 보냈다. 확실한 죽음과 거의 다름이 없었다. 마침내 아브라함은 이미 90세가 된 아내 사라와 함께 기다리던 아들을 낳았다. "하나님이 나를 웃게 만드는구나", 늦은 나이에 엄마가 된 사라는 기뻤고, 아들 이름을 '웃다'라는 단어를 참고해서 히브리어 지자크Jizchak, 이삭이라고 지었다.

하필 이때 하나님은 시련에 빠진 아브라함에게 가장 힘든 시험을 요구한다. 아브라함은 아들 이삭을 번제물로 바쳐야 한다. 이 명령에 복종하여, 아브라함은 모리아 산으로 올라가기 시작했다. 유대인, 그리스도인, 무슬림 들은 모리아 산이 오늘날 예루살렘 구시가지에 있다고 본다. 성서에 의하면, 아브라함이 이삭을 죽여야 했던 바위는 유대교의 첫 번째 성전이 세워진 자리다. 성서에 따르면, 이 바위에서 아브라함은 자신의 아들을 장작 위에 묶었고, 죽이기 위해 "손을 뻗어 칼을 들"(창세기 22:10)어 잡았다. 마지막 순간에 "주님의 천사가"(창세기 22:11) 그를 막았다.

이 제사는 시험일 뿐이었다. 결국 어찌 됐든 하나님은 자신의 약속을 갱신한다.

반드시 너에게 큰 복을 주며, 너의 자손이 크게 불어나서, 하늘의
별처럼, 바닷가의 모래처럼 많아지게 하겠다.   (창세기 22:17)

아브라함에서 "신에 대한 겸손함의 의미가 바뀌었다"고 괴팅
겐 구약학자 헤르만 스피커만Hermann Spieckermann은 말한다.
아브라함이 실제 존재했고 175세라는 고령에 "아주 늙은 나이
에 기운이 다하여서"(창세기 25:8) 죽었다는 이야기를 오늘날에
는 사실 유대교 전통주의자들과 그리스도교 복음주의자들만 믿
는다. 이들은 그 근거를 대기 위해 전문가들을 끌어들인다. 이 전
문가들은 자신들이 아주 정확히 알고 있다고 주장하며, 아브라함
은 기원전 2166년에 태어났다고 날짜까지 지정한다. 그 사이에
현대의 연구는 아브라함과 그 동료들의 엄청난 생애를 어떤 수단
으로 설명한다. 즉 '성서의' 나이는 시조의 의미를 강조하기 위한
것이다.
그러나 신학과 고고학의 경계, 신앙과 학문의 경계 사이에서
아브라함의 실존은 분명히 어느 정도 암시된다. 예루살렘과 암만
에 있는 독일 개신교 고대학 연구소 디터 비베거Dieter Vieweger 소
장처럼 건실한 성서고고학자들은 아브라함이 더 후기 시대에 속
한다고 믿는다. 성서에 묘사된 상황들은 전형적인 기원전 1100년
상황이라는 것이다. 비베거는 말한다. "아브라함처럼 정착하기
위해 방랑하던 소규모 유목민들이 실제 그 당시에 살았다. 그

들은 기원전 1200년부터 1000년 사이에 요르단 서쪽 산악 지역의 작은 정착지에 머물렀다."

그런데 어떻게 지역의 유목민 지도자가 인류의 기억 속에 남는 이런 거대한 형상이 될 수 있었을까? 아브라함의 신화 형성을 이해하려면 이스라엘 민족의 역사 속으로 깊이 들어가야 한다. 다윗 왕이 기원전 1000년에 히브리 부족들을 통합하고 예루살렘을 정치와 문화의 중심지로 발전시킬 때, 성서는 아직 없었다. 신과의 관계에서 우회로는 필요 없었고, 신을 경배하는 중요한 한 장소만 있었다. 예루살렘 성전이었다.

아브라함을 종교의 인물로 만든 것은 어떤 재앙이었다. 기원전 587년에 느부갓네살 2세는 예루살렘을 침공했고, 성전을 파괴했다. 수천 명의 유대인이 바빌론으로 유배를 떠났다. 유배당한 유대인들은 성전 없이 어떻게 좋은 유대인이 될 수 있는지, 그리고 경배의 장소 없이 어떻게 신에게 다가갈 수 있는지 자문했다.

그렇게 제사장들은 부분적으로 이미 기록되어 있었고, 영웅들이 존재했던 과거 역사에 의지했다. 모세는 위대한 영웅 중 한 명이었다. 유대의 연극 전문가들은 하나님으로부터 십계명을 받기 위해 모세를 시내 산에 오르게 했다. 아브라함은 또 다른 영웅이었다. 그들은 자기 아들을 제물로 바치려는 극적인 장면을 통해 아브라함을 조건 없이 하나님을 신뢰하는 신앙인의 상징으로 만들었다.

성서 저자들은 아브라함의 운명을 통해 고통받는 민족에게 기대되는 미래의 모습을 묘사했다. 그것은 영원히 자신들의 소유물이 된 옛 고향 가나안에서의 생활이다. 유목민에서 땅의 소유자로 아브라함을 상승시키는 것보다 이 희망을 더 훌륭하게 표현할 방법이 무엇이 있겠는가?

땅에 대한 영원한 권리를 확정하기 위해 아브라함은 '은 400세겔shekel[27]'로 헷사람 에브론Ephron으로부터 헤브론에 있는 막벨라 굴을 구매했는데, 나중에 이 굴에 자신의 무덤이 세워진다. 여기에 아브라함은 아내 사라를 장사 지내려고 했고, 나중에 스스로 안식을 얻으려고 했다. 이것이 성서의 편저자가 유배 중인 민족에게 보내는 메시지다. 족장의 아내가 헤브론에서 마지막 안식처를 찾았듯이, 유대인들도 가나안 땅에 정착해야 할 것이다. 괴팅겐의 구약학자 라인하르트 크라츠는 이를 "어떤 가족사의 국유화"라고 불렀다.

아브라함에게 역사적 위대함을 주기 위해, 그들은 다양한 영웅적 행위를 그에게 부여했을 뿐만 아니라, 훨씬 더 과거에 그를 배치했다. 대개 수십 년밖에 살지 못했고, 많은 아이들이 자신들의 할아버지를 알지 못하던 시대에 유대교의 종교 지도자들은 유대인 누구나 아브라함을 실제 조상으로 끌어올 수 있도록 아브라함

---

27 1세겔은 약 11.42그램에 해당하는 중량으로, 400세겔은 약 4.4킬로그램의 은화에 해당한다.

에게 상상할 수 없는 거대한 족보를 선사했다. 이렇게 한 씨족장이 민족의 시조가 되었다. 이렇게 유대교 종교 지도자들은 이 이야기에 정치적 의미를 부여했다. 그러나 이 이야기의 많은 부분들은 수백 년 이상 수집되어 이미 존재했던 이야기들이다.

수천 년 동안 종교들이 갖고 다루었던 이 한 명의 아브라함에게 세상은 얼마나 많은 희망을 걸 수 있을까? 이렇게 독점되던 인물이 새로운 이해를 위한 간판스타가 될 수 있을까? 그렇다. 아브라함적 종교 가족을 처음 생각했던 사람 중 한 명인 86세의 스위스 신학자 한스 큉은 아브라함이라는 가교가 약점은 있지만, "이 다리는 다른 다리와 다른 것을 제공한다"고 생각한다. 큉에 따르면, "아브라함이 결코 이상적인 중재자일 수는 없지만, 매우 현실적인 중재자는 될 수 있다." 큉이 설립한 세계 윤리 재단은 20여 년 전부터 종교 간 교육에 힘을 쏟고 있다.

실제로 작지만 희망적인 운동이 존재한다. 이 운동은 유대인, 그리스도인, 그리고 무슬림의 공통된 아버지인 아브라함의 이름으로 '문명의 충돌'에 반대하며 '종교 간의 대화'를 제시한다. 독일에서는 뮌헨에 있는 '아브라함의 친구들Freunde Abrahams', 슈투트가르트에 있는 '아브라함의 집Haus Abraham' 또는 마인츠의 '아브라함 포럼Abrahamitische'과 같은 대화 모임들이 이런 일을 한다.

종교가 정치적 목적을 위해 끊임없이 오용되는 근동 지역에서도 다양한 교파의 신앙인들이 공통의 시조라는 이름 아래 서로에게 다가가고 있다. 최소한 상징적으로라도 말이다. 이스라엘에서는 '아브라함 재단'이 유대인, 그리스도인, 무슬림의 평화로운 공존을 장려하려고 노력한다.

정치적으로 그렇게 뜨거운 헤브론조차도 시조의 이름 아래 진행되는 화해 프로젝트에 포함되었다. 한 유대교-그리스도교-무슬림 비정부단체는 성서에 나오는 아브라함의 경로를 따라가는 '아브라함의 길' 프로젝트를 시작했다. 터키의 유바칼리 Yuvacali에서 시작된 이 첫 번째 종교 일치적 순례는 하나하나 순례지를 방문하고, 봉헌하고 있다.

이 순례의 중요한 체류지는 아브라함이 자신의 평화를 찾았던 곳, 바로 헤브론의 심장에 있는 이 시조의 무덤이다.

글 디터 베드나르츠, 크리스토프 슐트

용어 해설

가나안Canaan은 구약성서 중 '시돈에서 가사(창세기 10:19)'에 이르는 후기 이스라엘의 영토를 말하고, 아브라함이 이주했던 땅(창세기 11:31, 12:6)이므로, 구약성서 관점에서 보면 그곳은 이스라엘이 이주할 때까지 약속한 땅으로 존재한다. 고대 시대에 가나안에는 다양한 종족들이 살았다. 헷 사람, 기르가스 사람, 아모리 사람, 브리스 사람, 히위 사람, 여부스 사람 들이 있었다. 성서 밖에서 볼 때 가나안은 후기 청동기시대에 여러 도시들을 중심으로 경제와 문화의 공간이 되었고, 높은 수준의 문화를 가졌던 "젖과 꿀이 흐르던 땅"(출애굽기 3:8)이었다.

메시아Messiah 즉, 이스라엘의 왕은 사회의 정치적, 종교적 중심이다. 왕은 종이면서 선택된 자이고, 최고의 제사장이며 '하나님의 기름부음을 받은 자(그리스어로 '크리스토스christos')'이고, 하나님과 인간의 중재자다. 메시아의 이상형은 다윗이다. 기원전 587년 예루살렘의 파괴 이후 왕의 구원 활동은 미래로 투영되었다. 미래의 구원자가 메시아로 인준받기 위해서는 〈마태복음서〉와 〈누가복음서〉의 예수처럼 반드시 베들레헴의 다윗 가문에서 나와야 한다. 그러나 역사적으로 보면 예수는 나사렛에서 태어났을 가능성이 더 높다.

묵시론 문헌 Apokalypse은 역사의 마지막까지를 이해하려는 문서다. 이미 초기 유대교에도 최후의 왕정에 대한 기대가 있었다. 구약성서에서 가장 유명한 사례가 〈다니엘서〉다. 묵시론적 사고는 예수 시대에 널리 퍼져 있었다. 명백한 묵시론적 계시인 요한의 주제는 그리스도의 부활과 함께 이미 시작된 하나님 통치의 즉각적인 승리다. 하나님 통치, 최후의 심판과 새로운 세계의 시대('에온Aon')에 대한 비전은 생생한 언어적 표현, 상징, 비유적 장면 들로 풍성해진다.

338

바벨Babel 은 기원전 18세기(함무라비 1세Hammurabi Ⅰ 치하)부터 페르시아에 정복당하는 기원전 6세기까지 바빌로니아의 수도였다. 오늘날 바그다드의 남쪽에 있는 유프라테스강 부근에 자리 잡고 있었다. 성서에 나오는 바벨탑 건설은 인류의 문명뿐 아니라 인류의 오만, 언어의 혼란과 멸망(창세기 11:1~9)을 대표한다. 바빌론은 유대인들의 추방(바빌론 유배)의 결과로 생긴 실향의 상징이며, 부분적으로는 악의 총괄 개념이다(이사야서 13~14). 대홍수 이야기(길가메시 서사시)와 성서적 창조관들 또한 성서의 법적 근거를 넘어 바빌로니아, 즉 성서 이전에 기원을 두고 있다.

보복Retaliation , 즉 "눈에는 눈으로, 이는 이로"(출애굽기 21:24)와 같은 법의 기본 원리는 유다 사회에서 기원한 것이 아니라, 기원전 18세기 고대 바빌로니아 왕국의 함무라비 법전에서 나왔다. 극단적 보복의 대표적 사례로 종교적 동기에서 나온 테러들이 종종 제시된다. 이런 비판은 한편으로 부당한데, 실제로 소위 탈리온talion 법은 유목민의 생각 안에서 적절한 처벌과 엄격하게 동등한 보상 요구를 목적으로 하기 때문이다. 피해를 계산하고 가해자와 피해자 사이의 균형을 맞추는 일은 진정한 문명의 진보였다. 그리고 이런 보상은 이전에 있었던 피의 복수를 동반한 갈등의 고조보다는 훨씬 개선된 것이었다.

야훼Yahweh 는 인간에게 자신의 곁을 내주는 초기 유대교의 유일신이다. 히브리어에서는 야훼를 자음 'JHWH'로만 표기하며, '나는 곧 나다'라는 뜻을 갖고 있다. 기원전 3세기부터, 그리고 오늘날까지도 유대교에서는 경외심으로 야훼의 호명을 피한다. 대신 유대인들은 '아도나이Adonaj '라고 읽었고, 독일어에서는 '주님'으로 번역되었다.

외경Apocrypha 은 (일부는 위경이라고 부르기도 한다) 그리스어 '셉투아진타'나 라틴어 '불가타'본에 들어 있는 경전이 아닌 '숨겨진' 문헌이며, 유대적 기원에도 히브리 경전에는 포함되지 않은 문헌이다. 그 결과 개신교 경전에도 포함되지 않았다. 신약성서의 외경에는 영지주의의 영향을 받은 초기 복음서들이 있다. 이 복음서에는 예수의 생애에서 온 대화, 개별 사화 또는 말씀이 들어 있는데, 〈도마복음서〉가 대표적인 예다.

이스라엘Israel은 국가를 의미하고, 동시에 '이스라엘 민족(이스라엘인)'도 의미한다. 이 히브리 단어는 가나안의 신 엘El의 전사를 의미하며, 엘은 이후에 야훼와 동일시되었다. 기원전 1208년에 이스라엘 민족에 대한 성서 밖의 첫 증언이 나온다. 바로 가나안에 있는 한 유목민족에 대한 증언이다. 구약성서에서 '이스라엘의 열두지파'는 야곱의 혈통에서 함께 나옴으로써 자신들의 유대감을 보여준다. 그러나 10세기에 다윗과 솔로몬의 신비스러운 통일 왕국은 분열된다. 사마리아를 수도로 하고 열 개 지파가 참여한 북이스라엘왕국과 예루살렘을 중심으로 하는 남유다왕국이(신약성서에서는 유대) 있었다. 이스라엘의 국경은 분명하지도 안정적이지도 않았다. 예를 들면 구약성서에서는 그 영토가 요르단강에서 네게브 사막까지, 그리고 요르단에서 지중해까지이르렀다.

이집트Egypt는 구약성서에서 핵심적인 역할을 한다. 아브라함의 체류(창세기 12:10~20), 요셉 이야기, 선조들의 이주(창세기 37~50) 또는 모세의 영도 아래에서의 이스라엘 민족의 탈출(엑소더스) 사건은 성서 밖에서는 증명되지 않지만, 유대교의 종교적 자기 이해의 근거가 된다. 또한 예수 시대에 이집트에는 유대인이 100만 명까지 살았었다. 4세기에 나온, 신구약성서 모두를 포함하고 있는 가장 중요한 성서 필사본도 이집트에서 만들어졌다.

젤롯Zealot('광신자')은 예수 시대의 중요한 저항 운동이며, 이를 통해 로마와 로마의 봉신 군주인 헤로데 가문에 저항하여 싸웠고, 지상에 왕국을 세우려고 했다. '시몬 젤롯Simon the Zealot'은 예수의 제자로 알려져 있다. 역사 서술가 플라비우스 요세푸스는 이 젤롯을 영예롭게도 "네 번째 철학 학파"라고 불렀다. 한 극단적인 분파는 스스로를 시카리오sicario('단검을 든 자')라고 칭했다. 젤롯 이외에도 서로 다른 목표를 지닌 유대교 집단들이 있었다. 신앙에서 실용적 태도를 취했던 바리새파는 다윗 가문에서 나올 구원자를 기대했고, 토라를 신봉하는 제사장 계급 집단인 사두개파와 싸웠다. 누가 토라에 있는 민족을 가르쳐도 되는가와 레위 지파의 과제는 무엇인가를 둘러싼 싸움이었다. 일찍이 이들로부터 분리된 엄격한 에세네파도 있다. 이들은 '기름부음받은 아론'이라는 어떤 제사장적 인물을 기대했는데, 이는 성서에는 등장하지 않는다. 사마리아인들은 완전히 고립된 채 성스러운 가리짐 산에서 살았다. 그들은 어떤 종교적 쇄신도 거부했다.

토라Torah ('훈령' '법령')는 구약성서 맨 처음에 나오는 모세오경을 가리키는 유대인들의 명칭이다. 〈창세기〉(창조, 대홍수, 선조들의 역사), 〈출애굽기〉(모세의 영도 아래 이집트에서의 탈출과 계명받기), 〈레위기〉(레위Levi의 법령), 〈민수기〉(이스라엘인들의 인구 조사), 〈신명기〉(계명의 반복)가 있다. 예언서(네비임) 및 성문서(케투빔)와 함께 토라는 히브리 성서라고 불리는 '타나크'를 구성한다. 타나크는 그리스도교의 구약성서와 대부분 동일하다. 유대교에서는 탈무드가 타나크의 해석이다. 그리스도교에서는 신약성서도 구약성서의 한 해석이다.

팔레스티나Palestina는 구약성서에서 원래 지중해 해변 블레셋인들의 정착지였다(대략 가사에서 야파Jaffa까지에 이른다). 그리고 그리스 로마 시대에는 남부 내륙 국가였다. 기원후 135년에 로마의 속령 유다이아가 되었고, 성서에서는 이 땅에 이스라엘 민족이 살았다.

연대표

이스라엘 고대사	세계 문화사
기원전 1350년경부터 히브리인들이 팔레스티나에 씨족 연맹과 부족 연맹으로 정착했음을 암시하는 초기 흔적들이 있다. 이들은 외부의 공격에 대항해 통일된 연맹체로 등장했다.	**기원전 1379년** 이집트 파라오 아메노피스 4세(Amenophis IV)가 스스로를 '에케나톤(Akhenaton)'이라 칭했다. 유일신 사상을 많이 닮은 그의 과감한 태양 숭배는 이집트에서 큰 호응을 받지는 못했다.
기원전 1300년 이후 파라오 람세스 2세가 이집트를 다스렸다. 람세스 2세의 통치 시기에 성서의 모세 이야기가 등장했을 가능성이 높다.	
기원전 1208년 서쪽의 적군에게 승리한 것을 축하하는 파라오 메르넵타(Merenptah)의 비석에서 처음으로 이스라엘이 언급된다. 이스라엘은 동쪽에 정복된 몇몇 지역 가운데 하나였다.	**기원전 1200년 이후** 소위 바다민족들의 강력한 공격이 막강한 헷족 왕국을 소아시아에서 약화시키고, 파라오도 위협한다.
기원전 961년 이후 성서에 따르면, 나중에 솔로몬 왕의 공이 되는 제1성전의 건립으로 유다왕국의 국가적, 종교적 통일성은 절정에 달한다.	**기원전 1000년** 레바논과 시리아 지역에서 부흥한 페니키아왕국은 서부 지중해까지 항로와 식민지를 개척하면서 상업의 패권이 되었다.

기원전 841년
아시리아의 여러 차례 공격. 특히 살만에셀 3세(Shalmanessar Ⅲ)의 공격으로 북이스라엘왕국은 아시리아의 속국이 되고, 기원전 722년에 정복되어 위성국가가 된다.

기원전 800년
호메로스의 서사시 『일리아스』와 『오디세이아』의 등장으로 그리스 문명에서 신화의 시대가 끝난다.

기원전 587년 / 586년
바빌로니아 왕 느부갓네살 2세의 두 번에 걸친 공격으로 예루살렘이 파괴되고, 유다왕국은 멸망하여 유배의 시기가 시작된다.

기원전 753년
비록 로마의 건국은 신화에 머물지만, 당시 중부 이탈리아에 있던 에트루리아인들이 말과 전차와 함께 이웃 부족들과 대결하면서 자신감 있는 모습으로 등장한다.

기원전 515년까지
페르시아의 통치 아래 유대교 엘리트들이 귀향한다. 제2성전의 축성은 새로운 자의식을 드러낸다.

기원전 480년
크세르크세스 1세(Xerxes Ⅰ)의 페르시아를 막아내면서 아테네, 스파르타, 고린도, 또는 시칠리아의 시라쿠사와 같은 그리스 도시국가가 번성하게 된다.

기원전 458년
바빌론으로부터의 예언자 에스라의 전설 같은 귀환은 토라의 완성 날짜로 여겨진다. 이스라엘의 세계관과 종교 규칙들이 확정된다.

기원전 323년
알렉산더 대왕이 죽은 후 그의 세계 제국은 갈라진다. 헬레니즘 문화가 아시아와 남유럽 사이에 종교 문화적 접점을 만든다.

기원전 약 300년 이후
유대교 경전은 그리스어로 옮겨진다. 이 '셉투아진타' 성서는 나중에 그리스도교 구약성서의 기초가 된다.

그리스도교의 시작	로마제국
기원전 300년~기원후 70년 이후 쿰란 두루마리로 알려지는 문헌들 대부분이 이때 생겨난다. 이 문헌들은 다른 유대교 종파들의 존재를 증명한다.	**69~81년** 황제 베스파시아누스(Vespasianus)와 티투스(Titus)는 유대에서 일어난 반란을 진압하고 70년에 예루살렘 제2성전을 파괴한다.
50~57년 사도 바울이 자신의 선교 편지들로 신약성서 경전의 기초를 만든다.	
100년까지 복음서들이 생겨난다. 복음서들 가운데는 신비주의와 철학적 성향이 두드러진 〈요한복음서〉가 특별하다.	**114~117년** 트라야누스(Trajanus) 황제는 동방의 거대 권력, 이란 파르티아왕국과 전쟁을 벌인다. 그러나 두 제국 사이의 군사적 대치는 계속된다.
144년 로마에 있는 마르키온이 바울의 서신과 〈누가복음서〉만을 인정한다. 초대 교회는 여기에 반대하고, 그렇게 구약성서와 신약성서 정경이 발전하게 된다.	**200년 이후** 오늘날 레바논에 있는 도시 바알베크(Baalbek)는 네 개의 거대 신전, 즉 유피테르(Jupiter), 베누스(Venus), 바코스(Bacchos), 메르쿠리우스(Mercurius) 신전을 건립함으로써 고대 다신 신앙의 파괴되지 않은 힘을 보여준다.

230~240년
학식이 뛰어난 오리게네스는 가능한 정확한 그리스어 번역본에 도달하기 위해 구약성서의 6개 판본을 헥사플라 형식으로 나란히 놓았다.

303~311년
황제 디오클레티아누스(Diocletianus)와 갈레리우스(Galerius) 통치 아래에서 로마의 그리스도인들은 국가적으로 탄압을 받는다.

350년
시내(Sinai) 문헌이 나온다. 시내 산 위의 카타리나 수도원에서 나온 양피지 문서는 오늘날 가장 오래된 성서 필사본으로 여겨진다.

324~337년
로마의 콘스탄티누스 황제는 새 수도 콘스탄티노플을 건립하고 지속적으로 그리스도교를 장려한다. 380년 이후 그리스도교는 국교로 간주된다.

360년
울필라스(Ulfilas)의 고트어 성서 번역이 나온 후 성서는 더 많은 다양한 민족 언어로 옮겨지고, 특히 동유럽에서 먼저 번역되었다.

400년
제국의 분할 이후 서로마제국은 빠르게 게르만 종족들의 강력한 압력을 받게 된다. 410년, 서고트족은 심지어 로마를 점령한다.

405년까지
히에로니무스는 라틴어 성서 번역 작업 중 히브리 원서를 이용한다. 그의 '불가타'본은 서구의 기초 번역본이 된다.

600년 전까지
자신의 주석과 함께, 예컨대 복음서와 〈욥기〉에 대한 주석과 함께 대교황 그레고리오 1세(Gregorius I)는 중세 성서 해석의 기초를 완성한다.

622년
예언자 모하메드가 메카에서 메디나로 이주하면서 이슬람은 급속하게 성장하고, 곧 중동 전체를 장악한다.

중세부터 계몽 시대까지	세계 문화사
800년 카롤루스 대제의 지시로 학식이 높은 알퀸은 불가타본을 점검하고 교정한다. 그의 수정본은 많은 사본 덕분에 중세에 나온 많은 성서의 기초가 된다.	**730~843년** 성상 공경 금지를 둘러싼 오래되고 격렬한 싸움이 동방 그리스도교의 거대 권력 비잔틴왕국을 흔든다.
1135~1153년 베르나르 드 클레르보(Bernaddu de Clairvaux) 시토 수도회 원장은 〈아가〉에 대한 86번의 설교에서 이 책을 수도 영성과 신비주의 관점에서 탁월하게 해석한다.	**1189~1192년** 황제 프리드리히 1세(Friedrich I), 프랑스와 영국의 왕이 이끌던 3차 십자군 원정이 실패하고, 예루살렘은 다시 사라센이 수복한다.
1455년 첫 번째 인쇄본 불가타 성서를 위해 구텐베르크는 290개 활자체와 4년이 필요했다. 그의 인쇄본은 경제적으로 성과는 없었다.	**1434~1464년** 코시모 데 메디치(Cosimo de' Medici)의 통치 아래 도시국가 피렌체는 문화적 번성기를 맞고, 이탈리아와 유럽 인문주의의 중심지가 된다.
1522년 신약성서의 번역과 함께 마르틴 루터는 획기적인 성서의 독일화를 시작한다. 루터의 번역 최종본은 1545년에 나온다.	**1618~1648년** 30년 전쟁은 신앙적으로 갈라진 중부 유럽을 황폐하게 만들었다. 지식인 수선공이자 철학자인 야코프 뵈메가 성서와 그리스도교를 신비적-비교적으로 해석한다.
1653년 청교도 선교사이자 이주민인 존 엘리엇이 보스턴에서 매사추세츠 원주민 언어로 번역한 성서를 내놓았다.	**1661~1715년** 신앙을 의심하는 자들과 경건주의자들은 점점 더 적대적으로 돌아섬에도 '태양왕' 루이 14세(Louis XIV)의 절대 왕정은 유럽의 특성이 된다.

1710년

할레에 있는 독실한 개신교인들의 재단인 칸슈타인(Canstein)성서공회는 모든 이를 위한 합리적 가격에 성서의 대량 인쇄를 시작한다.

1748년

프리드리히 고틀리프 클롭슈토크(Friedrich Gottlieb Klopstock)가 성서 서사시 「메시아」를 발표했지만, 고트홀트 에프라임 레싱(Gotthold Ephraim Lessing) 같은 이들의 조롱을 받는다.

1740년

프로이센에서 프리드리히 2세는 모든 국민은 "자기 방식대로 구원"될 수 있다고 선포한다. 즉 각자의 종교를 자유롭게 실천할 수 있게 된다.

1776년

철학자 볼테르(Voltaire)는 후기 작품 『성서가 결국 설명했던 것(La Bible enfin expliquée)』에서 종종 신앙 회의론으로 간과되는 성서에 대한 날카롭고 상세한 평생의 비판을 최종 요약한다.

1799년

개신교 신자 프리드리히 에른스트 다니엘 슐라이어마허(Friedrich Ernst Daniel Schleiermacher)는 '종교에 대한 강연'에서 신앙에 대해 "무한자에 대한 감각과 맛"이라고 주장한다. 이 주장 속에서 성서 말씀은 그 의미를 잃게 된다.

1788년

철학자 칸트(Immanuel Kant)는 자신의 책 『실천이성비판(Kritik der praktischen Vernunft)』에서 하나님은 도덕적으로는 필요하지만, 증명할 수는 없다고 설명한다.

진리를 찾아서	세계 문화사
1770년 개신교 신학자 요한 잘로모 젬러(Johann Salomo Semler)는 성서 본문을 교의적 기준 없이 '자유주의적'으로 연구하기 시작한다.	**1807년** 헤겔(Georg Wilhelm Friedrich Hegel)의 『정신현상학(Phänomenologie des Geistes)』은 역사를 세속적인 구원의 성취로 해석한다. 종교는 이 과정에서 거쳐가는 단계가 된다.
1835년 신학자 다비트 프리드리히 슈트라우스는 자신의 책 『예수의 생애』에서 성서 이야기가 역사적 진실을 포함한다는 데 근본 의문을 제기한다.	
1844년 시내 탐사 중에 신학자 콘스탄틴 티셴도르프는 거의 완전한 성서의 가장 오래된 원고인 '시내 사본(4세기)'을 발견한다.	**1844년** 철학자 마르크스(Karl Marx)는 신에 대한 믿음과 이 믿음에 기초하고 있는 교회의 보호와 돌봄을 날카롭게 비판했다. 종교는 "민중의 아편"이라고 한다.
1898년 슈투트가르트 신학자 에버하르트 네스틀레(Eberhard Nestle)가 발간한 그리스 신약성서는 100년 성서 본문 연구를 종합 및 요약한다.	**1880년 이후** 부분적으로 신랄한 종교 비판서들 『안티크리스트(Der Antichrist)』 등과 함께 철학자 니체는 세계관적 논쟁을 일으켰고, 이 논쟁은 20세기 내내 지속되었다.

1906년
라이프치히 히브리 성서 신학 교수 루돌프 키텔(Rudolf Kittel)은 새로운 본문 비평의 기준을 세우고, 유대교 전통과의 타협을 시도한다.

1938년
오토 한(Otto Hahn)은 원자핵 분열에 성공한다. 여기서 개발된 핵무기는 1945년 히로시마에 투입되고, 핵무기는 기술의 파괴성을 드러내는 상징이 되었다.

1947년
쿰란 동굴에서 고대 히브리어 문서 두루마리가 발견되면서, 그리스도교 초기 역사와 성서의 기원에 대해 많은 새로운 인식을 가져왔다.

1948년
이스라엘의 건국으로 시오니즘(Zionism) 운동은 목표를 달성했다. 그리고 고향에 대한 팔레스티나인들의 권리를 둘러싼 오늘날까지도 해결되지 않은 갈등이 시작된다.

1957년
게르하르트 폰 라트(Gerhard von Rad)는 자신의 저명한 작품 『구약성서의 신학(Theologie des Alten Testament)』에서 성서 신앙과 이별하지 않고 '역사적 전승'을 연구하는 방법을 조언한다.

1962~1965년
제2차 바티칸 공의회는 가톨릭교회에 많은 개혁을 불러왔고, 그중에는 자기 나라 언어로 미사를 봉헌할 수 있게 된 것도 포함된다.

1980년
이른바 첫 번째 공동번역 성서를 위해 가톨릭과 개신교 신학자들이 함께 일했다.

2001년
새로운 발견과 함께 성서고고학은 이스라엘의 출애굽과 가나안 점령이 허구라는 것을 증명한다. 역사지만, 역사가 아니다.

2001년
이슬람 테러에 의한 뉴욕 세계무역센터의 붕괴는 서구 사회에 큰 충격을 주었고, 전 세계적으로 종교 간 갈등을 심화시켰다.

참고 문헌

1. Israel Finkelstein, *Das vergessene Königreich: Israel und die verborgenen Ursprünge der Bibel*, Verlag C. H. Beck, München, 2015.

   (영어 원제: *The Forgotten Kingdom: The Archaeology and History of Northern Israel*)

   텔아비브의 스타 고고학자는 자신의 새 책에서 본인의 학술적 발견을 이렇게 요약한다. 구약성서를 문자 그대로 수용해서는 절대 안 된다. 곳곳에 이데올로기가 숨어 있다.

2. Bernhard Lang, *Die 101 wichtigsten Fragen: Die Bibel*, Verlag C. H. Beck, München, 2013.

   쉽고 재미있는 짧은 장들로 구성된 이 책에서 종교학자인 저자는 성서에 대한 모든 중요한 정보를 제공해준다. 그러나 형성 과정은 살짝 스치기만 할 뿐이다.

3. Steven L. McKenzie, *König David: Eine Biographie*, Verlag de Gruyter, Berlin, 2001.

   (영어 원제: *King David: A Biography*)

   골리앗을 쓰러뜨린 사건은 실제 있었을까? 미국 구약학자는 중도의 길을 택한다. 그는 신화를 벗겨내고, 다윗의 폭력적이고 불법적인 권력 의지에 의심을 거두지 않는다. 그러나 다윗을 역사로부터 완전히 배제하지는 않는다.

4. Ekkehard Mühlenberg, *Epochen der Kirchengeschichte*, Quelle&Meyer, Wiesbaden, 1980.

   성서의 새로운 역사는 성서의 새로운 해석을 의미한다. 이 괴팅겐의 신학자는 명쾌하고, 논리적이며, 풍부한 사례를 통해 과거에서 현대에 이르는 성서의 중요한 지점과 인물들을 알려준다.

5. Annemarie Ohler, *dtv - Atlas Bibel*, dtv, München, 2004.
    호기심 넘치는 탐색을 유혹하는 책이다. 그래프와 표, 그리고 이에 딸
    린 설명문이 신학적 - 문학적 분석을 보충해준다. 여기에 언제나 성서
    본문의 복잡한 역사도 고려된다.
6. Heinz Schilling, *Martin Luther: Rebell in einer Zeit des Umbruchs*,
    Verlag C. H. Beck, München, 2014.
    그 시대에 대한 철저한 연구를 배경으로 개혁자이자 성서 번역가 마
    르틴 루터를 어떤 사회 운동의 지도 인물로 높이 평가하면서도, 동시
    에 오류를 범하는 인간으로 묘사한다.
7. Gerd Theißen, *Das Neue Testament*, Verlag C. H. Beck, München,
    2002.
    어떻게 선교 편지들과 예수에 대한 전승들이 짧은 시간 안에 그리스
    도교 신앙의 중심 문서 모음집으로 성장했는지를 이 하이델베르크의
    전문가는 명쾌하면서도 세세하고 분석적으로 알려준다.
8. Wolfgang Zwickel, Renate Egger - Wenzel und Michael Ernst(Hrsg.),
    Herders Neuer Bibelatlas, Verlag Herder, Freiburg, 2013.
    지도책들 가운데 이 책은 다양성과 정확성에서 단연 돋보인다. 성스
    러운 땅의 고대 시대부터 로마제국 시대 그리스도교의 확장까지 이
    책은 많은 정보를 전해준다.

저자 약력

디터 베드나르츠(Dieter Bednarz): 슈피겔 국제부 편집자다.

라스-올라프 바이어(Lars-Olav Beier): 슈피겔 문화부 편집자다.

슈테판 베르크(Stefan Berg): 베를린 슈피겔 독일 국내부 저자다.

게오르크 뵈니쉬(Georg Bönisch): 슈피겔 뒤셀도르프 지국 편집자다.

비올라 브뢰커(Viola Broecker): 슈피겔 기록 보관소 사서다.

아네테 브룬스(Annette Bruhns): '슈피겔 역사'와 '슈피겔 지식'의 편집자다.

피오나 엘러스(Fiona Ehlers): 슈피겔 사회부 편집자다.

안젤리카 프란츠(Angelika Franz): 고고학과 역사학을 중점적으로 다루는 프리랜서 저널리스트다.

미하엘 프뢸링스도르프(Michael Fröhlingsdorf): 슈피겔 독일 국내부 편집자다.

아네테 그로스본가르트(Annette Großbongardt): 슈피겔 독일 국내부 부장이다.

크리스토프 군켈(Christoph Gunkel): 슈피겔 온라인 저자다.

닐스 클라비터(Nils Klawitter): 슈피겔 경제부 편집자다.

우베 클루스만(Uwe Klußmann): 슈피겔 역사와 슈피겔 지식의 편집자다.

에른스트 악셀 크나우프(Ernst Axel Knauf): 교수 자격 논문을 통과한 신학자이며, 베른대학교 소속의 구약성서와 성서 환경 분야 교수다.

로마인 라이크(Romain Leick): 슈피겔 문화부 저자였다.

크리스티나 마롤트(Kristina Maroldt): 프리랜서 저널리스트다.

요아힘 모어(Joachim Mohr): 슈피겔 역사와 슈피겔 지식의 편집자다.

베티나 무살(Bettina Musall): 슈피겔 역사와 슈피겔 지식의 편집자다.

얀 풀(Jan Puhl): 슈피겔 해외부 편집자다.

칼리 리히터(Kali Richter): 월간 슈피겔에서 수습 직원으로 일했다.

요하네스 잘츠베델(Johannes Saltzwedel): 슈피겔 역사와 슈피겔 지식의 편집자다.

마티아스 슈라이버(Matthias Schreiber): 슈피겔 문화부 저자였다.

크리스토프 슐트(Christoph Schult): 슈피겔 브뤼셀 지국 편집자다.

마티아스 슐츠(Matthias Schulz): 슈피겔 학술부 편집자다.

마르틴 스코에리스(Martin Skoeries): 프리랜서 저널리스트였고 현재는 브랜드 에이전트다.

카탸 죄네켄(Katja Soennecken): 신학자이자 고고학자다.

미하엘 존트하이머(Michael Sontheimer): 베를린 슈피겔 독일 국내부 편집자다.

한스-울리히 슈톨트(Hans-Ulrich Stoldt): 슈피겔 독일 국내부 편집자다.

프랑크 타도이츠(Frank Thadeusz): 슈피겔 학술부 편집자다.

마르쿠스 베르베트(Markus Verbeet): 슈피겔 독일 국내부 부장이다.

디터 비베거(Dieter Vieweger): 고고학자이자 구약성서 전문가다. 예루살렘과 암만의 독일 개신교 고대학 연구소장이다.

감사의 글

영리하고 꼼꼼한 많은 동료들이 저자들을 지원해주었기 때문에 이 책은 출판될 수 있었다. 비올라 브뢰커와 하우케 얀센 박사가 이끄는 문서팀은 늘 그렇듯 확실하고 신중하게 모든 글의 사실성과 타당성을 검증했다. 이 작업에는 많은 분들이 참여했다. 요르크-하인리히 아렌스, 수스미타 아룹 박사, 울리히 붐스, 하이코 부쉬케 박사, 클라우스 팔켄베르크, 코델리아 프라이발트, 안드레 게이케 박사, 질케 가이스터, 미하엘 위르겐스, 울리히 크뢰쳐, 발터 레만-비스너 박사, 미하엘 린드너, 라이너 뤼버트, 소야 마스, 토비아스 물로트, 톤스텐 올트머, 엘리아 판스쿠스, 토르디스 폴만, 막시밀리안 셰퍼, 마르코 샬로우, 롤프 G. 쉬어호른, 클라우디아 슈토테 박사, 슈테판 슈토츠, 라이너 스침, 페터 발레, 우르술라 밤저 그리고 말테 첼러. 도서관 사서 요한나 바르티코프스키와 하이코 파울센은 방대한 전문 서적들을 빠르고 정확하게 구해주었다.

지도와 도표는 코르넬리아 바우머만, 루드저 볼렌, 코넬리아 파우터, 미하엘 발터가 기획했다. 토마스 하머가 지도와 도표들을 사용할 수 있게 준비해주었다. 클라우스-디터 슈미트가 그림들을 뽑았고, 브리타 크뤼거가 그림의 저작권을 담당했다. 최종 교정 때 루츠 디트리히스, 비앙카 후네쿨, 그리고 타피오 지르카가 원고의 정합성을 다시 한번 점검했다. 사무국의 엘케 모어와 페트라 슈벤케는 매끄러운 작업 과정을 만들어주었다.

슈피겔의 에파 프로포소바와 DVA의 카타리나 라인아르츠는 공동으로 출판에 관한 전체를 관리하였다. 그 제작은 안드레아 모그비츠가 담당하였다. 언제나 그렇듯 순조롭게 공동 작업이 진행된 점에 대해 이 모든 이들에게 진심으로 감사드린다.

아네테 그로스본가르트, 요하네스 잘츠베델

인명 색인

KI신서 8781

성서, 인류의 영원한 고전

1판 1쇄 인쇄 2019년 12월 11일
1판 1쇄 발행 2019년 12월 18일

엮은이 아네테 그로스본가르트, 요하네스 잘츠베델
옮긴이 이승희
펴낸이 김영곤
펴낸곳 ㈜북이십일 21세기북스

출판사업본부장 정지은
인문기획팀장 양으녕 **책임편집** 이아름 **교정교열** 김찬성
디자인 씨디자인: 조혁준 기경란
출판영업팀 한충희 오서영 윤승환
마케팅팀 배상현 김윤희 이현진 이주영
해외기획팀 박성아 이윤경 장수연
제작팀 이영민 권경민

출판등록 2000년 5월 6일 제406-2003-061호
주소 (10881) 경기도 파주시 회동길 201 (문발동)
대표전화 031-955-2100 **팩스** 031-955-2151 **이메일** book21@book21.co.kr

(주)북이십일 경계를 허무는 콘텐츠 리더

21세기북스 채널에서 도서 정보와 다양한 영상자료, 이벤트를 만나세요!
페이스북 facebook.com/jiinpill21 **포스트** post.naver.com/21c_editors
인스타그램 instagram.com/jiinpill21 **홈페이지** www.book21.com
유튜브 youtube.com/book21pub

장강명, 요조가 진행하는 팟캐스트 말랑한 책 수다 〈책, 이게 뭐라고〉
서울대 가지 않아도 들을 수 있는 명강의! 〈서가명강〉
유튜브, 네이버, 팟빵, 팟캐스트에서 '서가명강'을 검색해보세요!

ISBN 978-89-509-8437-3 03100

책값은 뒤표지에 있습니다.

안코나

살로나

로마

폼페이

크로톤

파노르무스

레기움

시칠리아

데살로니가

빌립보

로

마

고린도

아테네

신약성서의 세계

✝ 기원후 100년경 그리스도교 공동체들(일부)

〰 기원후 106년경 로마제국의 국경

■ 325년 그리스도교의 핵심 지역

출처: John McManners, *Geschichte des Christentums*, 1998; Christoph Markschies, *Das antike Christentum*, 2016.

● 복음서에서 언급된 지역들

〰 예수의 예측 경로

출처: Blustein Maps&More

가버나움 뻗새다

막달라 게네사렛 호수

가나 디베랴

나사렛 나인

가다라

베트세안 베다바라

사마리아

나블루스

엠마오 여리고 베다니

예루살렘 쿰란

베들레헴 사해

25 km

DER SPIEGEL

루카스 크라나흐의 회화, 16세기, PMN–GP/BPK

"예수께서 그에게 말씀하셨다. (…) '너는 베드로다. 나는 이 반석 위에다가 내 교회를 세우겠다. 죽음의 문들이 그것을 이기지 못할 것이다.'" (마태복음 16:17~18)

시몬 베드로 예수의 동반자였던 베드로는 예수가 죽은 후 원시 그리스도교 공동체의 지도자가 되었다. 옛 전승에 따르면, 로마에 머물렀고 그곳에서 죽었다. 가톨릭 신자들에게는 성 베드로 대성당이 그의 무덤이다.

안토니오조 로마노의 그림, 1500년.
ALINARI / INTERFOTO

"바울이 아레오바고 법정 가운데 서서, 이렇게 말하였다. '아테네 시민 여러분, 내가 보기에, 여러분은 모든 면에서 종교심이 많습니다. (…) 나는 여러분이 알지 못하고 예배하는 그 대상을 여러분에게 알려 드리겠습니다.'" (사도행전 17:22~23)

다소의 바울 그리스 교육을 받은 바리새인인 바울은 그리스도의 새로운 가르침을 비유대인들 사이에 널리 퍼뜨렸다. 특히 바울은 그리스와 소아시아를 여행했다.

혹해

트라키아

비잔티온 •
헤라클레아 •
니케아 •
프루사 •

비두니아

† 드로아

제   국

갈라디아

† 버가모
두아디라 •

에베소 †
밀레도 •

골로새 †

루스드라 †

카파도키아

에뎃사 →

페르게 †

다소 †

안디옥 †

살라미스 †

키프로스

시리아

시돈 †
두로 †

다마스쿠스

지중해

가이사랴 †

아슈켈론 •

예루살렘 †

알렉산드리아 †

이집트

프란시스코 데 수르바란의 그림.
1631년. A. KOCH INTERFOTO

그러자 온 회중은 조용해졌다. 그리고 그들은
[바]바와 바울이 하나님께서 자기들을 통하여
[이]방 사람들 가운데 행하신 온갖 표징과
[기이]라운 일을 보고하는 것을 들었다."
(사도행전 15:12)

"예수께서 올리브 산에서
성전을 마주 보고 앉아 계실 때에, 베드로와 야고보와
요한과 안드레가 따로 예수께 물었다. '우리에게 말씀해
주십시오. 이런 일이 언제 일어나겠습니까? 또 이런 일들이
이루어지려고 할 때에는, 무슨 징조가 있겠습니까?'"
(마가복음서 13:3~4)

[바]나바 예수의 제자 무리에 속했고, 키프로스
[출]신이다. 오늘날 그곳에서 민족의 성인으로
[숭배]받는다. 그는 특히 안디옥에서 설교했다.

안드레 전설에 따르면 그 외에도 소아시아에서
설교했다. 안드레는 순교자로 그리스의
[파트라스]에서 십자가형을 받았다고 한다.

아세의 조상화: DPA-PICTURE-ALLIANCE